王更生著

王更生先生全集 第一輯

第六冊 文心雕龍新論

文史哲出版社印行

王更生先生全集 第一輯

王更生先生全集 第一輯 18冊

第六冊 文心雕龍新論

著 者：王 更 生
出版者：文 史 哲 出 版 社
http://www.lapen.com.tw
登記證字號：行政院新聞局版臺業字五三三七號
發行人：彭 正 雄
發行所：文 史 哲 出 版 社
印刷者：文 史 哲 出 版 社
臺北市羅斯福路一段七十二巷四號
郵政劃撥帳號：一六一八〇一七五
電話886-2-23511028・傳真886-2-23965656

定價新臺幣 6000 元

中華民國九十九年（2010）八月十二日初版

ISBN 978-957-549-917-4 08991

自序

劉勰文心雕龍爲我國文學理論的寶典，中外學術界人士起而研究者更僕難數。但由於劉勰的學養深厚，和過人的組織力，以及折衷的創作態度，在內容方面往往超越他的自爲法，突破了文學理論的範疇。單就其中文章作法來說，在劉勰以前，不過是些零縑碎金，或三數字，或十數字，或一個片段，或單篇論文，根本不成氣候。直到西晉摯虞文章流別論出，可說是略具規模矣，而其書又大多亡佚，只賸下十數條殘存於後人的輯佚中。

齊梁之際，劉勰著文心雕龍，全書五十篇三萬七千多言，除隱秀篇略有殘缺外，他皆首尾一體，光嶽氣完。一千五百年來，歷經兵燹水火之厄，還能保存得如此完整，這已經得天獨厚了；更何況劉勰在爲文用心之際，不僅對前人的成說，作了一次汰蕪存菁的整合，同時，還把當代支離凌雜的理論加以鎔裁。然後推陳出新，分卷別篇，每下一字，必采飛韻流而不謬；每立一義，必施諸文章而皆準，從而給我國的文章作法，豎立了一塊空前絕後的豐碑，所以唐宋以後，凡在文壇上獨立成家者，無不問津於劉勰文心雕龍之門。

我讀書甚晚，民國五十一年（西元一九六二）始從李師健光習文心雕龍，立即被它那義正詞靡的文字所吸引，再加上它內容廣闊的蘊藉，歎爲古今絕唱，自讀書以來，未見有如此優美的作品。因爲當時正逢就學階段，雖然沒有作進一步的鑽研，但已引發我追本窮源，一探究竟的好奇心。

五十八年（一九六九）正式研究文心雕龍，並著作專論，公開發表。益覺此書義贍辭富，包羅萬有，思想正大，情味深長，如高山大海，難以蠡測。尤其在功利至上，世風日下的今天，劉勰以文風藥治世風，以世風振奮人心的壯懷，確有值得參考的價值，遂立下讚述的宏願而矢志不移。

六十一年（一九七二）講授文心雕龍於師範大學，用力之精勤，更百倍於往昔，舉凡目之所見，耳之所聞，口之所述，手之所指，一切都和劉勰文心雕龍息息相關。因此，使我於文學理論之外，對治學之道，做人之方，別有一番洞澈的體認。此時，文心雕龍之於我，已到了不可須臾或離的地步了。

我的文心雕龍研究，在民國六十六年（一九七七）三月問世後，自以爲內容諸多不愜人意，遂即刪其繁蕪，增其菁醇，於兩年以後的五月，又以重修增訂的姿態面世。玆後，在十年的漫長歲月裏，我又賡續地上考羣言，旁搜新說，對劉勰著述文心雕龍，其苦心孤詣的微恉，有更多的參悟。並在感應與發之餘，搦筆和墨，發表專門論著。已經出版的計有：文心雕龍導讀、文心雕龍范注駁正、文心雕龍研究論文選粹、文心雕龍讀本等。

至於單篇論文之見於報章雜誌，以及國際學術研討會者，爲數不少。我怕它日久散佚，特揀擇其中別具會心的加以董理，得論文十三篇，序二篇，彙爲一編，顏其眉端曰：「文心雕龍新論」。

「新論」的出版，是本乎鑑往察來，據舊創新的理想，爲劉勰「文律運周，日新其業」的文學理論，略盡棉力而已。綜觀這十三篇論文的性質，區以別之，大抵可以分爲四組：前六篇劉勰文心雕龍結構的完整性、劉勰文體分類學的基據，劉勰的風格論、劉勰的風骨論、劉勰的聲律論、劉勰文學批評的理論與實際，是從文心雕龍的系統結構和內容重點，作深入研究，爲本書的第一組。七、八兩篇：文心雕龍成書年代及其相關問題，文心雕龍史志著錄得失平議，從實證的角度出發，專門考訂文心雕龍成書時間和史志著錄的情形，其中有議有駁，對不同的觀點並提出個人的看法，是本書的第二組。以下三篇：王應麟和辛處信文心雕龍注關係之探測、日藏明刊本王惟儉文心雕龍訓故之評價、范文瀾文心雕龍注駁議，蓋宋時辛處信首注文心，因爲年世綿邈，書已散亡；其次則推明王惟儉訓故最早，而訓故又淪落異邦；民國以來，文心范注風行海內外，視爲當今善本。因爲三書影響後人對文心雕龍的研究甚大，是以爬梳剔抉，以探測其存佚，評估其價值，駁議其得失，是本書的第三組。文心雕龍在國文教學上的適應性和臺灣文心雕龍學的研究與展望，可說是本書的第四組。前者強調文心雕龍理論與實際結合的價值所在，期使文心雕龍能紮根於國文教學之上；後者是對臺灣光復後四十年來「文心雕龍學」的研究與展望作一巡禮，以突顯文心雕龍研究的本土性。

從我研究文心雕龍迄今，在日新月異的學海裏，雖然寫了幾部專門性著作，和若干單篇論文，但捫心自問，我還算不上是劉勰的眞正知音。誠因劉勰淹博通貫，胸羅古今；尤其他那支染點生花的妙筆，無論是一字一句，敍事說理，逐處都像崐岡鄧林，生機活潑，蘊蓄無限，有取之不盡，用之不竭的資源。卽令是竭盡我才，恐怕也祇能拾一點其中的香花芳草，獻給廣大的同道先進而已。

書序二篇，內容多和正文相發明；敝帚自珍，列於本編之末，一併就教於大方之家云。

王更生

民國八十年（一九九一）元旦，序於臺灣臺北退思齋，大陸來臺的第四十二年也。

文心雕龍新論 目次

壹　劉勰文心雕龍結構的完整性

一、前　言

劉勰文心雕龍，作於南朝齊和帝中興元、二年（西元五〇一－五〇二）（註一），距離現在已有一千四百八十多年的歷史了。根據梁書本傳的記載，劉勰幼而無父，長又喪母，家貧，篤志好學，依定林寺釋僧祐居處十餘年，遂博通經論（註二）。大概在天監二年（西元五〇三），經由沈約的推薦，擔任梁武帝蕭衍的奉朝請（註三）；從此，便擺脫了定林寺的生活，正式活躍於政治舞臺。後曾累官中軍臨川王宏記室，太末令，仁威南康王記室，兼東宮通事舍人，步兵校尉。正當宦途得意的時候，他却突然燔髮自誓，變服出家（註四）。這種戲劇性的變化，令人對他的生平行事，增加了許多神秘感。

劉勰既與佛教有不解之緣，在想像中，他的作品——文心雕龍也勢必和佛教脫離不了關係。可是當我們諦觀這十卷五十篇，三萬七千多字的著述中，除論說篇有「般若」一詞，涉及佛典外，其他可說和佛教幾乎絲毫無關（註五），不僅如此，在那個佛教盛行，儒學消沉的時代，他却豎起徵聖、宗經的大纛，作衞道的前鋒，向六朝文壇形式主義宣戰。這種標心萬古，送懷千載的作品，盱衡古今著述之林，尙不多覯。

民國開元以來，研究它而又有專門著作問世的，少說也有數十種；發表的單篇論文，更多達千篇左右，這在個案研究方面的驚人成績，充分證明文心雕龍確已受到學術界普遍重視。本人近二十年來多從事這方面的探討，發覺由於劉勰行文用駢儷，很多人對它都抱着責難的態度，紛紜其說，莫衷一是。吾人何幸生於此亂離時代的中國，使我們得繼承祖先豐富的文化遺產，爲後代子孫開創億萬世的基業。當時間跨入八十年代的今天，任何中西新故之爭，莫不爲我國傳統思想帶來影響（註六）。面臨這方面快速發展的情況。如果我們能平心靜氣，回溯一千四百多年前，劉勰在印度佛教文化的衝擊下，寫作文心雕龍的心態，也許對今日徬徨歧路的中國文學，會發生相當的借鏡作用。但文心雕龍精深博大，語多隱晦，讀者對全書結構的完整性，如能預先有所了解，再去閱讀原著，或可收事半功倍之效。

二、文心雕龍上篇的結構

文心雕龍十卷五十篇，前二十五篇爲上篇，後二十五篇爲下篇。每篇以二字標題，如原道、徵聖、宗經等。每篇文章的長度由五百餘字，到一千八百餘字不等，全書共三萬七千多字。行文多偶對，但亦有不對，或意對而文不工者，溫婉瑰瑋，具有多種多樣的變化。既不同於唐宋以後的四六，也和純粹的駢體文有別，它可以說是六朝文的典型作品。

講到文心雕龍內容結構，自當根據序志篇劉勰自己的說法爲正確，他分全書爲上下兩篇，上篇包括兩類。首先是文學基本原理，或簡稱爲「文原論」。卽

> 文心之作也：本乎道，師乎聖，體乎經，酌乎緯，變乎騷，文之樞紐，亦云極矣。（註七）

其中道、聖、經、緯、騷，指的就是卷一、五篇的原道、徵聖、宗經、正緯、辨騷。這五篇是劉勰在說明自己的文學思想，他尊之爲「文之樞紐」，認爲是登峯造極，無以復加，可見他自視之高。不過詳觀這五篇，其中又有主從。大抵以宗經爲主，前乎此者，有原道、徵聖；後乎此者，爲正緯、辨騷。因爲「道沿聖以垂文，聖因文而明道」（註八），故原道、徵聖乃正面的宗經，是以曰「原」曰「徵」；緯書「乖道謬典」，楚辭「語多夸誕」，故正緯、辨騷乃反面的宗經，因而曰「正」曰「辨」。但不管它們是正面或反面，兩方都是貼着經典出發。所以我們可以大膽的說，劉勰的文學思想就是「宗經」。宗經既是劉勰文論的最高指導原則，則讀者勢必先要了解他這個重要的關鍵，才能對文心雕龍的內涵，有根本性的理解。

其次，是文學體裁論，或簡稱爲「文體論」。劉勰說：

> 論文敘筆，則囿筆區分，原始以表末，釋名以章義，選文以定篇，敷理以舉統（註九）。

這指的就是卷二到卷五、二十篇。這二十篇既是「論文敘筆，囿別區分」，所以又可析爲兩部分。前一部分包括明詩、樂府、詮賦、頌讚、祝盟、銘箴、誄碑、哀弔、雜文、諧讔等十篇，屬於有韻的文。後一部分包括史傳、諸子、論說、詔策、檄移、封禪、章表、奏啓、議對、書記等十篇，爲無韻

的筆。文筆兩分，是六朝的習尚，和現在的韻文、散文毫無二致。至於劉勰敍述各種文體演進的情形，他又安排四大綱領加以控御，這四個綱領，就是：

原始以表末，釋名以章義，選文以定篇，敷理以擧統。

所謂「原始以表末」者，在論敍此一文體的源流與變遷。「釋名以章義」者，在詮釋此一文體命名的涵義及由來。「選文以定篇」者，在開示此一文體的領袖作家和作品。「敷理以擧統」者，在說明此一文體的作法和特徵。劉勰運用最精練的文字，涵蓋如此廣泛的文學層面，眞是叫人歎爲觀止。例如論敍文體的源流和變遷，等於今天按文體分類的一部中國文學史。開示某一文體的領袖作家和作品，則又充分的利用「單論」「合論」「比論」等各種方式，對作家和作品加以批評，可說是劉勰的比較文學論。至於說明某一文體的作法和特徵，更是綱擧目張，提示了許多實際創作的規範。甚而於行文措詞之間，隱含着劉勰現身說法，自道爲文用心的甘苦。

細檢文體論二十篇的布局，發現這四綱的先後次第，也不完全劃一，如「原始以表末」與「選文與定篇」，往往因行文之便，混而不分，蓋寓選文於表末之中也。又「釋名以章義」與「原始於表末」，也時常有前後倒置的現象。可見他所預定的四綱，爲了遷就實際寫作時的需要，並非一成不變，要在讀者識其用心。再則，劉勰的「文體論」，並不是他的獨創發明，多半還是根據劉歆七略、班固漢志、魏文帝典論、陸機文賦、摯虞文章流別論，以及當時通行的各種文章體裁。但是魏文典論只分文體爲八類，陸機文賦分爲十類，摯虞流別分爲十一類。而劉勰文心雕龍用二十篇，幾乎佔全書二分之一的篇幅。來討論這方面的問題，粗計其所涉及的文體大數，凡一百七十多類。以這樣豐富的內涵，就是劉略、班志、魏典、陸賦、摯虞流別，任誰談文體都趕不上他。所以想清楚的了解我國中古以前文體分類的眞象，還祇有靠劉勰給我們留下的這份文化遺產，否則，我們便無從禮讚大漢文學的奇葩了。

三、文心雕龍下篇的結構

上篇二十五篇的內容結構既知，則下篇二十五篇，按照劉勰的自爲法，也可分成三部分。第一部分由卷六到卷九，是文學創作論，簡稱「文術論」。談到文術論，這有兩個問題必須先加說明：一是卷九的時序篇，與卷十的物色篇，前人考訂說是刻書時誤倒（註一〇），因此物色，應改隸文術論，時序篇和才略篇相接，屬批評論，才是正本清源。我覺得這個說法雖然大體不錯，但遍檢古今板本，則時序、物色均在總術篇之後，無所謂誤倒的現象；爲愼重起見，本人仍依現有各本設篇的順序，將時序、物色二篇入劉勰的「文評論」中。二、是「文術論」的舖敍方法，較諸「文體論」迥然不同。序志篇說：「剖情析采，則籠圈條貫，摛神性，圖風勢，苞會通，閱聲字。」因爲「文筆」指文章的體裁，自然是體裁，當然可以囿以別之，區以分之，而「情采」指文學創作的整體，整體本不能「囿別區分」，因而改採以籠照創作的範圍，用條理貫串的方式，提出四條主線，所謂「摛」「圖」「苞」「閱」，進行說明。這是我們首當了解的兩個問題。

從「文術論」十九篇的內容上看，各篇雖義有偏重，要皆情采相宜，既不單獨言情，也不絕對言采。基於這個認識，若欲期文能成章，不外此兩大元素的適當配合。劉勰把它分成兩個單元，一是「控引情源」，一是「制勝文苑」（註一一）。「控引情源」者，如情源既經控制，則靈感自可呼之卽來，揮之卽去，隨心所欲，無往不利。那麼卷六的神思、體性、風骨、通變、定勢五篇，皆行文運思的大節。正是情感之源，馭文之本，謀篇之端，缺一不可，可謂文術論的通則。至於「制勝文苑」，當然是指修辭的技巧，其中有論情采配合的，如情采篇、鎔裁篇；有論材料選用的，如事類篇；有論修飾文辭的，如麗辭、比興、夸飾、指瑕等篇；有論宮商的，如聲律篇；有論結構的，如練字、章句、附會等篇。所謂「文體多術，共相彌綸，一物攜貳，莫不解體」，這可以說是文術論的細目。另外養氣篇，是神思篇的餘義，在補充說明陶鈞文思的不足。指瑕篇指創作缺失，講的是消極修辭。並應貫串於通則和細目之間。通則是寫作之體，細目是寫作之用，體用兼備，文場必霸。至於總術一篇，既是「文術論」的前言，同時也是連繫「文體論」和「文術論」的橋樑。所以讀者想要「按轡文雅之場，環絡藻繪之府（註一二）」，則劉勰「文術論」的大綱細目，實是堪資注意的部分。

「時序」和卷十的前四篇，正所謂：

> 崇替於時序，褒貶於才略，怊悵於知音，耿介於程器。（註一三）

觀文中「崇替」、「褒貶」、「怊悵」、「耿介」各詞，便可以知道這是劉勰的文學批評論，或簡稱「文評論」。時序篇的主旨，論文學和時代潮流的關係；物色篇，論文學和自然環境的關係；才略篇，論文學和作家才能識略的關係；知音篇，論文學和讀者鑑賞的關係；程器篇，論文學和道德修養的關係。我們看這五篇所涉及的範圍，從時間到空間，從作者到讀者，從主觀到客觀，就知道文心雕龍的「文評論」，具有全面性和獨創性。

另外序志篇又記載劉勰對往代文學理論的批評說：

詳觀近代之論文者多矣；至於魏文述典，陳思序書，應瑒文論，陸機文賦，仲治流別，宏範翰林，各照隅隙，鮮觀衢路，或臧否當時之才，或銓品前修之文，或汎舉雅俗之旨，或撮題篇章之意。魏典密而不周，陳書辯而無當，應論華而疏略，陸賦巧而碎亂，流別精而少功，翰林淺而寡要；又君山、公幹之徒，吉甫、士龍之輩，汎議文意，往往間出。並未能振葉以尋根，觀瀾而索源，不述先哲之誥，無益後生之慮。

魏晉六朝在文論方面，其發展雖然盛況空前，但劉勰却深表不滿；並從而以周密辯當，深入淺出，振葉尋根，觀瀾索源的態度，採長補短，推陳出新，祖述先哲之誥，而作文心雕龍的「文評論」。現在有人說：「劉勰的批評理論，均集中發表於指瑕、才略、知音、程器等篇」，又說：「指瑕是批評作品，才略和程器是批評作家，知音則是闡述批評原理。」事實上，這都是望文生義，因爲嚴格的說起來，文心雕龍全書五十篇，無一不與文學批評有關，所以文心雕龍的「文評論」，具有絕對的完整性，是牽一髮而動全身的。

四、文心雕龍上下篇結構的軸心

文心雕龍上下篇結構的軸心是「總術」篇，總術篇之所以成爲文心上下篇結構的軸心，其精神全在「圓鑒區域，大判條例」二語。所謂：

> 才之能通，必資曉術，自非圓鑒區域，大判條例，豈能控引清源，制勝文苑哉！

按劉勰行文運思，有前後映照之法，往往用同一詞彙，置於前後兩文之中，以示篇目雖然有別，而脈絡卻屬一貫。現在就拿「序志」篇爲例，「序志」篇是駕御全書的主腦，有云：

> 若乃論文敍筆，則囿別區分；原始以表末，釋名以章義，選文以定篇，數理以舉統。上篇以上綱領明矣。至於剖情析采，籠圈條貫，摛神性，圖風勢，苞會通，閱聲字。……

前後兩文加以比照，立刻可以發現「圓鑒區域」指的就是「論文敍筆，則囿別區分」，「大判條例」指的就是「剖情析采，籠圈條貫」，文中的「區域」「區分」，「條例」「條貫」，皆劉勰畫龍點睛之筆，不僅暗示「長懷序志」，有「以馭羣篇」的關係；同時更點醒了「總術」篇文在上下兩篇結構中的重要地位。

「圓鑒」，卽圓滿觀照，「區域」卽區分囿別，文心上篇第二、三、四、五卷文術論二十篇，有文有筆，其中計文類之術十篇，筆類之術十篇，其區域畛界，事皆具體，明顯可見，故有「圓鑒區域」之說，而此一文體論二十篇，劉勰又以四大綱領加以統馭，所謂「原始以表末，釋名以章義，選文以定篇，數理以舉統」是也。先由文體的起源與變遷，講到命名的由來與定義，再選錄範文和作家，最後並舖陳各體的創作方法和特徵，很明顯的可以知道所謂「文體論」，在分論各種文體的源流、名義、範文與創作，名之曰「各體文章作法」，更是實至名歸。

「大判」，卽全盤了解，「條例」卽條理貫通，文心下篇第六、七、八、九卷文術論十九篇，其中有通則，有細目，有餘義，通則爲作品內容的源泉，細目爲作品形式的修飾，餘義指補充內容形式的未竟之義。情屬抽象，很難加以區劃，故就文學的範圍，籠以圈之，創作的藝巧，條以貫之，於是就重要之點提出四條主線加以說明。這四條主線。卽「攡神性、圖風勢、苞會道、閱聲字。」有鋪陳，有圖謀，有包括，有檢閱，從神思、體性、風骨、定勢等內在情感的掌握，到附會、通變、聲律、練字等外在修辭的技巧，雖然他在此處指出的篇目不到整個文術論十九篇的二分之一，但由通則而細目而餘義，都講得面面俱到。

黃季剛先生作文心雕龍札記，其總術篇札記云：

> 此篇乃總會神思以至附會之術，而丁寧鄭重以言之，非別有所謂總術也。

范文瀾先生文心雕龍注，以爲：

> 彥和之撰斯文，意在提挈綱維，指陳樞要明矣。

觀黃、范二家之說，皆未得劉勰安章謀篇的精義，尤其祇就「總術」論「總術」，未從「文體論」和「文術論」兩則的承接關係上着眼。實際上，總術篇的功用，一方面在總結上篇「文體論」的文筆兩說，一方面開啓下篇「文術論」的斷章之功。周振甫先生著文心雕龍今譯，於總術篇題辭云：

總術相當於創作論的序言，創作論承接文體論。文體論論文敍筆，所以總術一開頭就談文筆問題，承接文體論而轉入創作論。

此說可謂先得我心之所同然。可見總術是文心雕龍上下篇結構的軸心，居於「文體論」和「文術論」二者的轉捩點，地位十分重要。

五、序志篇在文心雕龍結構中的地位

序志篇奠於文心雕龍之末，正像史記、潛夫論、漢書、論衡等書的寫作方式一樣，是本書的總序，或稱之爲「緒論」。文中對文心雕龍的名義、語源，著述動機、內容組織、論文難易、品評態度以及對前賢的致意，後人的期待等，均作了適當的說明。沒有它，我們對文心雕龍十卷五十篇可以說完全無法理解。劉勰說：

長懷序志，以馭羣篇。

就在說明序志篇在文心雕龍整體結構中的地位，具有「乘一總萬，舉要治繁」的功用。劉勰對這種領袖羣篇的形象，曾經借用衆星之拱北辰作比況。他說：

位理定名，彰乎大衍之數，其為文用，四十九篇而已。

這幾句話包含兩種意義：一、是指寫作文心雕龍的程序，首先安排內容，內容完成後，再設定篇名。

可見劉勰之著文心是先有作品，後定篇目，並非先預擬篇目，再依目爲文的。二、是指全書所以爲五十篇，其主要原因在配合天地生成之數，這個說法見於周易繫辭上，所謂「大衍之數五十，其用四十有九，」「大衍」一詞，後人詮釋很多，如東漢馬融、魏之王弼，均有注解，而劉勰採用馬融的說法，如云：

易書太極，謂北辰也。太極生兩儀，兩儀生日月，日月生四時，四時生五行，五行生十二月，十二月生二十四氣。北辰居中不動，其餘四十九轉運而已。

後來，唐朝孔穎達作正義對此亦有所解釋，他說：

是以太極之一，兩儀之二，日月之二，四時之四，十二月之十二，二十四氣之二十四、合計之為五十。太極不動，除一則為四十九耳。

論語爲政篇也說：

為政以德，譬如北辰，居其所而衆星共之。

將各說互勘之後，我們發覺劉勰把文心雕龍五十篇比做天地生成之數。人生在世，不能逃於天地之外，從事文學研究，亦自不能舍文心而他求。其說甚明，其理至顯。而最關緊要者是自原道至程器四十九篇與序志的關係，如同太極之與兩儀、日月、四時、十二月、二十四氣的關係一樣。有了太極，則宇宙萬事始有重心，有動力，有本末、有首尾，文心雕龍四十九篇之於序志，亦復如此。

假使文心雕龍是我國文論寶庫的話，那麼序志篇就好比是打開這座寶庫的一把鑰匙。如果沒有它，我們面對著全書的精言奧義，便幾乎一片迷惘，失去了研讀的憑藉。

六、結　論

文心雕龍全書的結構，由「文原論」而「文體論」而「文術論」而「文評論」而「緒論」，各論間的承接，以及篇題與內容的配合，眞乃釐然如畫，絲毫不紊。若非作者會心有得，或事前經過縝密的安排，斷不及此。因此，讀文心雕龍固須字斟句酌，精理密察，善體劉勰行文運思的微言大義；但尤不可忽略的一點兒，是作者匠心獨運的自爲法，先從序志篇做投石問路的津樑，認淸本書完整的結構，再去貫通劉勰全部文學理論的精神脈絡。如此假以時日，以意逆志，揣摩比較，自能突破他行文艱澀的瓶頸，使我國傳統文學理論的精蘊，得以大放異采了。

【附　註】

註　一　劉勰文心雕龍成書的年代，見淸劉毓崧書文心雕龍後並請讀者參閱本書柒文心雕龍成書年代及其相關問題一文。

註　二　劉勰的家庭狀況及青少年時代的生活，請參閱作者於民國六十八年（一九七九）五月，由臺北文史哲出版社印行的重修增訂文心雕龍研究第二章梁劉彥和先生年譜一文。

註　三　關於梁沈約推薦劉勰擔任梁武帝蕭衍的奉朝請事，分見淸乾隆時編修的山東通志卷二八人物志一，及時人楊明照先生梁書劉勰傳箋注「天監初，起家奉朝請」條。

註　四　事見梁書文學傳劉勰傳。

註　五　關於劉勰著文心雕龍和佛教關係事，明王惟儉文心雕龍訓故序云：「乃篇什所及，僅般若之一語，援引雖博，罔祇陀之雜言；豈普通之津梁雖足移人，而洙泗之畔岸，終難踰越者乎？」今人研究此一問題者若劉大杰中國文學發達史，潘重規老師的劉勰文藝思想以佛學爲根柢辨、饒宗頤的劉勰文藝思想與佛教、文心雕龍與佛教、張意文的文心雕龍與佛學之關係，周榮華的文心雕龍與佛學駁論以及馬宏山的文心雕龍散論。石壘的文心雕龍與佛儒二教義理論集等。又方元珍女士的文心雕龍與佛教關係之考辨，可謂集各家論說的大成而出以己意，很值得參考。

註　六　自民國開元以來，知識份子懷於憂時憂國的情懷，嘗著鴻文、攄發胸臆，但數十年來，始終環繞著中西、新故、傳統與現代等問題，作口舌之辯，而不能平心靜氣，化理論爲實際，下切己體察工夫，從日常生活去革面洗心，以至於發言盈庭，而社會不免於亂，風氣不免於敗壞，文化不免於貧乏。這眞是中國知識份子最悲哀，最醜陋的一面。

註　七　引文見於文心雕龍序志篇。

註　八　引文見於文心雕龍原道篇。

註　九　引文見於文心雕龍序志篇。

註一〇　關於物色篇的隸屬問題，今人劉永濟先生作文心雕龍校釋，其物色篇校釋於篇題細注曾謂：「按此篇宜在練字篇後，皆論修辭之事也。今本淺人改編，蓋誤認時序爲時令，故以物色相次。」又范文瀾先生文心雕龍注，其物色篇注一也有此說，惟意同詞異而已。

註一一　「控引情深」「制勝文苑」之説，見於文心雕龍總術篇。所謂「控引情源」，意指控制情感生發的本源，而作家情感生發的本源，於文心雕龍文術論中屬神思、體性、風骨、通變、定勢等五篇，他們不僅是馭文之首術、謀篇之大端，更是立文之本源。「制勝文苑」，意指克敵制勝於文壇，而如何在文壇上達到克敵制勝的目的，其所關涉的篇目，蓋與附會所謂：「以情志爲神明，事義爲骨鯁，辭采爲肌膚，宮商爲聲氣；然後品藻玄黃，摛振金玉，獻可替否，以裁厥中」有關。從內容到形式，要首尾周密，表裏一體。這就是劉勰文術論的重要環節。請參閱本人著，由臺北文史哲出版社於民國六十八年（一九七九）五月印行的重修增訂文心雕龍研究第九章文心雕龍文術論（該書三五九頁至三九八頁）

註一二　引文見於文心雕龍序志篇。

註一三　引文見於文心雕龍序志篇。

註一四　序志篇是劉勰文心雕龍一書的總序。清紀昀文心雕龍詳序志篇詳云：「此全書之總序。古人之序皆在後，史記、漢書、法言、潛夫論之類，古本尚斑斑可考。」

貳　劉勰文體分類學的基據

一、前　言

劉勰著文心雕龍，在十卷五十篇裏，用了四卷二十篇，來集中研究我國的「文體」，以如此鉅大的篇幅來做專門而定點性的研究，其重要性不言而喻。現在研究文心雕龍的學者們，站在中國文學理論的立場，大多稱這一部分叫做「文學體裁論」，或簡稱「文體論」；假使我們換一個角度，從作者的立場來看的話，這確實是劉勰總結前人的經驗，而又推陳出新的重要創獲，尊之爲「劉勰的『文體分類學』」，庶幾可以突顯事實的眞象而更能發其幽光。

學目當今文壇，「文體分類」還是一門陌生而幼稚又極具發展潛力的學問。尤其當中西文化交流劇烈，作品體類與式樣，因社會生活的日益複雜，較劉勰所處的六朝更形混亂，甚至到了令人莫所適從之時，（註一）如果我們能回顧劉勰在距今一千五百年前後，所作的文體分類工作，並認眞的加以檢討和分析的話，此不僅可以肯定劉勰在「文體分類學」上的貢獻，同時，本於立足傳統，放眼現代的胸襟，更能爲當前文學的文體分類，引發催生的效果。（註二）本文以「劉勰『文體分類學』的基據」

爲題，準備先把劉勰當時對文體分類所依據的幾個基本理論，作扼要的介紹。

二、幾個文學觀念的演進

想要了解劉勰在文體上所抱持的基本理論，幾個與此相關而重要的文學觀念，必須事先加以釐清。其主要原因是由於時異事變，我們在文學觀念上的差距，很容易造成彼此認知上的不同。所以爲了使劉勰的「文體分類學」確切落實到我們的思想層面上，並發揮一定的作用起見，此處的說明，不但有必要，而且還具有溝通的效果。（註三）

首先是「文學作品」與「非文學作品」的處理態度，古人和我們現在的看法斷然不同。先秦時代以爲「文」就是「學」，「學」就是「文」，「文」、「學」是合而爲一，密不可分的整體。所以論語先進孔子曰：

文學子游子夏。

後來何晏論語集解，劉寶楠論語正義分別援引各家之說詮釋，他們的結論一致認爲「文學」應包括一切的典章制度。所以「文學」之在當時含有「文獻」的意思。兩漢以後，「文學」、「文章」雖然有較爲顯著的分野，但是對於「韻文」和「散文」的界閾，仍然沒有類似今天那種嚴格的定義。其中尤其是「散文」作品，更似乎未受到與「韻文」同等的重視。

時代到了魏晉，由於當時單篇的作品日繁，文體隨着社會生活的需要也與日俱增，於是「文」、

「學」始有顯著的分野。如後漢書文苑傳杜篤傳，說杜篤：

> 少博學，仕郡文學掾。…所著賦、誄、弔、書、讚、七言、女誡及雜文，凡十八篇。

同書文苑傳，載夏恭及其子牙的生平著作云：

> 恭善為文，著賦、詩、勵學凡二十篇。…子牙，少習家業，著賦、頌、讚、誄凡四十篇。

就以上所引觀之，當時作品就有賦、誄、弔、書、讚、七言、女誡、頌、詩等九種不同的文體。可見作品體類之日趨繁富，「文學」受學者重視的程度了。魏書、晉書也有同樣的記載。如魏書卷二十一王粲傳，言

> 王粲善屬文，舉筆便成，無所改定，時人常以為宿構；然正復精意覃思，亦不能加也。著詩、賦、論、議垂六十篇。

晉書卷九十二李充傳，載

> 充注尚書及周易旨六篇，釋莊論上下二篇，詩、賦、表、頌等雜文二百四十首，行於世。

有的不詳列文體或篇數，只說有文集行世。如晉書卷九十二應貞傳，言

> 貞善談論，以才學稱。…泰始五年卒，文集行於世。

因而六朝宋范蔚宗作後漢書，把「儒林」和「文苑」分傳，從這件事便可得知「文學」已獨立於「文獻」之外，受到社會肯定的個中消息了。自此以後，歷代史志便將以通經名家的學者歸之儒林，儁才能文的才士屬諸文苑。「文」和「學」分道揚鑣的結果，使「文學」與「學術」原本混而不分的體制，

從此區域畛界，有了進一步的廓清。

再是「文」、「筆」兩分說的出現。「文學」獨立以後，作品日多、體類日繁，其體裁和性質，便成了作家們關注的焦點；因而從形式上，很自然地就發現了「文」、「筆」的不同特徵。推究這個說法出現的時間，大概不會晚於魏晉，到六朝而大盛。譬如晉書習鑿齒傳，載：

鑿齒少有志氣，博學洽聞，以文筆著稱。

又同書張翰傳云：

翰任性自適，不求當世。……其文筆數十篇行於世。

魏書溫子昇傳也以文筆爲說，如云：

蕭衍使張皐寫子昇文筆。又為集其文筆為三十五卷。

劉勰著文心雕龍，其總術篇對「文」、「筆」說，曾有較詳盡的考察。云：

今之常言，有文有筆，以為無韻者筆也，有韻者文也。夫文以足言，理兼詩書，別目兩名，自近代耳。

所謂「文以足言，理兼詩書」者，指文辭采藻是用來補充語言，依理兼包有韻的詩經和無韻的尚書。可見古代有韻之文與無韻之筆不分，統可稱文。「文」、「筆」兩分，乃近代的產物。後來湘東王蕭繹著金樓子，其立言篇中對「文筆」的定義，曾從內容上加以詮釋。云：

揚搉前言，抵掌多識者謂之筆；咏歎風謠，流連哀思者謂之文。

「文學」獨立之後，作品分爲「文」、「筆」兩類，從形式上說，有韵的謂之「文」，無韵的謂之「筆」。換言之，即韵文曰「文」，散文曰「筆」。從內容上說，抵掌多識謂之「筆」，流連哀思謂之「文」，觀金樓子的立意，抵掌多識，蓋指章表奏議之流，流連哀思，蓋指詩辭歌謠之作，這個定義雖比有韵無韵爲具體，但對「文學作品」與「非文學作品」，其間界義仍十分模糊。而劉勰的「文體分類學」，就是在「以有韵無韵分難易」，「以有情采聲律與否分工拙」的聚訟紛紜的情況下，完成的偉大作品。雖然劉勰之爲書，兼賅衆製，明其體裁，上下洽通，古今兼照，但文壇衆流，人各異說，所以蒙受非議的地方還不是沒有。（註四）

近百年來，一些討文之士，由於受西方文學理論的影響，常拿彼邦文學界常用的「三分法」或「四分法」來對待我國傳統作品，（註五）所以當研究文體分類的時候，往往造成極不協調的現象，而令人動輒得咎。現在探討劉勰的「文體分類學」，我們如果能本乎傳統的回歸傳統，現代的還諸現代，此不僅可以避免無謂地紛爭，同時，對劉勰文體分類中的某些說法，也較有持平的論斷。

三、劉勰文體分類學中所涉及的體類

劉勰對中國古代文體分類，集中發表於文心雕龍的卷二到卷五。民國初年范文瀾先生作文心雕龍講疏時，把卷一的辨騷篇併入劉勰文體分類的範疇，認爲「騷」是劉勰所列的文學體裁之一；（註六）事實上，劉勰在文心雕龍序志篇，早就鄭重的說過辨騷屬於「文之樞紐」，並管它叫「變乎騷」，

「辨」、「變」一字之別，使我們意思到「辨騷」之所以爲「文之樞紐」，是由於從這裏可以上考下求，覘得中國文學演變的關鍵。所以論劉勰的「文體分類學」，自應本乎劉勰立說的宗旨，將「騷」排除於文學體類之外，才算正本清源。

依照劉勰在文心雕龍序志篇所設定的文體分類標準，這二十篇除了分目不一致外，整個的文體又可劃歸兩大系統：一是「文」的系統，一是「筆」的系統，「文」的系統，指有韵的文體，如詩、樂府、賦等；「筆」的系統，指無韵的文體，如史傳、諸子、論、說等。劉勰說：

> 論文敘筆，則囿別區分。

他這種「文」、「筆」兩分的安排，不僅見於序志篇，全書其他各篇類似的說法很多。如「體性」篇：

> 是以筆區雲譎，文苑波詭者矣。

「筆區」、「文苑」顯然指作品性質的不同歸屬。又「章句」篇：

> 裁文匠筆，篇有小大。斯固情趣之旨歸，文筆之同致也。

此處「文」、「筆」雖有分有合，但均指作品的類別。所以總術篇說：

> 文場筆苑，有術有門。

這便是有意把有韵的「文」，和無韵的「筆」，截然區劃成兩大系統，而且強調各有自己的作法，各有不同的門徑。

再則，從明詩到書記二十篇，並不代表就是二十種文學體裁。如果我們按照「文」、「筆」兩分的系統，可以列成下表：（註七）

「文」類含明詩至諧讔十篇，其各篇的主要文體和子目是：

詩（四言、五言、三六雜言、離合、回文、聯句）

樂府（房中樂、郊祀樂、軍樂、哀樂）

賦

頌、贊（風、雅、誦、序、引、評）

祝、盟（祝邪、罵鬼、譴、咒、詰咎、祭文、哀策、詛、誓、歃辭）

銘、箴

誄、碑（碣）

哀、弔

雜文（對問、七發、連珠、客難、解嘲、賓戲、達旨、應間、答譏、釋誨、客傲、客問、客咨、七激、七依、七辨、七蘇、七啓、七釋、七說、七諷、七厲、典、誥、誓、問、覽、略、篇、章、曲、操、弄、引、吟、諷、謠、詠）

諧、讔（謎語）

「筆」類包括史傳至書記十篇，各篇的主要文體和子目是：

史傳（尚書、春秋、策、紀、傳、書、表、志、略、錄）
諸子
論、說（議、傳、注、贊、評、敍、引）
詔、策（命、誥、誓、令、制、策書、制書、詔書、戒敕、戒、敕、教）
檄、移（戒誓、令、辭、露布、文移、武移）
封禪
章、表（上書、章、奏、表、議）
奏、啓（上疏、彈事、表奏、封事）
議、對（駁議、對策、射策）
書、記（表奏、奏書、奏記、奏牋、譜、籍、簿、錄、方、術、占、式、律、令、法、制、符、契、券、疏、關、刺、解、牒、籤、狀、列、辭、諺）

從這二十篇所涉及的體裁上看，劉勰的文體分類可分三個層次，「文」、「筆」兩分是第一個層次；各篇篇目上標出的文體，是第二個層次；篇體之下，括號內的子目，是第三個層次，並從而構成一個完整嚴密的文體分類架構。

在設篇分類方面，劉勰更採取實事求是，靈活機動的方法，有獨體設篇的文類，如明詩、樂府、詮賦、史傳、諸子、封禪等；有兩體相近，合爲一篇的文類，如頌贊、祝盟、銘箴、誄碑、哀弔、諧讔、論說、詔策、檄移、章表、奏啓、議對等；又有衆體雖繁而無類可歸，凡屬有韵的都收錄到雜文中，凡屬無韵的都收錄到書記中，雜文中收有對問、七發、連珠等三十八種體類，書記中收有表奏、奏書、奏記等二十九種體類。同時雜文與書記分別列於「文」、「筆」兩大系統之末。惟「文」類的諧讔一篇，其位次不置於雜文之前，而把它列爲「論文」十篇的最後，這實在是值得注意的事。蓋班固志藝文，小說列於九流之末，小說之在我國，其發展雖來自稗官野史，但學術界一直把它看成「猥鄙荒誕」、「道聽塗說」，不是不受重視，而是沒有本源可尋；司馬遷著「史記」雖有「滑稽」一傳，但清代四庫提要却黜而不論；彥和身當六朝，論古今文體，竟以爲小道可觀，專設諧讔一篇，居今而言，實具有重大的意義。至於何以把它放在雜文之末，根據劉勰自己的說法，是

> 文辭之有諧讔，譬九流之有小說，蓋稗官所採，以廣視聽。

可見他是遵循班固漢志的成例，雖然如此，在牢不可破的傳統觀念裏，他能收「諧讔」爲「文」類的一體，也可以看出他勇於突破傳統框框的眼光了。

由此觀之，劉勰的文體分類是條理密備，層次分明，體系完整，較之曹丕典論、陸機文賦，顯然不能同日而語。尤其當同時而性質類似的著作如摯虞文章流別論、李充翰林論早已亡佚，無可質證之時，則劉勰的「文體分類學」，在我國文體分類史上，更佔有重要的地位。

四、劉勰文體分類學的基據

劉勰的文體分類既是總結歷史的成就而自成系統，則其對文學體裁的產生、發展、變化和歸類，必定參綜博考，有所依據。不然，在漫長的時間，和複雜的文學潮流裏，又如何能向壁虛造，而成體大慮周的著作呢？爲此以下特經由各種不同的角度，來探討其文體分類的基本依據。

第一、劉勰採歷代學者的成就，作爲文體分類的基據：蓋文體分類的本身，就具有歷史的意義。如果斷代爲說，不僅徒見膚淺，且容易產生歷史的斷層，而誤入歧途。劉勰文學理論的取材與態度，是建築在同乎舊談和參古定法的基礎上。因此，歷代學者對文體分類的成就，便是他擇善而從的基據。例如西漢劉向的七略別錄，及今尙見於班固漢書藝文志者，他把「詩」、「辭賦」、「歌詩」分別著錄，「詩」見於「六藝略」，「辭賦」「歌詩」見於「詩賦略」，「詩」爲六藝之一屬經部，「詩賦」屬集部；「詩」與「歌詩」的區別，一爲不歌而誦其言，一爲可歌而詠其聲。所以劉勰於文體分類時，在有韵的「文」部分，首列明詩，次列樂府，又次列詮賦並且在樂府篇末云：

> 昔子政品文，詩與歌別，故略具樂篇，以標區界。

又在詮賦篇云：

> 詩有六義，其二曰賦。賦自詩出，異流分派。

雖然劉勰知道「詩爲樂心，聲爲樂體」，「詩序則同義，傳說則異體」，詩、歌、賦三者本不可分，但因爲受到劉向七略別錄的影響，也只有根據成說，畫然兩途了。

曹丕典論論文所謂「四體八類」，以及陸機「文分十類」之說，也對劉勰文體分類發生重大影響。曹丕云：

奏議宜雅，書論宜理，銘誄尚實，詩賦欲麗。

陸機文賦亦云：

詩緣情而綺靡，賦體物而瀏亮。碑披文以相質，誄纏綿而悽愴。銘博約而溫潤，箴頓挫而清壯。頌優游以彬蔚，論精微而朗暢。奏平徹以閑雅，說煒燁而譎誑。

綜評他們兩位文中涉及的文體，去其複重以後，尚有奏、議、書、論、銘、誄、詩、賦、碑、箴、頌、說等十二類。拿這十二類和劉勰的文體分類相較，我們發現見於「文」類的有「明詩」「詮賦」「頌贊」「銘箴」「誄碑」，見於「筆」類的有「論說」「奏啓」「議對」「書記」，雙方文體極爲接近。至於曹丕的兩體相近者合說，陸機獨體爲文者單論的方式，給劉勰在分體設篇時很大的啓發。再是摯虞的文章流別論，清朝嚴可均全晉文輯有十一條，這十一條中所提到的文學體裁，計有賦、詩、七發、箴、銘、頌、哀策、誄、解嘲、碑、圖讖等。以之持較劉勰的文體分類，除了賦、詩、箴、頌、誄、碑等七體設有專篇外，其他如「七發」「解嘲」見於雜文篇，「哀策」見於祝盟篇，「圖讖」雖不見於文心雕龍的任何文體，但在明詩篇却有「離合之發，萌於圖讖」之說。證明「圖讖」乃「離合詩」的遠祖。此外，摯虞立說的精蘊，也多被劉勰所甄採。如文章流別論的首條：

頌者，美盛德之形容，……古者聖帝明王，功成治定而頌聲興，於是史錄其篇，工歌其章，以奏於宗廟，告於鬼神，故頌之所美者，聖王之德也。

較之文心雕龍頌贊篇「釋名以章義」的一段文字，所謂：

頌者，容也，所以美盛德而述形容也。……夫化偃一國謂之風，風正四方謂之雅，雅容告神謂之頌。風雅序人，故事兼變正；頌主告神，故義必純美。

意思接近甚或文字相同的地方都有。又文章流別論同條云：

昔班固為安豐戴侯頌，史岑為出師頌，和熹鄧后頌，……揚雄趙充國頌，頌而似雅。……若馬融廣成上林之屬，純為今賦之體，而謂之頌，失之遠矣。

和文心雕龍頌贊篇所謂：

若夫子雲之表充國，孟堅之序戴侯，武仲之美顯宗，史岑之述熹后，……馬融之廣成上林，雅而似賦，何弄文而失質乎！

不但雙方所選的作品十分相像，就是評文的語氣辭意，也大致類似。可見摯虞文章流別論對劉勰的文體分類頗具影響力。只可惜此書散佚殆盡，想要靠著後人的輯佚，來考見其和劉勰文體分類的關係，恐怕有很多地方是力不從心的。

劉向、班固以迄曹丕、陸機、摯虞等，歷代學者的成說，既爲劉勰所取資；從而可見其文體分類的基據，是立足於前人研究的成果上，加以提煉、點化，最後終於得到用古人而不爲古人所役的成就。

第二、劉勰汲取當代文論的菁華，作爲文體分類的基據：六朝是我國歷史上空前未有的時代，不但五胡交侵，造成中國國土的長期分裂，印度的佛教文化，也乘我儒家思想發生動搖，不足以維繫世道人心之時，乘虛而入；加以偏安江南的四代帝王，只知貪圖眼前的享受，毫無躍馬中原，光復故土的壯志。於是在安於現實，粉飾昇平的情況下，在學術園地裏，文學反呈一枝獨秀，劉勰文心雕龍就是在這種背景下，醞釀而成的碩果。

劉勰汲取當代文論的菁華，作爲文體分類的基據，是無可置疑的。文心雕龍序志篇雖然提到「近代論文」的專門著作，有魏文典論、陳思序書、應瑒文論、陸機文賦、仲治流別，宏範翰林六種，事實上，這方面的作品甚多，根據手邊的資料統計，(註八)如：

魏大司農桓範撰的世要論二十卷
晉傅玄撰的七謨序連珠序
晉郭象著的碑論十二篇
後漢末年不詳撰者姓名的文檢六卷
晉傅祇撰文章駁論十餘萬言
晉皇甫謐爲左思作的三都賦序
晉荀勗撰的雜錄文章家集敍十卷

晉摯虞撰的文章志四卷
晉顧愷之撰的晉世文章志若干卷
宋顏延之撰庭誥若干卷
宋傅亮撰續文章志二卷
宋明帝撰晉江左文章志二卷
宋吳郡功曹張防撰的四代文章記若干卷
宋秘書監王微撰的鴻寶十卷
隋志有張騭的文士傳五十卷
梁張率撰文衡十五卷
齊張眎撰摛句若干卷
梁陸厥撰文緯若干卷
梁沈約撰宋書謝靈運傳論
梁任昉撰文章緣起上下卷
梁不知撰人姓名的文章義府三十卷
北史有徐紇撰的文章駁論十卷
北史有明克讓撰的文類四卷

北史有杜正藏撰的文軌二十卷

以上二十四種文學理論方面的專著，其中八種對文心雕龍有明顯的影響，至於桓範撰的世要論，顏延之撰的庭誥，雖然散佚不全，但世要論見於唐魏徵羣書治要卷四十七者尚有十四篇，其中贊象云：

> 夫贊象之作，所以昭述勳德，思詠政惠，此蓋詩頌之末流矣。宜由上而興，非專下而作也。……若言不足紀，事不足述，虛而為盈，亡而為有，此聖人之所疾，庶幾之所恥也。

「贊」，文心雕龍頌贊篇作「讚」，觀原道篇末「贊曰」，范文瀾注以為「說文無讚字，自以作贊為是。」贊之為體，古人分雜贊、哀贊、史贊三種，大多用於古代名臣賢士圖像上的贊辭。如司馬相如的荊軻贊，郭璞的爾雅圖贊等。頌贊篇文所謂「颺言以明事，嗟嘆以助辭」，以及「民各有心，勿壅惟口」，「直言不詠，短辭以諷」的文義，與此相當近似。又銘誄篇云：

> 夫渝世富貴，乘時要世，爵以賂至，官以賄成。……而門生故吏，合集財貨，刊石紀功，稱述勳德。……疑誤後世，罪莫大焉。且夫賞生以爵祿，榮死以誄謚，是人生權柄；而漢世不禁，使私稱與王命爭流，臣子與君上俱用，善惡無章，得失無効，豈不誤哉！

此對當世「銘誄」濫用的文弊，不僅善惡不分，且濫權違紀，疑誤後世，與文心雕龍銘箴篇所謂：「銘者，名也，觀器必也正名，審用貴乎盛德，」同書誄碑篇所說：「詳夫誄之為制，蓋選言以錄行，傳體而頌文，榮始而哀終，」意思上雖不相同，但對劉勰立說有正面的影響。至於序作篇云：

> 夫著作書論者，乃欲闡弘大道，述明聖教，推演事義，盡極情類，記是貶非，以為法式。當時

可行，後世可修，且古者富貴而名賤廢滅，不可勝記。唯篇論俶儻之人，為不朽耳。夫奮名於百代之前，而流譽於千載之後，以其覽之者有益，聞之者有覺故也。

此篇可能爲桓範世要論的自序，序中對述作的旨要，和對當代文論的批評，所謂「闡弘大道，述明聖教」，和文心雕龍序志篇，劉勰自述寫作的動機一段文字的立意相當接近；「奮名於百代之前，流譽於千載之後」，其義不僅和文心雕龍序志篇所謂「形甚草木之脆，名譽金石之堅」有異曲同工之妙；同時和諸子篇「身與時舛，志共道申，標心於萬古之上，而送懷於千載之下。」更是貌同神合，如出一轍。

顏延之庭誥若干卷久殘，清嚴可均全宋文卷三十六雖有輯佚，但不見有「文筆」之說，南史顏延之傳，宋文帝問延之的諸子才能，延之曰：

竣得臣筆，測得臣文，

文心雕龍總術篇云：

顏延年（按：延之字延年）以為筆之為體，言之文也。經典則言而非筆，傳記則筆而非言。

根據范文瀾的分析，此言字和筆字對擧，意謂直言事理，不加彩飾的爲言，如禮經、尚書之類；言而有文飾的叫筆，如左傳、禮記之類；其有文飾而又有韵的叫文。劉勰在文心雕龍總術篇裏雖然駁顏氏「將以立論，未見論立」，但另一方面他却又採納了「今之常言，有文有筆」，文體二元的分類法。所謂「論文敍筆，則囿別區分」。將三十三種文體按照文筆兩分的辦法，分爲四卷二十篇，前十篇文類，後十篇筆類，可見劉勰對文體分類的依據，是以現實作基礎的。鍾嶸詩品下卷序，提到顏延之的時候，也說他「顏延論文，精而難曉」，只可惜原書殘闕不全，居今已很難稽考了。

第三、劉勰以當代通行的文體，作爲文體分類的基據：文心雕龍中所載的文章體類，大多來自當代。而當代的史志著錄，拿梁書和范曄後漢書相較，其體例前後斷然不同。如在後漢書列傳中，傳末大多記「某某所著某某文體若干篇」，像文苑傳杜篤傳文末載「所著賦、誄、弔、書、讚、七言、七誡及雜文凡十八篇」，王隆傳載「能文章，所著詩、賦、銘、書凡二十六篇。」可是一到六朝，史志便多錄文集，不著文體。譬如梁書文學傳臧嚴傳載「文集十卷」，庾仲容傳載「文集二十卷。」所以居今欲知劉勰如何採擷當代通行的文體，作爲分類的依據，最好是以隋書經籍志爲準。加以比較，自然可以看出事實的眞象。如：

明詩　劉勰的文體分類首列明詩，蓋以詩經四言詩爲主，以當時流行的五言詩爲輔，所謂「四言正體」「五言流調」者是也。其他附帶的講到三六雜言、離合、回文，聯句共韵等體。案隋書經籍志經部於易、書之後，繼之以詩。集部有謝靈運的詩集、詩集鈔以及不著撰人的「詩類」、「今詩英」，多屬五言體。回文，有謝靈運撰迴文集十卷，又迴文詩八卷，苻堅秦州刺史竇氏妻蘇氏作的織錦迴文詩一卷。和五岳亡星迴文詩一卷。謝宣城詩集卷五有「聯句」七首。

樂府　劉勰的文體分類次列樂府，篇中以房中樂和郊祀樂爲主，又旁及鼓吹曲、鐃歌、挽歌。今案隋書經籍志集部著錄的有古樂府八卷，樂府歌辭鈔一卷。於齊有奏鞞鐸舞曲二卷，伎錄一卷，陳有郊廟歌辭一卷，又有「齊吹、淸商、樂府、讌樂、高禖、鞞、鐸等歌辭舞錄」凡十部，其中各種歌詩，多與樂府同類。

詮賦　此爲劉勰文體分類中文類的第三篇，篇中所論以兩漢古賦爲主，但時至魏晉六朝，一變而爲小賦，如梁有賦集五十卷，雜賦十六卷。至於王粲的登樓賦、陸機的文賦、郭璞的江賦，鮑照的蕪城賦、江淹的恨賦、別賦，均分別錄入各人的文集中。

頌贊　文心雕龍頌贊篇，於隋書經籍志集部錄有梁王僧綽撰的頌集二十卷。謝莊撰的讚集五卷。又如鮑照集中有河淸頌、佛影頌，陶淵明集中有天子孝傳贊、諸侯孝傳贊等。

祝盟　文心雕龍有祝盟篇，本篇所涉及的文體有祝、祈、祠、告、禱、詛、盟、誓等。於魏晉六朝多見於個人的文集，如潘岳的祭庾婦，見於晉黃門郎潘岳集十卷中，劉琨的鐵誓，見於晉太尉劉琨集十卷與段匹磾盟文。

銘箴　銘箴是劉勰文體分類的第六篇，隋書經籍志集部有張湛撰的古今箴銘集十四卷，梁有箴集十六卷，釋僧祐撰有箴器雜銘五卷。又鮑照集卷十有凌煙樓銘、飛白書勢銘。

誄碑　劉勰文體分類中有誄碑篇，在隋書經籍志集部錄有梁謝莊的碑集十卷，梁元帝撰的釋氏碑文三十卷。釋僧祐撰的諸寺碑文四十六卷，又梁江文通文集卷十有齊太祖高皇帝誄，顏延之有陶徵士誄，陽給事誄等見於宋特進顏延之集中。

哀弔　文心雕龍之「哀弔」體，見於隋書經籍志集部的有梁弔文集一六卷，弔文二卷。又個人別集中如潘岳的金鹿哀辭、孤女澤蘭哀辭陽城劉氏哀辭，均見於晉黃門郎潘岳集。哀，如陸機的弔魏武文、弔蔡邕文，見於陸士衡文集。

雜文　文心雕龍的「雜文」，主要包括對問、七發、連珠等三大類。隋書經籍志集部均有類似或相同的文體，如對問，梁有東晉人撰的設論集三卷，客難集二十卷。七，梁有七林三十卷。連珠，有梁武連珠一卷，梁武帝制旨連珠十卷。梁有設論連珠十卷。

諧讔　此體在劉勰文體分類中，屬文類的第十篇。其中所謂：「魏文因俳說以著笑書，薛綜憑宴會而發嘲調」，於是後之文士，起而效尤，「遂乃應瑒之鼻，方於盜削卵，張華之形，比乎握舂杵。」至於讔，「自魏代以來，頗非俳優，而君子嘲讔，化爲謎語。」此在隋書經籍志中錄有誹諧文十卷，袁淑撰的誹諧文十卷，梁有續誹諧文集十卷，又沈宗之撰的誹諧文一卷，還有無名氏的笑苑四卷，陽玠撰的解頤二卷，恐怕都屬這一類的作品。

史傳　是劉勰文體分類「筆類」中的第一篇，其中所涉及的史傳體作品，如袁山松撰的後漢書、張瑩後漢南紀、薛瑩後漢記、謝承後漢書、華嶠後漢書、孫盛魏氏陽秋、魚豢魏略、虞溥江表傳、張勃吳錄等均見於隋書經籍志史部。至於齊梁二代的史作，根據蔣祖怡先生的統計，（註九）除史通所載外，南齊史作者有七家，梁史作者有八家。劉勰之所以援史入文，當時文史不分的觀念，可爲一證。

諸子　爲劉勰文體分類中「筆類」的第二篇。諸子者入道見志之書，以爲「唯英才特達，則炳耀垂文」，所以諸子與文學密不可分。劉勰列諸子散文，爲文學中的一體，正見他別具隻眼。篇中所講到的自先秦以迄兩漢諸子，於先秦有十二位，兩漢七位，魏晉一位，均見於隋書經籍志子部。而先秦諸子中，孔子不在其列。劉勰把孔子放在文原論的徵聖篇，這是很值得玩味的決定。梁代子書雖然不少，但皆類多依採，不足稱述。（註一〇）

論說　文心雕龍論說篇，包羅至廣，所謂「陳政，則與議說合契；釋經，則與傳注參體；辨史，則與贊評齊行；詮文則與敍引共紀。」說，爲書說，不等於時下的說明文。因爲魏晉六朝反對東漢章句之學，所以議論方面的作品特別多，如梁有論集九十六卷，雜論五十八卷，均不著撰者姓名。

詔策　文心雕龍詔策篇，所論雖然不涉及當代，但受當代作品影響却很明顯，如隋書經籍志集部，梁有齊建元詔五卷，永明詔三卷，武帝中詔十卷，齊隆昌、延興、建武詔九卷，梁天監元年至七年詔十二卷，天監九年、十年詔二卷。又殷沖堪有策集一卷，梁有孝秀對策十二卷。

檄移　此爲文心雕龍「筆類」的第五篇，隋書經籍志集部，有雜露布十二卷，梁有雜檄文十七卷。又孔稚圭的北山移文也是南齊名作，見於孔稚圭集中。

封禪　文心雕龍有封禪篇，隋書經籍志史部有不著撰人的封禪儀六卷。

章表　文心雕龍有章表篇，隋書經籍志集部錄有虞和撰的上法書表一卷，梁邵陵王撰的梁中表十一卷。

奏啓　文心雕龍有奏啓篇，隋書經籍志集部錄有梁漢名臣奏三十卷，又有不著撰人的山公啓事三卷，梁有范寧啓事三卷，至於梁雜薦文十二卷，薦文集七卷，都是與此體相近之作。

書記　此爲劉勰文體分類「筆類」的最後一篇，內容包羅衆體，十分複雜。隋書經籍志有晉散騎常侍王履的書集八十八卷，還有不著撰人姓名的書林十卷，徐爰撰的雜逸書六卷。

統觀上列劉勰文體分類二十篇，文筆兩類，在隋書經籍志中，或經部、或史部、或子部、或集部，尤其集部中的齊、梁作品，大部分都可以找出彼此相同或相近的文體。足見劉勰的文體分類是以當代通行的文體作基本依據，而非憑虛臆造的。

第四、劉勰以作品內容與形式的結合，作爲文體分類的基據：文體既指作品的體制和樣式，就應當特別注意每一作品種類的特徵；而作品特徵又具體表現在作品形式上，但形式由內容決定。所以劉勰的文體分類，並不單獨著眼於形式，同時，更透過形式，深入體認其實質內容。所謂：「綴文者情動而辭發，觀文者披文以入情」。又說：「將閱文情，先標六觀：一觀位體，二觀置辭，三觀通變，四觀奇正，五觀事義，六觀宮商。」(註一二)他這個自爲的「六觀」法，不僅是從事文學批評的準則，同時也是判定文體分類的依據。例如頌贊是劉勰文體分類中「文類」的第四篇，按照本文前面的分析，這是兩體相近，合爲一類的；否則，兩體如果不近，而合爲一類的話，便是自毀原則，不合邏輯了。今觀「頌」「贊」的定義：

頌者，容也，所以美盛德而述形容也。

贊者，明也，助也。

從「頌」「贊」的定義上來比較，似乎找不出它們相近的理由，但進一步再看本篇的末段。劉勰說：

> 及景純注雅，動植必讚，義兼美惡，亦猶頌之變耳。

又說：

> 本其（指贊）為義，事生獎歎，所以古來篇體，促而不廣，必結言於四字之句，盤桓乎數韵之辭；約舉以盡情，昭灼以送文，此其體也。發源雖遠，而致用蓋寡，大抵所歸，其頌家之細條乎！

首先以郭景純的爾雅圖讚爲例，說明由於「義兼美惡」，有悖「本其爲義，事生獎歎」之旨，所以他說「猶頌之變耳。」這是「頌」、「贊」合篇的第一個可能。其次，劉勰又說「發源雖遠，而致用蓋寡，大抵所歸，其頌家之細條乎！」贊既然是頌家的枝條流派，源雖有異，其流實同，則「頌」、「贊」合篇，當然就成了第二個可能，也是絕對的可能。

「頌」、「贊」二體合篇的理由既如上述，則劉勰更從「形式」、「內容」兩方面來確定「頌」「贊」的特徵。他說：

> 頌惟典懿，辭必清鑠，敷寫似賦，而不入華侈之區；敬慎如銘，而異乎規戒之域；揄揚以發藻，汪洋以樹義，雖纖巧曲致，與情而變，其大體所底，如斯而已。

首二句從內容形式兩方面說明「頌」的要求標準，內容惟典懿，辭采必清鑠；以下四句從反面論「頌」體的避忌，其鋪陳辭藻似賦，但不可流於華侈，文義敬慎如銘，但也不同乎規戒。接著劉勰又從正面而積極的建議作者，以爲「頌」體寫作，在形式上是「揄揚以發藻」，在內容上要「汪洋以樹義」。綜覽全文，他無一不是扣緊內容、形式兩方面來突顯「頌」——這種作品體類的特徵。然後再根據此一特徵，去進行歷代作品的演變，作家的才性、作品的優劣，或合論，或單論，既然有此客觀的準則爲依據，不僅確立了「頌」的體制和樣式，同時，更能以「折中」的立場，去鑑賞歷代作品而得其精髓。至於「贊」或其他各種體類，都可以此類推，不必辭費了。

第五、劉勰以社會現實生活的反映，作爲文體分類的基據：文章是社會現象的表徵，是客觀事物與主觀活動的反映。如果沒有社會現實生活，就不可能產生文章；如果沒有客觀事物和主觀的思維活動，就無法將社會現實生活中的形形色色，加以有條理的聯繫，全盤呈現於讀者面前。所以文心雕龍物色篇，專門講作品和客觀自然景物的關係。如云：

> 春秋代序，陰陽慘舒，物色之動，心亦搖焉。蓋陽氣萌而玄駒步，陰律凝而丹鳥羞，微蟲且或入感，四時之動物深矣。

又說：

> 詩人感物，聯類不窮，流連萬象之際，沈吟視聽之區；寫氣圖貌，旣隨物以宛轉，屬采附聲，亦與心而徘徊。

此處明顯說明物來感人和情往會物的眞象，所謂「物色之動，心亦搖焉」，「四時之動物深矣」，「流連萬象」，「沈吟視聽」，「隨物宛轉」，「與心徘徊」，將客觀自然事物與主觀思維活動間的關係，講得相當剔透。所以如果沒有社會現實生活，就沒有文章，沒有文章，更遑論文體了。

然而人類社會生活是不斷發展變化的，客觀事物亦隨著時間之轉移而瞬息不同。故時代之進展，社會之改變，事物之錯綜，文章之內容與形式既受其影響，則文體自然亦隨之而變化。劉勰的文體分類正是依據社會現實生活的反映，作爲他別白體類的基礎。如諸子篇云：

> 自六國以前，去聖未遠，故能越世高談，自開戶牖。兩漢以後，體勢浸弱，雖明乎坦途而類多依採。此遠近之漸變也。

故其論先秦，則孟荀、管晏、列禦寇、鄒子、墨翟、隨巢、尸佼、尉繚、鶡冠、鬼谷、文子、尹文、愼到、韓非、呂氏、淮南（按呂氏、淮南時屬秦漢，實非先秦。劉勰列之先秦，是因爲他們的作品尚保有先秦子書的風格）等共計十八家；西漢有陸賈、賈誼、揚雄、劉向等四家；東漢計王符、崔寔、仲長統等三家；於晉則祇錄杜夷一人而已。可見時移代變，情理不同，諸子政論性之散文體裁，越到後世，越不敢奇行高論，以免自投文網，所以造成讕言兼存，璅語必錄的現象。魏晉以後，更幾乎不能持論。此即劉勰所謂「遠近之漸變也。」（註一二）

又書記篇，總雜筆劄，文出多品。劉勰之論書也，有云：

> 三代政暇，文翰頗疎。春秋聘繁，書介彌盛。七國獻書，詭麗輻湊。漢來筆札，辭氣紛紜。

又說：

> 詳總書體，戰國以前，君臣同書，秦漢立儀，始自表奏，王公國內，亦稱奏書。迨至後漢，稍有名品，公府奏記，而郡將奏牋。

他先言書記一體自三代至魏晉的流變情形，繼而根據各代社會生活的反映，看書記的名異實變，如戰國以前，君臣酬答，上下無別，一律稱「書」。秦漢建立朝儀制度後，百官上書，才稱「表」和「奏」。但王公國內，稱爲「奏書」。到了後漢，漸漸有了名目和品類，上書三公之府，稱爲「奏記」，行於郡守的文書，叫做「奏牋」。可見劉勰的文體分類，是隨著社會現實生活的演進，做相應的反映。不僅如此，同篇之中，他又附列當時所見而體用不同的文體。他說：

書記廣大，衣被事體，筆劄雜名，古今多品。是以總領黎庶，則有譜籍簿錄；醫歷星筮，則有方術占式；申憲述兵，則有律令法制；朝市徵信，則有符契券疏；百官詢事，則有關刺解牒；萬民達志，則有狀列辭諺：並述理於心，著言於翰，雖藝文之末品，而政事先務也。

他在書、記之下，又附列了譜、籍、簿、錄、方、術、占、式、律、令、法、制、符、契、券、疏、關、刺、解、牒、狀、列、辭、諺等二十種當時通行，而與書、記相近的文體。則劉勰的文體分類，足以反映社會現實生活，於此更可得到確證。

第六，劉勰以作品性質與功能，作爲文體分類的基據：文體分類必須有統一的標準，標準不統一，則甲一標準，乙亦一標準，文體祇有一個，而隨體伴生的標準卻有數種，於是不能不發生爭執，因爭執而產生混亂，此皆漫無標準所致也。劉勰置身於距今一千五百年左右的六朝，上承秦漢魏晉各代作品的成規，而文體分類又如一個燙手山芋，他在面臨枝節旁出，紛紜錯雜的文章體類時，用甚麼方法才能化繁爲簡，執一定中，構成他體大思精的分類系統，這實在是個令人頭痛而又饒富興味的課題。

在劉勰的「文體分類學」出現之前，有關文體分類之事，早就有了幾種不同的方式，如東漢蔡邕以人際關係，作文體分類標準。其獨斷云：

策書：策者，簡也。禮曰，不滿百文，不書於策。制書：制者，制度之名也，其文曰制詔，三公赦令贖令之屬是也。詔書：詔者，詔告也，有三品。戒書：戒敕刺史太守及三邊營官。凡羣臣上書於天子者有四名：一曰章，二曰奏，三曰表，四曰駮議。

蔡邕把天子詔令羣臣的文章分爲策書、制書、詔書、戒書四種；把羣臣上奏天子的文章也分成章、奏、表、駮議四種。天子詔令羣臣，和羣臣上奏天子，完全屬上下對待的關係，這種文體分類的局限性，我們姑且置而不論，單從其所呈現的表相上看，可以稱之謂「人際關係的文體分類法」。曹丕在「典論論文」中，按文章風格的不同，把文體分成四科八類，陸機也列舉了十種文體的不同風格，實際上這也是從風格上來區分文體的。另外還有以韵的有無來做區分文體標準的。如本文前面引南朝宋顏延之庭誥，所謂：

筆之為體，言之文也；經典則言而非筆，傳記則筆而非言。

又宋書顏延之傳云：

竣得臣筆，測得臣文。

把文體分爲有韵、無韵兩大類，更是六朝文士常用的標準。

通觀劉勰的文體分類，係兼採作品性質與功能兩種方法爲標準。文心雕龍總術篇云：

> 今之常言，有文有筆，以為無韻者筆也，有韻者文也。夫文以足言，理兼詩書，別目兩名，自近代耳。

實際上這就是按照作品的性質——無韻或有韻，做爲文體分類標準的。所以劉勰談到自己的文體分類時，在序志篇中說：

> 論文敘筆，則囿別區分。

如果拿這個標準來檢視由明詩到書記二十篇的體類，正如劉師培中古文學史上的分析：

> 即雕龍篇次言之，由第六迄第十五，以明詩、樂府、詮賦、頌贊、祝盟、銘箴、誄碑、哀弔、雜文、諧讔諸篇相次，是均有韻之文也；由第十六迄于第二十五，以史傳、諸子、論說、詔策、檄移、封禪、章表、奏啟、議對、書記諸篇相次，是均無韻之筆也。此非雕龍隱區文筆二體之驗乎？

則劉勰以作品性質——無韻或有韻作爲文體分類標準從而可知矣。至於他另以作品功能爲文體分類標準，這祇要細檢各篇定義，即可思其過半。如哀弔篇：

> 賦憲之謚，短折曰哀。哀者，依也。悲實依心，故曰哀也。以辭遣哀，蓋下流之悼，故不在黃髮，必施夭昏。弔者，至也，君子令終定謚，事極理哀，故賓之慰主，以至到為言也。壓溺乖道，所以不弔矣。

言「哀」之爲文，目的在排遣哀情，是對幼輩夭折者的悼念，故不可用於壽終正寢的老人，必須施於短命的兒童，或出生未滿三月就死亡的嬰兒。至於「弔」，根據爾雅釋詁的解釋，「弔，至也。」是指人至喪家，表達慰問同情的意思。在位君子，壽終正寢以後，要議定謚號，這是人事的極至，情理的至哀，所以賓客前往弔慰喪主，必定要以「至」爲名。至於被壓死或溺斃的，都屬乖違天道，死不得禮，可以不必弔喪。這都是根據「哀」、「弔」二體的功能來分體合篇的，更何況在「哀」、「弔」二體的定義以後，又繼而說明「哀文」、「弔文」施用的對象，和各文的代表作家與作品。足徵劉勰的文體分類，是兼採作品的性質與功能兩方面爲基據的。

五、結　論

劉勰在中國文學理論史上，是一位空前絕後的人物；他的文心雕龍，更是中國文學理論中，一部劃歷史劃時代的鉅作，是問津中國古典文學寶藏的一把管鑰。而文心雕龍五十篇中，從卷二到卷五，這四卷二十篇，更是劉勰的「文體分類學」。過去清代章學誠文史通義讚文心雕龍爲「體大慮周」，試問其「體」何由而大？「慮」又由何而周？如果要讓我們找出實際的證據，來加以證明的時候，恐怕他的「文體分類學」，便是最有力的說明。

本文對劉勰「文體分類學」的研究，僅僅從其分類的基據上加以論述。至於他在「文體分類學」方面建立的體系成就，以及「文體分類學」的優點與缺點，和它的實用價值，我在這裏還完全沒有提到。就所提到的這個主題，加以透視的話，則劉勰文體分類基本依據的層面之廣，分析之精，眞可以說是兼包衆體，慮周思密了。

【附　註】

註　一　見吳調公著文學分類的基本知識一書中之第一章第二節文學分類的歷史性和相對性。

註　二　見王更生「論我國古今散文體類分合之價值原則及方法」一文中的「結論」部分（孔孟學報第五十四期）。

註　三　參考王更生簡論我國散文的立體、命名與定義（孔孟月刊第二十五卷第十一期）。

註　四　參見王更生重修增訂本文心雕龍研究第八章文心雕龍文體論（臺北文史哲出版社出版）。

註　五　見吳調公著文學分類的基本知識一書中之第一章第二節劃分文學種類的依據。

註　六　見范文瀾文心雕龍注原道篇注二「文心上篇分類表」。

註　七　參閱王更生著重修增訂本文心雕龍研究一書中之第八章第三節文體論二十篇之基本架構。

註　八　見蔣祖怡著文心雕龍發微，及饒宗頤著劉勰以前及其同時之文論佚書考。

註　九　見蔣祖怡著之文心雕龍發微。

註一〇　此說爲劉勰文心雕龍、諸子篇語。

註一一　以上兩引，原文均見於文心雕龍知音篇。

註一二　此處持論及引文，見文心雕龍諸子篇。

叁　劉勰的風格論

一、前　言

文心雕龍中，含有我國最具系統之風格論，作者劉勰更是我國第一位具有見地的討論文章風格的學者。在他以前，易經繫辭說過：

將叛者其辭慚，中心疑者其辭枝，吉人之辭寡，躁人之辭多，誣善之人其辭游，失其守者其辭屈。

禮記經解也有：

入其國，其教可知也。其為人也：溫柔敦厚，詩教也；疏通知遠，書教也；廣博易良，樂教也；絜靜精微，易教也；屬辭比事，春秋教也。

孟子公孫丑章也曾經說：

詖辭知其所蔽，淫辭知其所陷，邪辭知其所離，遁辭知其所窮。

揚子法言吾子篇云：

詩人之賦麗以則，辭人之賦麗以淫。

問神篇又說：

言，心聲也；書，心畫也；聲畫形，君子小人見矣。

縱然以上各家都接觸到了文章風格和作者性情的關係，但他們的目的並不在專門談文學的某種傾向，所以就難以認定這是成熟的思想。

時至魏晉，曹丕著典論論文，有：

文本同而末異，蓋奏議宜雅，書論宜理，銘誄尚實，詩賦欲麗。

他列舉了八種文體，並各以「雅」、「理」、「實」、「麗」概括各體的文風，雖屬「密而不周」，但證明當時已有人正式注意到此一問題。陸機文賦云：

詩緣情而綺靡，賦體物而瀏亮。碑披文以相質，誄纏綿而悽愴。銘博約而溫潤，箴頓挫而清壯。頌優游以彬蔚，論精微而朗暢。奏平徹以閑雅，說煒曄而譎誑。

陸賦之說較之魏典，八體之外多了兩體；而每體又用一句話說明其作法與風格，實在是以專門名家論文章風格之始。摯虞的文章流別論，嚴可均全晉文雖輯得十數則，其中涉及辭賦、詩、頌、箴、銘、誄、哀辭、解嘲、圖讖、碑等體，每體於綜述源流、作法、風格之外，間或援引範文以示例。審其規模，似較陸賦益形恢廓，可惜散佚不全，難窺全豹。劉勰著文心，評「陸賦巧而碎亂，流別精而少功」，當是有見而發。

文心雕龍成書於南齊之末；因爲彥和承前修之緒業，而推陳出新，所以在文章風格方面，有了突破性的發現。他不但把文體和風格囿別區分，並且更提出了有系統的理論。將文章風格與作家個性的關係，以及時代、環境、習業等，凡所以對作家和文風發生影響者，他都概括的涉及到了。並明列典雅、遠奧、精約、繁縟、壯麗、新奇、輕靡八種風格的類型，爲後代學者討論風格問題時，先期的畫了一個輪廓。

二、劉勰風格論的主導思想

文心雕龍之論風格，不僅有承先啓後的新發現，其全書五十篇亦由風格論作前導，推展他論文的範疇。例如屬於「文之樞紐」的原道、徵聖、宗經、正緯、辨騷，表面上看來，「道沿聖以垂文，聖因文以明道」，是五篇結體的線索，而實際上千迴百折，仍在文原於道的「道」字。因爲「道」卽自然，而自然又靠着聖人的創造發明，才能垂示它的文采，所以「玄聖創典，素王述訓，莫不原道心以敷章，研神理而設教，」於是經過聖人的點化，則六經就成了我們「徵聖立言」的終結。宗經篇開宗明義便說：

> 經也者，恒久之至道，不刊之鴻教也。故象天地，效鬼神，參物序，制人紀，洞性靈之奧區，極文章之骨髓者也。

他認定六經爲天地輝光之寫送，百代文章之奧府；體用兼備，各有特至。雖然司馬遷、揚子雲對六經

之用，鈎深窮高，極力表章，但終不及彥和之立論具體。（註一）

至於他講聖文的特徵，要不外「繁略殊形，隱現異術」，「或簡言以達旨，或博文以該情，或明理以立體，或隱義以藏用。」繁、簡、隱、顯四者雖各有至當，而一皆準之乎自然。其次，他講羣經行文的風格，以為：

易惟談天，入神致用，言中事隱，韋編三絕，固哲人之驪淵也。書實記言，而詁訓茫昧，通乎爾雅，則文意曉然。詩主言志，詁訓同書，摛風裁興，藻辭譎諷，溫柔在誦，故最附深衷矣。禮以立體，據事制範，章條纖曲，執而後顯，採掇片言，莫非寶也。春秋辨理，一字見義，五石六鷁，以詳略成文，雉門兩觀，以先後顯旨，其婉章志晦，諒已邃矣。

接着他又談到羣經與後世各種文體的關係，以為：

論說辭序，則易統其首，詔策章奏，則書發其源，賦頌歌讚，則詩立其本，銘誄箴祝，則禮總其端，紀傳盟檄，則春秋為根。

證明後世一切文體皆由羣經中蛻化而出，就拿文心雕龍明詩以下，至書記篇來說，共計二十篇，一百七十多種文體，如根據劉彥和「原始以表末」的方式去逆溯，沒有一種文體不淵源於經典（註二）。所以北齊顏之推著家訓，清朝章學誠論文史，皆本此立說（註三）。最後彥和言為文宗經的效益，是：

情深而不詭，風清而不雜，事信而不誕，義貞而不回，體約而不蕪，文麗而不淫。

所謂「情深」「風清」「事信」「義貞」，屬於內容方面，「體約」「文麗」，屬於形式方面，內容典雅，形式華麗，正是徵聖篇所說的「聖文之雅麗，固銜華而佩實者也」。「雅」「麗」既是羣經的風格，上合天籟之自然。我人欲「建言修辭」，則「稟經以製式，酌雅以富言」，便自然為我們操觚染翰的標準了。

劉勰的風格論既然希望由人為之文（經典），上達自然之文（道）；因而他就持五經行文的風格「雅」和「麗」，去牢籠百代的作家，銓品文風的升降。我們現在根據文心雕龍本身的說法，看一看由先秦至六朝，這九代文變的情形。

時至戰國，「六經泥蟠，百家飆駭」，「韓魏力政，燕趙任權，五蠹六蝨，嚴於秦令，唯齊楚兩國，頗有文學」，於是「鄒子以談天飛譽，騶奭以雕龍馳響；屈平聯藻於日月，宋玉交彩於風雲」，由於「時運交移」，而「質文代變」，過去羣經的雅麗，一變而為屈宋的艷說，我國文風至此遂發生了劇烈的轉化。所以屈宋騷辭，便「軒翥詩人之後，奮飛辭家之前」，「觀其骨鯁所樹，肌膚所附，雖取鎔經旨，亦自鑄瑋辭，」這從詩騷的承傳統緒上看是如此，如果從騷辭的風格上去觀察，又是「體憲於三代，風雜於戰國，乃雅頌之博徒，而詞賦之英傑也。」可見屈宋騷辭，是融舊取新的時代產物。它不但迫使羣經結束了文壇獨霸的局面，並將傳統文學的發展推向一個嶄新的領域。正因為他有「驚采絕豔」的優點，在「辭人愛奇」的情況下，沖淡了羣經「銜華佩實」的格調，有了新的發展。那就是入漢以後，「枚賈追風以入麗，馬揚沿波而得奇」，鋪張揚厲，各趨極端，究其末流，是「酌奇失貞，翫華墜實」。所以彥和很感慨的說：

> 爰自漢室，迄至成哀，雖世漸百齡，辭人九變；而大抵所歸，祖述楚辭，靈均餘影，於是乎在。

從這裏就可以看出騷辭對兩漢以後文壇的影響。至於魏晉六朝的文風，通變篇說他是：

> 魏之篇制，顧慕漢風，晉之辭章，瞻望魏采。

所謂「顧慕」、「瞻望」，都暗指摹仿前人，缺乏個性。這時整個的翰苑詞林，並沒有因爲時代的不同，運會的各別，新增其創作的活力，反而有每下愈況的趨勢。通變篇又說：

> 黃唐淳而質，虞夏質而辨，商周麗而雅，楚漢侈而艷，魏晉淺而綺，宋初訛而新。

由上古的淳質，到羣經的麗雅，由楚漢的艷侈，到魏晉的淺綺，宋初的訛新，在在說明文風演變至此，已是「風末氣衰」，「彌近彌澹」了。究其原因？通變篇上也有推論，他認爲「才穎之士，刻意學文，多略漢篇，師範宋集」，「雖古今備閱，然近附而遠疏矣。」正因爲「近附遠疏」，在齊梁之世，羣經雅麗的文風，已不足以範圍當代，因此他大聲疾呼，通古變今之道，在矯今日之訛淺，宗經典之訓誥，然後「斟酌乎質文之間，檃括乎雅俗之際」，又說：「望今制奇，參古定法」，這種正末歸本的論調，正是時代的反動，文學革命的先聲。

綜上以觀，文心雕龍的風格論，是以羣經的「雅麗」作前導，在橫的方面，確定了各種文體的風格，縱的方面，他爲時代文風樹立了明確的方向，同時順隨着文學理路的演進，對作家和作品的不同傾向，都做了公正的裁判。

三、因內符外的創作過程

劉勰的風格論，既以「宗經」爲主導，他就從「情以物遷，辭以情發」，去進一步探索文學創作的過程。體性篇開宗明義便說：

夫情動而言形，理發而文見，蓋沿隱以至顯，因內而附外者也。

指出文章的基礎，必須建立在作者的情性上。當作者的情性，受客觀事物的激盪後，便呈露爲語言，理智由主觀意思引發後，便顯現爲文章。所以人的情性理智雖隱藏於內，而語言文章却顯現於外。順緣其固有，因依其自然，這樣就符采相應，表裏合一了。物色篇對此頗有發揮，他說：

春秋代序，陰陽慘舒，物色之動，心亦搖焉。蓋陽氣萌而玄駒步，陰律凝而丹鳥羞。微蟲猶或入感，四時之動物深矣。若夫珪璋挺其惠心，英華秀其清氣，物色相召，人誰獲安。

這的確是「氣之動物，物以感人」，「物以貌求，心以理勝」的最佳說明。彥和在該篇又繼續說：

是以獻歲發春，悅豫之情暢。滔滔孟夏，鬱陶之心凝。天高氣清，陰沉之志遠，霰雪無垠，矜肅之慮深，歲有其物，物有其容……一葉且或迎意，蟲聲有足引心，況清風與明月同夜，白日與春林共朝哉！

這不但說明了因內符外的創作過程，同時由物我相召的關係上看，並含有內容決定形式的傾向。譬如定勢篇說：「情致異區，文變殊術，莫不因情以立體，即體以成勢」。情采篇亦云：「鉛黛所以飾容，而盼倩生於淑姿；文采所以飾言，而辨麗本於情性。故情者文之經，辭者理之緯；經正而後緯成，理定而後辭暢，此立文之本源也」。他把情理看做立文的本源，因此神思篇就根據此一事實，建立了作者運思行文的三層次，即「意授於思，言授於意」，由神思的感發，產生意象的創作過程，描繪得十分具體。

因爲劉勰深識作家的創作過程，有因內符外的特色，所以在論述的時候，才能旁推交通，確認情性與文章風格的關係。例如在體性篇裏，他歷舉賈誼、司馬相如、劉向、揚雄、班固、張衡、王粲、劉楨、阮籍、嵇康、潘岳、陸機等十二位作家相證驗，說：

賈生俊發，故文潔而體清；長卿傲誕，故理侈而辭溢；子雲沉寂，故志隱而味深；子政簡易，故趣昭而事博；孟堅雅懿，故裁密而思靡；平子淹通，故慮周而藻密；仲宣躁銳，故穎出而才果；公幹氣褊，故言壯而情駭；嗣宗俶儻，故響逸而調遠；叔夜儁俠，故興高而采烈；安仁輕敏，故鋒發而韵流；士衡矜重，故情繁而辭隱。

我們再和他們的本傳加以對照：如史記屈賈列傳言「賈生年少，頗通諸子百家之書，文帝召以爲博士，是時賈生年二十餘，最爲少，每詔令議下，諸老先生不能言，賈生盡爲之對」，此賈生俊逸之徵。文選謝惠連秋懷詩注引嵇康高士傳贊，載「長卿慢世，越禮自放，犢鼻居市，不恥其狀，託疾避患，蔑此卿相，乃賦大事，超然莫尙」，此長卿傲誕之徵。漢書揚雄傳言雄「好深湛之思，淸靜而少嗜欲」，此子雲沉寂之徵。漢書劉向傳，言向「爲人簡易無威儀，廉淸樂道，不交接於世俗」，此子政簡易之徵。後漢書班固傳，言固「博貫載籍九流百家之言，無不窮究。性寬和容衆，不以才能高人」，此孟堅雅懿之徵。後漢書張衡傳，言衡「通五經，貫六藝，雖才高於世，而無驕尚之情，常從容淡靜，不好交接俗人」，此平子淹通之徵。三國志魏志王粲傳，言粲「之荊州，依劉表，以粲貌寢而體弱通侻，不甚重也」，裴注：「通侻者，簡易也」，陳壽評：「粲特處常伯之官，與一代之制，然其沖虛德宇，未若徐幹之粹也」。綜合各說，此似仲宣躁競之徵。三國志魏志王粲傳注引先賢行狀，言劉楨「輕官忽祿，不躭世業」，又引典略，說楨平視太子夫人甄氏事，謝靈運鄴中集詩序云：「楨卓犖偏人」，此公幹氣褊之徵。三國志魏志王粲傳，言籍「才藻艷逸，而倜儻放蕩，行己寡欲，以莊周爲模」，此嗣宗俶儻之徵。三國志魏志王粲傳，言康「文辭壯麗，好言老莊，而尚奇任俠」，注引康別傳：「孫登謂康曰，君性烈而才儁」，此叔夜儁俠之徵。晉書潘岳傳，言「岳性輕躁，與石崇等諂事賈謐，每候其出，輒望塵而拜，構愍、懷之文，岳之辭也」，此安仁輕敏之徵。晉書陸機傳，言機「服膺儒術，非禮不動」，此士衡矜重之徵。由此可知，作家內在的才性，必和其文辭的體貌相符合，也就是說有如何的才性，必有如何的文章風格，以上十二家不過是一個抽樣。如果循類推求，任何作家的作品，亦必脫不掉這個軌轍。

四、決定作品風格的因素

文心雕龍體性篇以爲決定作品風格的因素有四：卽才、氣、學、習。他說：

才有庸儁，氣有剛柔，學有淺深，習有雅鄭，並情性所鑠，陶染所凝；是以筆區雲譎，文苑波詭者矣。故辭理庸儁，莫能翻其才；風趣剛柔，寧或改其氣；事義淺深，未聞乖其學；體式雅鄭，鮮有反其習。

四者之中，又可析為兩類：一、是才氣，屬於天賦的情性，所謂「情性所鑠」是也；二、是學習，屬於後天的陶染，所謂「陶染所凝」是也。由於每位作家先天稟賦的才氣有別，和後天學習的差異，於是在作品上，便表現辭理庸儁，風趣剛柔，事義淺深，體式雅鄭等內容和形式上的各不相侔。同時，由於才由天授，資稟各別，因此就根本沒有一位作家的作品，能和他個人的才、氣、學，習背道而馳。以下我們再分別言之：

劉勰言作家之才、氣，大體上推本於孟子的「養氣與知言」，而王充的養氣篇，與曹丕的「文氣說」，却給他思想上直接的啓發（註四）。再則，魏晉六朝由於厲行九品官人之法，對人物之校核名實，在當時學術思想中佔極重要的地位。如抱朴子清鑒篇、嵇康明膽論、袁準才性論、陸景典語、以及劉邵人物志，世說新語文學篇又載鍾會撰四本論，所謂四本論，講的就是「才性同、才性異、才性合、才性離」的問題。政治上要循名責實，研究人才是否稱職，職位是否相合，因而影響到文家的論文，以為文學也正如官位之必須合於職守一樣。如果一個人的才能和文章體性配合得當，就像政治上的「任得其才，才堪其任」，自然會有特殊的造詣和成就。劉勰既充分承受了養氣的傳統，和當代現實政治的精神，並摻和一己之意見，提出「才、氣、學、習」四個決定作品風格的因素，他首先從「才由天賦，能之者偏」的立場評論賈誼，說「賈誼才穎，陵軼飛兎，議愜而賦淸，豈虛至哉！」(註五)評潘勗：「潘勗憑經以騁才，故絕羣於錫命。」(註六)評曹植：「子建思捷而才儁，詩麗而表逸。」(註七)評王粲：「仲宣溢才，捷而能密，文多兼善，辭少瑕累，摘其詩賦，則七子之冠冕乎！」(註八)評張載張協：「孟陽、景陽才綺而相埒，可謂魯衞之政，兄弟之文也。」(註九)此皆說明由於作者的思捷才儁，故辭理淸麗之例。至於評桓譚：「桓譚著論，富號猗頓，宋弘稱薦，爰比相如，而集靈諸賦，偏淺無才，故知長於諷諭，不及麗文也。」(註一〇)評李尤：「才力沈膇，垂翼不飛。」評晉代作家：「晉雖不文，人才實盛，茂先搖筆而散珠，太沖動墨而橫錦，岳湛曜聯璧之華，機雲標二俊之采，應傳三張之徒，孫摯成公之屬，並結藻聯英，流韵綺靡，前史以爲運涉季世，人未盡才。」(註一一)又是由於作者之才有長短，證「辭理庸儁，莫能翻其才」之的當不易。

其次，他從氣有剛柔，論文章之風趣。養氣篇云：

> 吐納文藝，務在節宣，清和其心，調暢其氣，煩而卽捨，勿使壅滯。意得則舒懷以命筆，理伏則投筆以卷懷。逍遙以針勞，談笑以藥勌，常弄閑於才鋒，賈餘於文勇，使刃發如新，腠理無滯，雖非胎息之萬術，斯亦衞氣之一法也。

這是言血氣與作品之密切關係，與所以優遊適會者，皆須得其修持之要領。彥和言氣，多剛柔並擧，如體性篇「風趣剛柔」，定勢篇「剛柔雖殊」，又說：「勢有剛柔」。鎔裁篇「剛柔以立本」，都是氣分二元的主張。至於「剛」「柔」的特質，後之學者每以爲「異雲驟起，儵忽變化者，此天地間陽剛之氣也；游絲裊空，輕盈搖曳者，此天地間陰柔之氣也。陽氣之文，才力充盛，足以凌蓋一世；陰氣之文，氣度春容，足以包羅萬有」（註一二）。如其評劉向奏議：「劉向之奏議，旨切而調緩」（註一三），所謂旨切調緩，正見氣度春容的陰柔之美。評劉歆讓太常博士書：「辭剛而義辨，文移之首也」（註一四）。評臧洪歃辭：「氣截雲蜺」，評列子之文：「列禦寇之書，氣偉而采奇」（註一五），所謂辭剛義辨，氣偉采奇，正見各家的陽剛之美。人之血氣，與生俱來，陽剛陰柔，全由天成，所以彥和說：「風趣剛柔，寧或改其氣」。

至於影響作品風格的外在因素，曰學曰習。「學習」主要指後天環境之薰陶漸染，因爲學者從事寫作，如任由天賦之才、氣，而不濟之以後天的學、習，往往不能造成高尚篤實之風格，所以彥和有「開學養正，昭明有融」的話。並於雜文篇云：「偉矣前修，學堅才飽」，事類篇：「文章由學，能在天資；才自內發，學以外成，有學飽而才餒，有才富而學貧；學貧者，迍邅於事義；才餒者，劬勞於辭情。此內外之殊分也」，說明「才」「學」二者相激相盪的關係。再則「學」是一種功力，我們如從其他作品之研究，而得到構思鑄辭的方法，便更能助長才氣，表現自己所要表現的內容。所以古來由於作家們學養的差異，造成了彼此不同的風格。如通變篇云：「今才穎之士，刻意學文，多略漢篇，師範宋集，雖古今備閱，然近附而遠疎矣。」指瑕篇：「近代辭人，率多猜忌，至乃比語求蚩，反音取瑕，雖不屬於古，而有擇於今焉。」所謂「近附遠疎」，「不屬於古，有擇於今」，皆背本趨末，不善於學的明徵，因此彥和在定勢篇曾說：「舊練之才，則執正以馭奇，新學之銳，則逐奇以失正；勢流不反，文體遂弊。」足徵文體之弊，由於逐奇失正之故。如今欲「矯訛翻淺」，「執正馭奇」，惟有鎔經鑄典。此何故？因爲「經典深沈，載籍浩瀚，實羣言之奧區，而才思之神皐也。」（註一六）故事理之淺深，繫乎學力之程度，若學淺而欲出深義，徒弊精神，不可得已。所以我們要「鎔鑄經典之範，翔集子史之術」，才是「孚甲新意，雕畫奇辭」的有效途徑。彥和說的「事義淺深，未聞乖其學」，這正是他立言的確解。

「習」，指「習業」言，人性相近，因習而遠。業之修習，往往與社會風尚相終始。正如時序篇云：「時運交移，質文代變」，「文變染乎世情，與廢繫乎時序」，正所謂「一時代有一時代之文學」（註一七）。但「世夐文隱，好生矯誕，眞雖存矣，僞亦憑焉」（註一八），學者如不能擇善而習，必有紫之奪朱，鄭聲亂雅之誤。故彥和於體性篇說：

> 才由天資，學愼始習，斲梓染絲，功在初化，器成綵定，難可翻移。故童子雕琢，必先雅製，尋根討葉，思轉自圓。

所謂「愼於始習」，「必先雅製」，實在是我們「摹體以定習，因性以練才」最應注意之點。而「雅製」指的又屬何等作品？彥和於此雖不明言，不過我們從定勢篇說的「模經爲式者，自入典雅之懿，效騷命篇者，必歸艷逸之華」來看，所謂「雅製」，指的一定是經典。夸飾篇上說得清楚：「詩書雅言，風格訓世」，更何況體性篇明白的舉出，「典雅者，鎔式經誥，方軌儒門」，所以文心既以宗經爲他著述的樞紐，正見羣經與文學首尾根葉，密不可分。宗經篇云：

若稟經以製式，酌雅以富言，是即山而鑄銅，煮海而為鹽也。

證明經典實「性靈之奧區」，「文章之骨髓」，有無比影響的力量。黃侃札記云：「體式全由研閱而得，故云鮮有反其習」，俗學不能發雅義，故當慎於始習。

五、八種風格類型的體現

魏晉以前，論文者多隨事立說，無專究文章風格的著作。自曹丕典論、陸機文賦以後，雖開始有專門名家闡揚與文章風格的有關問題。但體現作者爲文時的才情、精神、內蘊、境界，並歸納成若干類別，以資評鑑標準的，莫先於文心雕龍。文心雕龍體性篇分文章的風格爲八種，他說：

一曰典雅，鎔式經誥，方軌儒門者也。
二曰遠奧，馥采曲文，經理玄宗者也。
三曰精約，覈字省句，剖析毫釐者也。
四曰顯附，辭直義暢，切理厭心者也。
五曰繁縟，博喻釀采，煒燁枝派者也。
六曰壯麗，高論宏裁，卓爍異采者也。
七曰新奇，擯古競今，危側趣詭者也。
八曰輕靡，浮文弱植，縹緲附俗者也。

這八種風格，黃侃札記雖然推臆「文狀不同，而皆能成體，了無輕重之見存於其間」。可是由彥和自云：「雅與奇反，奧與顯殊，繁與約舛，壯與輕乖，文辭根葉，苑囿其中」，以及定勢篇「淵乎文者，並總羣勢，奇正相反，必兼解以俱通，剛柔雖殊，必隨時而適用」，證明風格因體性不同，常呈現對列的形式，並不是了無輕重之見存於其間。以下筆者就根據各家之說，來探究這八種風格的特性。

所謂「典雅」一格，因其鎔鑄經典，取法訓詁，納軌範於儒家的門牆，所以在思想上必須義理正大，形式上必須辭取雅馴。正如定勢篇所云：「模經爲式者，自入典雅之懿」。因爲彥和的風格論是建築在宗經上的，故將「典雅」列於八體之首。文鏡秘府論南卷論文體有：

> 模範經誥，褒述功業，淵乎不測，洋哉有閑，博雅之裁也。稱博雅則頌論為其標，頌明功業，論陳名理，體貴於弘，故事宜博，理歸於正，故言必雅也。

又云：

> 敷演情志，宣照德音，植義必明，結言唯正，清典之致也。語清典則銘贊居其極，銘題器物，贊德述功，皆限以四言，分有定準。言不沈遁，故聲必清；體不詭雜，故辭必典也。

博雅、清典，並包括於彥和「典雅」之中。至於唐宋後人之言「典雅」者，取義頗爲不一，大別言之；六朝人以典爲雅，唐宋人以眞爲雅。以典爲雅者，善用史事經誥；以眞爲雅者，摹寫自然，一任其性，前後塗轍不同，此吾人所當留意處。彥和以「典雅」連文，則知文之屬於此體者，能融會古人之用心，開拓當前之意境，出絢爛於平淡，化陳腐爲神奇。以會通求超勝，以涵泳爲創新，此謂之典雅也。現在姑引文心所稱羣製爲證：如諸子篇云：「孟荀所述，理懿而辭雅」。詔策篇云：「潘勗九錫，典雅逸羣」。風骨篇云：「潘勗錫魏，思摹經典，羣才韜筆」。封禪篇云：「典引所敍，雅有懿采」。體性篇云：「孟堅雅懿，故裁密而思靡」。黃侃札記云：「義歸正直，辭取雅馴，皆入此類。若班固幽通賦，劉歆讓太常博士之流是也」。

所謂「遠奧」一格，就是采藻繁複，文義幽深，入於玄學宗派的作品。這一類的作品，大多寄懷感時，其旨玄遠，其言典而中，其事肆而隱，所以黃侃札記云：「理致淵深，辭采微妙，皆入此類。若賈誼鵩鳥，李康運命論是也」。唐宋後人多不言遠奧，而講含蓄，講委曲，講飄逸，講曠達，狀難寫之景，含不盡之情，纏綿鬱暢，百折千迴，如凌虛御風，可望而不可及，今古互舛，於此可窺大略。現在姑引文心所稱的作品爲證：宗經篇：「易惟談天，入神致用。故繫稱旨遠辭文，言中事隱；韋編三絕，固哲人之驪淵也」。諸子篇：「鬼谷眇眇，每環奧義」。體性篇：「子雲沈寂，故志隱而味深」。故知周易、鬼谷子、太玄經，並歸遠奧之體。

所謂「精約」一格，即用字精覈，條分縷析，毫釐不爽，精要簡約的風格。惟精約之體，有得有失。其得者：言簡意賅，理得事中。其失者：情難申明，事多遺漏，論心意則不能盡賅，言事理則多所割裂。文鏡秘府論南卷論文體有云：

指事述心，斷辭趣微，理而論顯，少而斯洽，要約之旨也。論要約則表啓擅其能，表以陳事，啓以述心，皆施之尊重，須加肅敬，故言在於要，而理歸於約。

彥和言精約，即唐宋文家所講的洗煉。洗煉者，就是蕩滌邪穢，消融渣滓，有去蕪存菁，沙中揀金之義。實則精要簡約的範例，文心中論列的很多，如諸子篇云：「辭約而精，尹文得其要」。定勢篇云：「史論序注，則師範於覈要」。體性篇云：「賈誼俊發，文潔而體清」。參伍比照，皆有與本條互相發明之處。黃侃札記云：「斷義務明，練辭務簡，皆入此類，若陸機文賦，范曄後漢書諸論之流是也」。

所謂「顯附」一格，是指措辭懇摯，內容條暢，切乎事理，滿足讀者心願的作品。蓋顯附之作，義直不回，文好指斥，絕少婉約的情致。須知有正言之不達，旁言之乃達，俚言之不達，雅言之乃達，各種突顯感情的方式。文鏡秘府論南卷論文體有云：

> 舒陳哀憤，獻納約戒，言唯折中，情必曲盡，切至之功也。言切至則箴誄得其實；箴述哀情，故義資感動，言重切至也。

所言切至之說，頗與顯附之義相合。玆再徵文心所舉的例子加以證明，如諸子篇：「墨翟、隨巢，意顯而語質」。奏啓篇：「賈誼之務農，晁錯之兵事，匡衡定郊，王吉之觀禮，溫舒之緩獄，谷永之諫仙，理既切至，辭亦通暢」。所以黃侃札記以爲顯附之體，乃「語貴丁寧，義求周浹，皆入此類，若諸葛亮出師表，曹冏六代論之類是也」。

所謂「繁縟」一格，即引喻廣博，詞采醲郁，分枝別派，光耀奪目的作品。按繁縟與精約，體適相反，惟二體之大較：一則辭富，一則言簡。如司馬遷史記，敘三千年之史實，上起黃帝，下終漢武，止五十萬言。而班固漢書，敍西漢二百年事，自高祖起義，迄孝平王莽之簒，乃長達八十萬言，其豐儉不同，懸殊如此。故陸機文賦云：「要辭達而理舉，故無取乎冗長」。可見古人於文章的繁簡，亦舉無定論，而彥和將「精約」與「繁縟」並列，自是兼採衆長。文心中徵引之例甚多，如徵聖篇：「儒行縟說以繁辭」，詮賦篇：「相如上林，繁類以成艷」。銘箴篇：「溫嶠侍臣，博而患繁」。議對篇：「陸機絕議，腴辭勿剪，頗累文骨，文以辨潔爲能，不以繁縟爲巧」，體性篇：「長卿傲誕，理侈而辭溢」。都是繁縟的例證。黃侃札記云：「辭采紛披，意義稠複，皆入此類。若枚乘七發，劉峻辨命論之流是也」。

所謂「壯麗」一格，指的是議論高超，規模宏肆，光彩卓越的作品。卽唐、宋後人所謂之「勁健」「豪放」是也。文鏡秘府論論文體六事曾云：

> 恢張奇偉，闡耀威靈，縱氣凌人，揚聲駭物，宏壯之道也。敍宏壯則詔檄振其響；詔陳王命，檄敍軍容，宏則可以及遠，壯則可以威物。

此等作品的風格，因爲作者爲了揭示主題，常壯言慷慨，所以它的缺點，在體制方面，或傷於迂濶不經，在措辭方面，常有標新立異的現象。例如陳琳爲袁紹草檄，內容不情不實，多欺誑之言，此縱能奏一時之效，但不可取信於久遠。故凡壯麗之體，一定要準事量類，恰如其分。玆舉文心雕龍之說爲證，如檄移篇：「陳琳之檄豫州，壯有骨鯁，雖奸閹攜養，章實太甚，發丘摸金，誣過其虐，然抗辭書釁，皦然曝露矣」。章表篇：「至於文舉之薦禰衡，氣揚采飛」。體性篇：「公幹氣褊，言壯而情骸」，「叔夜儁俠，與高而采烈」。除對陳琳褒貶兼有之外，其他對壯辭麗采的評述，皆有極具體的徵驗。黃侃札記云：「陳義俊偉，措辭雄瓌，皆入此類。揚雄河東賦、班固典引之流是也」。

所謂「新奇」一格，是擯棄舊法，追求時尚，措辭險僻，用事詭異的風格。劉勰於文心雕龍中對此闡發至多，或述說，或徵人。例如風骨篇言：「宋初訛而新，從質及訛，彌近彌澹。何則？競今疎古，風末氣衰也」。定勢篇：「自近代辭人，率好詭巧，原其爲體，訛勢所變，厭黷舊式，故穿鑿取新，察其訛意，似難而實無他術也，反正而已」。序志篇也說：「去聖久遠，文體解散，辭人愛奇，言貴浮詭，飾羽尚畫，文繡鞶帨，離本彌甚，將遂訛濫」。綜觀以上各例，劉勰以爲六朝文士追新愛奇的原因，實非一朝一夕，大致說來，晉末宋初，競寫山水，搜剔新境，文體遂變一也。取法辭賦的豔麗，忽視內容的情實，文體遂變二也，琢句練字，專以造語驚人是尚，文體遂變三也。然則彥和亦並非斷然不言新奇，他認爲新奇應立足於「執正以馭奇」，或「該舊而知新」的原則上。所以文心雕龍設通變一篇，就在教人通古今之變，融舊創新的。黃侃札記云：「詞必研新，意必矜創，皆入此類傍潘岳射雉，顏延之曲水詩序之流是也」。

所謂「輕靡」一格：就是文辭浮華，根柢薄弱，意思恍惚，阿附世俗的作品。文鏡秘府論論文體六事中，言綺靡華豔之體，與此類相近。他說：

> 體其淑姿，因其壯觀，文章交映，光采勃發，綺豔之則也。陳綺豔則詩賦表其華，詩兼聲色，賦敘物象，故言資綺靡，而文極華豔。

彥和在文心雕龍中對此體徵引頗廣，如辨騷篇：「九歌九辯，綺靡以傷情」。明詩篇：「晉世羣才，稍入輕綺。」才略篇：「曹攄清靡於長篇」。以上各家的作品，無不聯辭結采，文過其情。所以文心雕龍情采篇云：「後之作者，採濫忽眞，遠棄風雅，近師辭賦，故體情之製日疎，逐文之篇愈盛」。彥和也並非不主張清辭麗句，只是要合乎「文不滅質，博不溺心」，「正采耀乎朱藍，間色屏於紅紫」的要求。不然「繁采寡情」，便沒有雋永之味了。黃侃札記說：「辭須蒨秀，意取柔靡，皆入此類。江淹恨賦，孔稚圭北山移文之流是也」。

綜觀劉勰所體現的八種風格，彼此之間到底又是怎樣的關係呢？根據體性篇「雅與奇反，奧與顯殊，繁與約舛，壯與輕乖，文辭根葉，苑囿其中」的說法來看，雖然他明列了八體四組，但並沒有進一步的確定，能爲典雅者不能爲華麗，能爲深奧者不能爲精約。須知大凡作者，除極其相反的風格外，類多錯綜。即一人之作，或典而且麗，或奧而且壯，或繁而兼麗，或密而能雅，其異至多。又或一篇之內，或意朗而文靡，或辭雅而氣壯，或思密而篇遒，或情浮而體清，眞是參伍因革，變化無窮。

其次，我們研究彥和所論的八體，假使用更具體的文字加以演繹，當然是很難銖兩相稱的，不過勉强較論，雅俗是意境的差別，繁簡是文字的差別，婉直是筆法的差別，嚴謹與疎放是格律的差別，整齊與錯綜是章法的差別，過去唐人司空圖作詩品，把風格分爲二十四品，皎然詩式分爲十九品，宋嚴羽滄浪詩話，又以九品定詩風的高下，白石道人姜夔著詩說，立有四種高妙，明周履靖騷壇秘語，有辨體一十九字。清袁枚小倉山房續詩品，有三十六品。民國以來蔣伯潛先生著「體裁與風格」一書，曾從具體和抽象兩方面，列了十類二十四目，說明文章風格的眞象，這些分法，和文心雕龍相較，雖有精粗的不同，但大致是可以互相貫通的。至於彥和說：「才由天資，學愼始習」，「童子雕琢，必先雅製」，又說：「宜摹體以定習，因性以練才」，在在證明「才」「氣」得之於先天的禀賦，不可力強而致。「學」「習」靠後天的努力，人皆可困勉以求。故人的「才」「氣」雖有所偏，但可用「學」「習」加以補救。但如所習有了差失，亦足以戕賊天賦。黃侃札記云：

若習與性乖，則勤苦而罕效。性為習誤，則劬勞而鮮成。性習相資，不宜或廢。求其無弊，惟有專練雅文。此定習之正術，性雖異而可共宗者也。

創作起於模仿，模仿雅製，才有推陳出新的根源，彥和強調以後天學習之功，補先天才氣之不足，正是談文學創作的積極歸趣，不僅專言文章風格而已。

六、劉勰對時代文風的剖析

一時代之文學，有一時代之風格。文心雕龍通變篇有「九代詠歌，志合文別」之言，他說：

黃歌斷竹，質之至也。唐歌載蜡，則廣於黃世。虞歌卿雲，則文於唐時。夏歌雕牆，縟於虞代。商周篇什，麗於夏年。至於序志述時，其揆一也。暨楚之騷文，矩式周人，漢之賦頌，影寫楚世，魏之篇制，顧慕漢風，晉之辭章，瞻望魏采。摧而論之，則黃唐淳而質，虞夏質而辨，商周麗而雅，楚漢侈而豔，魏晉淺而綺，宋初訛而新，從質及訛，彌近彌澹。何則？競今疎古，風末氣衰也。今才穎之士，刻意學文，多略漢篇，師範宋集，雖古今備閱，然近附而遠疎矣。

觀乎此，可知彥和將九代文風區分成三個時代。**第一商周篇什**，是「序志述時」，爲情造文的時代。**第二楚騷漢賦**，以迄宋初的「風末氣衰」，是爲文造情的時代。**第三「今才穎之士」**的齊梁，是「近附遠疎」，背本趨末的時代。這三個時代的文學，便有三種不同的風格，分別言之，不外如下的現象；所謂「黃唐淳而質，虞夏質而辨，商周麗而雅」，其中的淳、質、麗、雅，即爲情造文的風格。情采篇云：「詩人什篇，爲情造文」，養氣篇也說：「三皇辭質，心絕於道華，帝世始文，言貴於敷奏，三代春秋，雖沿世彌縟，並適分胸臆，非牽課才外也」。「適分胸臆，非牽課才外」，正和淳、質、麗、雅之言脗合。這不僅情采、養氣兩篇持論相同，就是專言時代文風的時序篇，其論「時運交移，質文代變」之際，更有進一步的徵驗。彥和說：

昔在陶唐，德盛化鈞，野老吐何力之談，郊童含不識之歌。有虞繼作，政阜民暇，薰風詩於元后，爛雲歌於列臣，盡其美者何？乃心樂而聲泰也。至大禹敷土，九序詠功。成湯聖敬，猗歟作頌。逮姬文之德盛，周南勤而不怨，大王之化淳，邠風樂而不淫，幽厲昏而板蕩怒，平王微而黍離哀，故知歌謠文理，與世推移，風動於上，而波震於下者。

由於唐虞三代政治之盛衰，文運亦因之有升降，同時由「風動於上，波震於下」的文義，可知文運的升降，和政治的遞嬗，帝王之愛好，息息相關。

至於由楚騷漢賦以迄宋初，在文學上是一個爲文造情的時代。凡作者寫作的趨向，羣趨於模仿，是本時代共同的特色。所以通變篇所謂矩式、影寫、顧慕、瞻望，一方面表示文學前後相承的關係，另一方面，也不妨說是後來作者蹈襲前代，缺乏個性和創新突破的表現。在作品的體貌上，便必然的是「楚漢侈而豔，魏晉淺而綺，宋初訛而新」，只注意到形式上的標新立異，而內容上却缺乏投注的生命力。這我們可以從以下各篇的說法得到證明：如養氣篇云：「戰代技詐，攻奇飾說。漢世迄今，辭務日新，爭光鬻采，慮亦竭矣」。明詩篇也有：「晉世羣才，稍入輕綺，張、潘、左、陸，比肩詩衢，采縟於正始，力柔於建安，或析文以爲妙，或流靡以自妍，此其大略也。江左篇製，溺乎玄風，嗤笑徇務之志，崇盛亡機之談，袁孫已下，雖各有雕采，而辭趣一揆，莫與爭雄，所以景純仙篇，挺拔而爲俊矣。宋初文詠，體有因革，莊老告退，而山水方滋，儷采百字之偶，爭價一句之奇，情必極貌以寫物，辭必窮力而追新」。試問文章完全到了「爭光鬻采」，「窮力追新」的地步，又安得不「訛濫失眞」，「彌近彌澹」，「風末氣衰」呢！

最後劉勰把南齊列入近附遠疎，背本趨末的時代。這個時代的文風，我們看文心雕龍時序篇可知其中消息：

> 暨皇齊馭寶，運集休明。太祖以聖武膺籙，世祖以睿文纂業，文帝以貳離含章，高宗以上哲與運，並文明自天，緝熙景祚。今聖歷方興，文思光被，海嶽降神，才英秀發，馭飛龍於天衢，駕騏驥於萬里，經典禮章，跨周轢漢，唐虞之文，其鼎盛乎！鴻風懿采，短筆敢陳？颺言讚時，請寄明哲！

一片歌功頌德之言，似乎和「近附遠疏」之論未合，且時序蔚映十代，蕭齊而外，優劣各有評隲，獨闕當代而不言，似亦違行文體例。惟以彥和生爲齊梁間人，淸紀曉嵐認爲，他所以「闕當代而不言」，非惟未經論定，實亦有所避於恩怨之間」。此古來文論家，往往有之。但彥和對當代文風，亦並非全係闕而不論，例如通變篇，繼「宋初訛而新」以後，云：「今才穎之士，刻意學文，多略漢篇，師範宋集，雖古今備閱，然近附遠疏矣」，此彥和明言當代文風，並深致不滿。又物色篇云：「自近代以來，文貴形似，窺情風景之上，鑽貌草木之中。吟詠所發，志惟深遠，體物爲妙，功在密附」。指瑕篇：「近代辭人，率多猜忌，至乃比語求蚩，反音取瑕，雖不屑於古，面有擇於今焉。」定勢篇：「自近代辭人，率好詭巧，原其爲體，訛勢所變，厭黷舊式，故穿鑿取新，察其訛意，似難而實無他術也，反正而已」。綜合以上各說，無一不表現出「近附遠疏」的現象。則南齊一代的文風，由此可見。

七、劉勰對各家作品風格的概觀

一時代有一時之文風，而在同代的文風中，亦必有其代表之作家。觀文心雕龍才略篇，可以得其大較。這篇文章是以作品爲經，以作家爲緯，運用單論、合論、附論三種義例，並在寥寥一千四百五十六字中，說明了九代人才的高下。我們爲了敍述方便起見，姑且按照原文之順序，先觀其設論之按排技巧，再觀其立言旨趣，次究其比論文家之長短異同。

劉勰評述作家風格時，於林林總總的作家中，如何選定代表性的作家，以及既經選定，如何就其性之所近加以排比。例如篇中之荀況、陸賈、賈誼、相如、王褒、揚雄、桓譚、馮衍、李尤、馬融、潘勗、王朗、張華、左思、潘岳、郭璞等十六位爲單論。枚乘鄒陽、仲舒子長、傅毅崔駰、王逸王延壽、張衡蔡邕、曹丕曹植、劉劭何晏、應璩應貞、嵇康阮籍、陸機陸雲、孫楚摯虞、傅玄傅咸、張載張協、劉琨盧諶、庾元規溫太眞、孫盛干寶、袁宏孫綽、殷仲文謝叔源等三十六位是二人合論。二班、即班彪與子固，兩劉即劉向與子歆。劉向、趙壹、孔融、禰衡、成公綏、夏侯湛、曹攄、張翰等十二位爲四人合論。王粲、陳琳、阮瑀、徐幹、劉楨、應瑒六子爲數人合論。另如崔瑗、崔寔、杜篤、賈逵，附於傅毅、崔駰之後，路粹、楊修、丁儀、邯鄲淳，附於建安七子之後，是爲附論。以上共七十八位，如連同先秦作家十八位合併計算，有九十六位之多。究其所以合論的原因，或因父子，或以兄弟，或係同時而名聲相埒，或屬朋友而好尚相同。又或緣比較優劣而合論，或欲辨明異同而合論。附論者，大都附庸時流之士。單論者，類能獨標一體，或則瑜不掩瑕，又或特出於一時風會之外。

劉勰論各家作品風格，有許多獨到的見地，例如他評揚雄的作品，云：「子雲屬意，辭義最深，觀其涯度幽遠，搜選詭麗，而竭才以鑽思，故能理贍而辭堅矣」。評桓譚云：「桓譚著論，富號猗頓，宋弘稱薦，爰比相如，而集靈諸賦，偏淺無才，故知長於諷諭，不及麗文也」。評郭璞云：「景純艷逸，足冠中興，郊賦既穆穆以大觀，仙詩亦飄飄而凌雲矣」。觀其稱子雲「理贍而辭堅」，桓譚「長於諷諭，不及麗文」，郭璞「郊賦穆穆大觀，仙詩飄飄凌雲」，皆由各家的辭令華采，以見其才能識略。

篇中論二班、兩劉云：「二班兩劉，奕葉繼采，舊說以爲固文優彪，歆學精向，然王命清辯，新序該練，璿璧產於崐岡，亦難得而踰本矣」。論子桓、子建云：「魏文之才，洋洋清綺，舊談抑之，謂去植千里，然子建思捷而才儁，詩麗而表逸；子桓慮詳而力緩，故不競於先鳴；而樂府清越，典論辯要，迭用短長，亦無懵然。但俗情抑揚，雷同一響，遂令文帝以位尊減才，陳思以勢窘益價，未爲篤論也」。彥和使文壇千古未結的公案，運用他的慧眼特識，寥寥數語，便發生了澄清的效果。這不僅是二班、兩劉，子桓、子建，應含笑九泉；同時也給後來從事文學批評的人，作了一個良好的示範。

其他如以遺論、命詩，分屬嵇康、阮籍；以窺深、朗練，區判陸機、陸雲；以張衡、蔡邕，文史彬彬，隔世相望；孫盛、干寶，文勝爲史，筆彩略同。評建安七子，則各標其所美，而謂「仲宣溢才，捷而能密，文多兼善，辭少瑕累，摘其詩賦，則七子之冠冕」。論荀況曰：「荀況學宗，而象物名賦，文質相稱，固巨儒之情也」，論兩漢文學的大勢，云：「自卿、淵已前，多俊才而不課學；雄、向以後，頗引書以助文」。又總論由東漢至南宋的文人才士，說：「觀夫後漢才林，可參西京；晉世文苑，足儷鄴都；然而魏時話言，必以元封爲稱首；宋來美談，亦以建安爲口實」。對一代得失之林，知所取裁。而古來文苑才略，亦於此可以得其眞象了。

玆僅由才略一篇綜觀劉勰論各家作品風格，事實上，全書五十篇中，尤其文體論，由明詩到書記二十篇，各篇於「選文以定篇」中，歷舉代表作家和作品，分類評述，頗具系統。如明詩篇云：「平子得其雅，叔夜含其潤，茂先凝其清，景陽振其麗，兼善則子建仲宣，偏美則太沖公幹」。詮賦篇云：「荀結隱語，事義自環。宋發夸談，實始淫麗。枚乘兎園，擧要以會新。相如上林，繁類以成艷。賈誼鵩鳥，致辨於情理。子淵洞簫，窮變於聲貌。孟堅兩都，明絢以雅贍。張衡二京，迅拔以宏富。子雲甘泉，構深偉之風。延壽靈光，含飛動之勢。凡此十家，並辭賦之英傑也。及仲宣靡密，發篇必遒，偉長博通，時逢壯采。太沖、安仁，策勳於鴻規，士衡、子安，底績於流制。景純綺巧，縟理有餘。彥伯梗概，情韻不匱。亦魏晉之賦首也」。諸子篇評秦漢諸子：「研夫孟荀所述，理懿而辭雅。管晏屬篇，事覈而言練。列禦寇之書，氣偉而采奇。鄒子之說，心奢而辭壯。墨翟隨巢，意顯而語質。尸佼尉繚，術通而文鈍，鶡冠緜緜，亟發深言。鬼谷眇眇，每環奧義。情辨以澤，文子擅其能。辭約而精，尹文得其要。愼到析密理之巧。韓非著博喩之富。呂氏鑒遠而體周。淮南採汎而文麗。……」其於詩，於辭賦，於諸子，根據文體之不同，羅列各家作品的風格。或曰雅，或曰潤，或曰淸，或曰麗，兼善歸諸子建、仲宣，偏美屬乎太沖、公幹。至於漢賦的英傑，魏晉的賦首，皆因其造詣特至，發爲評述。

八、結　論

劉勰風格論體大思精，由本文的闡述，可略得梗概。如果我們廣義的說，文心雕龍五十篇著述的旨趣，就在昌明文章的風格，亦並不爲過。常人誤以體性篇專論風格，殊不知體性篇只是明標風格的成因、類別，至於風格的主導思想，文體的風格，時代的文風，作品風格的鑑賞，它的多元性與全面性，決非體性一篇可以概括淨盡的。所以本文首先認定劉勰的風格論，是以羣經的「雅麗」爲前導，爲各種文體的風格，和不同時代的文風，樹立了開展的方向。其次在創作過程上，結合自然與作品的樞紐所在，莫過於作家的感情；而情以物遷，辭以情發，作品風格正代表作家的全部人格，所以「情動而言形，理發而文見」，指出了文章的基礎，必須建立在作者的情性上。但作者情性的培育，有得之天賦，即所謂「才、氣」；有屬於陶染，即所謂「學、習」，而天賦的才、氣，有待於後天教育的陶染，所以「才由天資，學愼始習」，「童子雕琢，必先雅製」。用後天學、習的功能，彌補先天才氣的不足。於此可以看出劉勰風格論的積極意義。體性篇所列八類四組文章風格，可說是自中國有文學理論以來，曹丕典論，陸機文賦以下，最具系統，最爲明確的文獻。本文卽根據劉勰的設論，參以古、近文家之說，分析歸納。以概觀其風格論的體用和終始全備的眞象。

【附註】

註一　司馬遷對六經之表章，見於史記的太史公自序、孔子世家贊、儒林列傳、封禪書、滑稽列傳、外戚世家、殷本紀、平準書、伯夷列傳、建元以來侯者年表、樂書、貨殖列傳、司馬相如列傳贊、禮書、外戚世家、龜策列傳等，幾乎無處無之。揚雄是儒家而兼有道家思想者，他模仿論語著法言，模仿易經著太玄，模仿倉頡作訓纂，模仿虞箴作州箴。他從六經的立場詳述文學的主張，見於法言一書。

註二　參閱范文瀾文心雕龍注原道篇注（二）。

註三　參閱北齊顏之推著顏氏家訓文章篇，清朝章學誠著文史通義詩教篇。

註四　參閱今人楊增華著從養氣說到風骨，（又名中國古代文學理論批評中的作家個性與作家風格問題），載於香港津文出版社印行之中國文學批評論文輯第一一七頁。

註五　見於文心雕龍才略篇。

註六　同註五。

註七　同註五。

註八　同註五。

註九　同註五。

註一〇　同註五。

註一一　見於文心雕龍時序篇。

註一二　參閱近人吳曾祺著涵芬樓文談養氣第九、二則。此外姚鼐復魯絜非書、曾國藩聖哲畫像記，及曾文正公家訓諭紀澤（論文之古雅雄奇），（行氣爲文章要義），（讀古文古詩當認貌觀神）。又諭紀澤紀鴻（謂讀書可以變化氣質），（作文氣勢須揣摩並重）。

註一三　見於文心雕龍才略篇。

註一四　見於文心雕龍檄移篇。

註一五　分見於文心雕龍祝盟篇和諸子篇。

註一六　見於文心雕龍事類篇。

註一七　清顧炎武日知錄卷二十二詩體代降云：「三百篇不能不降而爲楚辭，楚辭之不能不降而漢魏，漢魏之不能不降而六朝，六朝之不能不降而唐也，勢也。用一代之體，則必似一代之文，而後爲合格」，證明一時代有一時代之文學。文心雕龍於通變篇、時序篇，早揭此義，如「時運交移，質文代變」，就含藏了這種文學演化的思想。

註一八　見於文心雕龍正緯篇。

註一九　此節所論，多根據今人劉永濟文心雕龍校釋才略篇校釋立說，學者可以參閱。

肆　劉勰的風骨論

一、前　言

本文所說的風骨，係專指劉勰文心雕龍上的風骨篇而言，風骨篇是文心雕龍創作論之一，因爲劉勰行文定篇有前後銜承的義例，所以風骨繼神思體性以後，承通變定勢之前，就其整個的論創作藝巧的過程上看來，這是極端重要的一環，正緣此故，近代的文論家拿它來研究的也日益增多，譬如早期而又有專著行世的有黃侃、范文瀾、劉永濟、郭紹虞、羅根澤、楊明照諸氏，在臺者如廖維卿、張嚴、華師仲麐、曹昇、張立齋、以及李師曰剛，至於其他短篇散章，見諸報刊雜誌者，尤不勝屈指，他們從各種角度去探索風骨的精義，並分別的發表了獨抒的卓見，仁智愈多，牽動的問題也愈廣，給讀者的負擔也越大，爲了解決此一問題，因而就引起了我寫作本文的動機。可是研究「風骨」的問題，尤其是文心雕龍的文學創作論，劉勰以他精湛的學養，純正的文辭，寫出自己唯美的理想，及今讀之，仍令人擊節不已。以下我想先談「風骨」的異說，擇要列出近幾十年來各家對它所下的定義如何，豫爲次節的申論留一地步。次替「風骨」尋求正解，這也是本文吃緊的地方，我當然是要以各家的成說作基礎，可是我也認眞的向文心雕龍的本身來覓求答案。然後再進一步探討「風骨」一詞在文學創作上，到底是受了怎樣的影響，並相繼闡述如何使風清骨峻。

二、從風骨的異說談起

歷來對風骨不同的解說，爲了行文的便利，將辭旨相近的合併歸類而成四組十五位。其目的一方面在以有限的篇幅，包括許多不同的意見，另一方面在取精用弘，使味之者有尺幅千里之妙。當然這必定會牽連到選材是否客觀的問題，事實上在文學的領域裏，是決不容我們以純客觀的手法，來表達作者的主觀情志的，既然如此，那麼我們的顧慮就大可不必了，以下我們便把各組的內容依序評述如後：

甲、以「風」卽文意「骨」卽文辭者，有黃季剛、范文瀾、張立齋、曹昇等。

黃氏云：「二者皆假於物以爲喻，文之有意，所以宣達思理，綱維全篇，譬之於物則猶風也；文之有辭，所以攄寫中懷，顯明條貫，譬之於物則猶骨也。（註一）」

黃先生文心雕龍札記，重在文學理論的發揚，開拓了文心雕龍研究的領域，玆後踵事增華的人越來越多，其中范文瀾文心雕龍注，便是在這種情況下相繼推出的一部集子，他對風骨的解釋全是繼承黃說，少有新解。他說：

> 風卽文意，骨卽文辭，黃先生論之詳矣，竊復推明其義曰：此篇所云風情氣意，其實一也，而

四名之間，又有虛實之分，風虛而氣實，風氣虛而情意實，可於篇中體會得之，辭之與骨，則辭實而骨虛。（註二）

今人張立齋先生有文心雕龍註訂之撰，他對「風骨」的詮釋，自負是訂范注之誤，雖較黃、范二家略有出入，但究其大體，仍難擺脫「風卽文意，骨卽文辭」的範疇。如云：

> 風以骨立，骨以風清，骨立而後義貞，風清而後情爽，義貞情爽；啓發功深，此文章之為效也。然意以生情，情生則骨漸，此風之説也。文以成辭，辭成則骨顯。風骨一篇，繼神思、體性之後以述者，知神思卽風之主，而體性卽骨之幹也。故言情者，同於風也，言辭者，同於骨也，風骨之於文章，猶肌膚股肱之於人也。（註三）

張氏以爲風骨繼神思體性之後以述者，神思卽爲風主，體性卽係骨幹之説，似有商榷的必要，第一文心各篇前後銜承，必於前篇之末，預告後篇之將論者：如神思篇「情數詭雜，體變遷貿」，隱示下篇將論風骨，風骨篇「洞曉情變，曲昭文體」，隱示下篇將論通變，通變篇「規略文統，宜宏大體」，暗喻下篇將論定勢，定勢篇「因利騁節，情采自凝」，暗喻下篇將論情采，情采篇「聯辭結采，將欲明理，采濫辭詭，則心理愈翳」，暗喻下篇將論鎔裁。基於這個理由，第二步我們發覺文心各篇均各有單獨的命意，如神思篇在論想像力之培養，體性篇在論作品的風格，通變篇在論繼承與創新之理，定勢篇在論行文的語態，情采篇在論作品內容與形式的配合，鎔裁篇在論鎔意與裁辭的重要性。依此類推，則風骨篇亦必定有他設篇的主旨。若說「風卽神思，骨卽體性」的話，那麼風骨篇豈不成了神思體性兩篇的附庸了嗎？相信以劉氏之精於文術，決不會爲阱自陷的。既然如此，則張氏註訂的意見，便有斟酌的必要了。至於曹昇在他的文心雕龍書後中，對「風骨」有着這樣的說明：

> 攄情發志，婉而成風，斷事屬辭，凝而為骨，風出於情，骨出於氣，情真則風采飛揚，氣厚則骨力凝鍊，風不高則文浮，骨不重則味薄……（註四）

曹氏以「情志成風，事辭爲骨，風出於情，骨出於氣」來釋「風骨」，仍然是誤蹈彥和的文字障，把情、志、事、辭、風、骨、氣，這些似實實虛，似顯實晦的詞，硬派到「風骨」的篇旨上，頗乏明確的界說。

乙、以風卽情思，骨爲事義者，有劉永濟、廖仲安、劉國盈、潘辰等。其中廖、劉二君的解釋，僅見於潘氏的徵引，由於未覩原作的關係，特詳潘而略廖、劉。

劉永濟曾有文心雕龍校釋之撰。他釋「風骨」說：

> 風者，運行流蕩之物，以喻文之情思也。情思者，發於作者之心，形而為事義。就其所以運事義以成篇章者言之為「風」；骨者，樹立結構之物，以喻文之事義也。事義者，情思待發，託之以見者也。就其所以建立篇章而表情思者言之為「骨」。

又說：

> 本篇所用名義甚多，如曰風、曰骨、曰氣、曰采、曰情、曰意、曰思、曰辭、曰言、曰體、曰骸、曰力、曰藻、曰字、曰響、曰聲、曰色、或比用，或互稱，或疊說，或專論，紛紜滿目，

幾難尋其意旨。……凡此諸名，統歸「三準」（註五）。……

劉氏廣集風骨一篇的異詞，再與他篇對勘互校，歸納出問題的結論。不過鎔裁旨在討論文章的鎔意與裁辭，從「凡思緒初發」起，至「駢贅必多」」，專談如何表達主題，「三準」則是表達主題的三個步驟，「設情以位體」，是確定主題，「酌事以取類」，是用事引證，說明主題，「撮辭以舉要」，是列舉要點，歸結主題。若依劉氏「凡此諸名，統歸三準」的說法，則篇中所用風、氣、情、思、意、義，諸名，屬三準之情，骸、體、骨、言、辭，諸名，屬三準之事，采、藻、字、響、聲、色，諸名，屬三準之辭，然後結出情思、事義的確解來，其歸納的結論，單從論理學的觀點去審視，則劉氏以彼況此的演繹方式，是不夠周延的，因爲「三準」：一曰情，二曰事，三曰辭，而「情思」「事義」僅及「三準」中之「情」「事」，「辭」未能攬入；所以這首先就和他「凡此諸名，統歸三準」的前提發生了齟齬。其次，卽令劉氏的推論是正確的，我們更有理由予以還原，把「風骨」代入「三準」之後，就發覺「風骨」實在沒有單獨設篇的必要，因爲它與彥和「鎔裁」的本旨完全不合。由此證明劉氏校釋與張氏註訂，都犯了近似的錯誤。八年前，潘辰根據廖仲安、劉國盈兩位釋風骨一文，作了一篇關於文心雕龍風骨的「骨」字。他說：

關於風字的解釋，應當是指作者的情志或理想……骨指事義，是「事信而不誕，義直而不回」，據此，再去看風骨篇中的一些句子，就很好理解了。如「結言端直，則文骨成焉。」「故練於骨者，析辭必精。」「若瘠義肥辭，繁雜失統，則無骨之徵也。」這三句話都很明顯地表示骨是關於內容方面的，「結言端直」的首要前提，在於洞曉事理，「析辭必精」，則也正是洞曉事理之後，才能提出的深湛的見解，可見有文骨的文章，必須以切合事實為基礎（註六）。

潘辰的釋「骨」，可以說是在劉氏校釋的基礎上，參合廖、劉二君的意見，加以展延擴大而成。他嫌「事義」太抽象，而代之以「內容方面」，並以宗經篇之六義，釋「事義」的內涵，也契合彥和「將覈其論，必徵言焉」的訓釋方式，可以說是朝着風骨的眞詮又向前邁進了一步。

丙、以風乃氣韻，骨乃結構者，有程兆熊、廖維卿、舒直、王達津等。

今人程兆熊首發此議，他說：

> 骨乃結構，故「結言端直，則文骨成焉」。風乃氣韻，故「意氣駿爽，則文風生焉」。有其氣韻之生動，便自有其「調」，有其結構之完整，便自有其「格」，合此氣韻生動之調，與結構完整之格而為一，則為文之格調，亦即所謂風骨。無骨則「繁雜失統」，無風則「索莫乏氣」，此為文之所以貴有風骨，而有忌乎不能成其格調（註七）。

程氏由氣韻結構推而至於「格調」，頗欠恰適。因爲格調之於人，指品格，如唐秦仲明詠貧女「蓬門未識綺羅香，擬託良媒益自傷。誰愛風流高格調，共憐時世儉梳妝。……」蜀韋端已送李秀才歸荆溪「八月中秋月正圓，送君吟上木蘭船。人言格調勝玄度，我愛篇章敵浪僊。……」於詩文，指格律聲調。格律聲調，文心雕龍創作論各設專篇討論之，如言風格的有體性篇，即「總其歸塗，數窮八體，一曰典雅，二曰遠奧，三曰精約，四曰顯附，五曰繁縟，六曰壯麗，七曰新奇，八曰輕靡」是也。言聲調的有聲律篇，即「聲有飛沈，響有雙疊，雙聲隔字而每舛，疊韻雜句而必睽，沈則響發如斷，飛則聲颺不還」是也。程氏深受後世文家言風格的影響，故有此說。至於廖維卿教授，在他的劉勰的創作論中，雖然他旨在通述大體，並非專言「風骨」，但是我們可以從文中涉及的話，擷取有關「風骨」的弘旨。廖氏仍祖黃先生札記，然却更旁推交通，以爲：

> 風骨篇云：「惆悵切情，必始乎風，沈吟鋪辭，莫先於骨，故辭之待骨，如體之樹骸，情之含風，猶形之包氣」。黃氏札記解釋「風」即「文意」，「骨」即「文辭」。……所以對於文學作品的佈局結構，是在提筆之前，首先應該考慮周詳的。

廖氏暗示「風即立意，骨即佈局」，並特別强調佈局的重要性，對「風骨」沒能提出更爲貼切的意見。舒直與王達津兩家，其說甚新。玆錄於下：

> 風就是指富有情緒色彩的語言，富有音樂性的語言；骨就是指純潔的思想和真摯的感情。風就是文章的形式，骨就是文章的內容，而且骨是決定風的，也就是內容決定形式的(註八)。

這顯然是受西方文藝思潮，尤其浪漫主義與新浪漫主義的影響所致，這種以今律古，拾歐西文人的牙慧，牽合彥和文心的思想，對我們民族文學的體認並不妥當。

丁、以風骨就是文字的風格者，計有羅根澤、郭紹虞、李樹爾等。

羅根澤曾遍搜羣書，捃摭幽微，成魏晉六朝文學批評史，在該書的第八章「論文專家之劉勰。」其中創作論的第九目風格引風骨篇文云：

惆悵述情，必始乎風，沈吟鋪辭，莫先於骨，故辭之待骨，如體之樹骸，情之含風，猶形之包氣」，怎樣才可以有風骨？……蓋風骨雖非字句，而所以表現骨的仍是字句，所以欲求風骨之好，須賴「捶字堅而難移，結響凝而不滯」。風骨是文字以內的風格。……「隱秀」是基於文字而却在文字以外的一種風格。

羅氏以風骨是文字以內的風格，全然與「風骨」不合，彥和明言「辭之待骨，如體之樹骸，情之含風，猶形之包氣」，體與骸，形與氣，本兼內外而言，實毋庸節外生枝，再牽動隱秀篇來襯托。羅氏因爲取材失誤，致推論缺乏有力的證據。郭紹虞著中國文學批評史，他從文章的形式方面去認識風骨，歸趣和羅氏相同。他說：

合形文聲文情文三者，而文之形式以立，由文之形式言，語其廣義而說得抽象一點便是風格，語其狹義而說得具體一些便是體製（註九）。

至於李樹爾的論「風骨」，是站在作家的主觀立場，完全摒除作品的客觀因素。他以爲：

風骨就是風格，風格表示在作家的各個方面，包括意想性，個性，語言，藝術特徵等（註一〇）。

李氏更援風骨篇文加以佐證。他說：

所謂「練於骨者，析辭必精，深乎風者，述情必顯」，「若瘠義肥辭，繁雜失統，則無骨之徵也；思不環周，索莫乏氣，則無風之驗也。」「若風骨乏采，則鷙集翰林，采乏風骨，則雉竄文囿」。正是把意想性、個性、語言、藝術特徵等統一起來，作爲不可分割的整體來觀察，這也正是劉勰的卓越之處。

綜上以觀，我們一共提出了四組十五位文家的意見，他們人各異辭，雖然都是其所是，非其所非，但是在資料的選取上，方法的運用上，彼此之間顯然有很大的差距，以下我們就借重他們的成說做參考，再進一步的去尋求風骨的確解。

三、風骨的確解

欲求「風骨」一詞的確解，必須首先認定一項事實，那就是劉勰文心雕龍五十篇，由原道至序志，從文原論而文體論、而創作論、而批評論，皆前後銜承，脈絡一貫，無論你研究那一篇，總是牽一髮而全身動。職是之故，我們就確定了如下的研究方針：一、在取材方面，完全選用文心雕龍中的原始資料。二、在方法方面，由著錄的資料，歸納出具體的結論。此一結論也許正暗合某些文家的解釋，所謂「有同乎舊談者」是也。假若此一結論爲確，本節擬更進一步的去援例證明。這就是以下所要敍述的程序。

通觀文心雕龍有關風骨的解釋，約分以下幾種意義：

甲、以辭爲風，志卽骨者：體性篇云：「若夫八體屢遷，功以學成，才力居中，肇自血氣，氣以實志，志以定言，吐納英華，莫非情性。……才性異區，文體繁詭，辭爲肌膚，志實骨髓。」

乙、以辭采爲風，事義爲骨者：附會篇云：「夫才童學文，宜正體製，必以情志爲神明，事義爲骨鯁，辭采爲肌膚，宮商爲聲氣。」

丙、以辭爲風，義實骨者：辨騷篇云：「觀其骨鯁所樹，肌膚所附，雖取鎔經旨，亦自鑄偉辭。」

按：此文由前後互訓見義，贊離騷取鎔經義，如體之樹骸；自鑄偉辭，猶形之包氣也。

丁、有從風骨生成以釋者：風骨篇云：「結言端直，則文骨成焉；意氣駿發，則文風生焉。」

戊、有自風骨徵驗以釋者：風骨篇云：「瘠義肥辭，繁雜失統，則無骨之徵也；思不環周，索莫乏氣，則無風之驗也。」

己、有由風骨比較以釋者：風骨篇云：「翬翟備色而翾翥百步，肌豐而力沈也；鷹隼無采而翰飛戾天，骨勁而氣猛也。」

除開上述六種解釋以外，在風骨篇裏雖然還可以找到風骨的連文，但個人認爲與風骨的弘旨無關，故不贅錄。就此所錄，泐成下表：

風—辭—辭采—辭—意氣駿發—辭趣—形式上所表現的感性。

骨—志—事義—義—結言端直—思理—文章的中心思想。

由此看來風骨就是辭趣與情實，所謂辭趣者，卽形文、聲文交互而成的一種感染力。情采篇有云：「聖賢書辭，總稱文章，非采而何！」徵聖篇亦云：「夫子文章，可得而聞，則聖人之情，見乎辭矣。」所以徵聖、宗經便成了劉勰創作論的最高準則，宗經篇說得好：「經也者，恒久之至道，不刊之鴻教也。故象天地，效鬼神，參物序，制人紀，洞性靈之奧區，極文章之骨髓者也。」可見「言而無文，行之不遠。」由辭采交感，所產生的力量，於此可見。然而辭趣本乎情理，必須情辭合契，經緯互用，才能收「經正而後緯成，理定而後辭暢」的效果，這正是立文之本源，馭采的大端。所謂情理，「蓋文章之外，據事以類義，援古以證今者也。」然而「明理引乎成辭，徵義舉乎人事。（註一一）」正見辭趣與情理之互濟，如體之樹骸，形之包氣，血肉難分的關係。

「風骨」的確解，既是辭趣與情理，那麼我們可以進一步分三方面來證明這個答案的可靠性，此三方面是：

（一）由風骨篇文的解釋證明：若以辭趣、情理反釋風骨篇有關文字，能詞旨通暢，了無滯礙，則證明以上的推論是眞。風骨篇言風者，計「惆悵述情，必始乎風。」「情之含風，猶形之包氣。」「意氣駿發，則文風生焉。」「深乎風者，述情必顯。」「思不環周，索莫乏氣，則無風之驗也。」文中所謂「情」、「意」、「氣」、「思」，皆從辭趣的本質上變通說法，屬於內含的工夫；「風」、「力」，係由辭趣的應用上着眼，屬於外成的表現。所以情以內含，辭以成文，情辭本不可離。是以「惆悵述情，必始乎風」者，言文家欲敍述個中抑鬱的感情，必由達意的辭趣入手，並非如黃侃先生之說，宣達思理，綱維全篇，譬之於物則猶風也，故含風猶包氣，深風情必顯，完全爲「情采」內外兩面的活動，至爲顯豁易知。風骨篇言骨者，計「沈吟鋪辭，莫先於骨。」「辭之待骨，猶體之樹骸。」「結言端直，則文骨成焉。」「練於骨者，析辭必精。」「瘠義肥辭，繁雜失統，則無骨之徵也。」

彥和之釋風骨，全由對待見義，諸如「沈吟鋪辭，莫先於骨。」「辭之待骨。」「結言端直。」「析辭必精。」皆指證「骨」的重要，並非辭卽骨髓。所以黃侃先生視「骨卽文辭。」程兆熊教授以「骨爲結構。」似皆未了解彥和行文之此一特色。彥和在上段文字中惟一釋「骨」的一句話是「繁雜失統。」「繁雜失統」指的是否卽情理，我們也可以引附會篇文來佐證。他說：「是以附辭會『義』，務總綱領，驅萬塗於同歸，貞百慮於一致，使衆理雖繁，而無倒置之乖，羣言雖多，而　無棼絲之亂。」這種「理繁倒置」，「言多棼亂」的現象，確實是「繁雜失統」的最好注脚。事類篇還說：「若統緒失宗，辭味必亂，『義』脈不流，則偏枯文體。」其中所謂「會義」、「義脈」，非指情理而何？所以用「思理」釋「骨」，化象徵爲具體，則風骨之疑，便不難迎刄立解矣。

把以上所述和原文兩相比照，可知以「辭趣」、「思理」反釋「風」、「骨」，眞是博洽允當，則前此推論之爲眞，更得到了事實上的證明。

（二）由文心雕龍全書中引文，均「辭」「義」並用證明。如：

原道篇：「然後能經緯區域，彌綸彝憲，發揮事業，彪炳『辭』『義』。故知道沿聖以垂文，聖因文而明道。」

徵聖篇：「雖『精義』曲隱，無傷其正言；『微辭』婉晦，不害其體要。體要與『微辭』偕通，正言共『精義』並用，聖人之文章，亦可見也。」

宗經篇：「春秋則觀『辭』立曉，而訪『義』方隱。」「『辭』約而旨豐，『事』近而喻遠。」

辨騷篇：「崐崙懸圃，非經『義』所載，然其文『辭』麗雅，爲詞賦之宗。」

明詩篇：「若乃應璩百一，獨立不懼，『辭』譎『義』貞，亦魏之遺直也。」

頌贊篇：「原夫頌惟典雅。……揄揚以發『藻』，汪洋以樹『義』」

銘箴篇：「李尤積篇，『義』儉『辭』碎。」

論說篇：「原夫論之爲體。……『義』貴圓通，『辭』忌枝碎。」

檄移篇：「……故其植『義』颺『辭』，務在剛健，插羽以示迅，不可使『辭』緩，露板以宣衆，不可使『義』隱。……」又「劉歆之移太常，『辭』剛而『義』辨，文移之首也。」

封禪篇：「……樹『骨』於訓典之區，選『言』於宏富之路，使『意』古而不晦於深，『文』今而不墜於淺，『義』吐光芒，『辭』成廉鍔，則爲偉矣。」

章表篇：「晉初筆札，則張華爲儁，其三讓公封，理周『辭』要，引『義』比事，必得其偶。……」

議對篇：「陸機斷議，亦有鋒穎，而諛『辭』弗剪，頗累文『骨』。」

體性篇：「顯附者，『辭』直『義』暢，切理厭心者也。」

指瑕篇：「潘岳爲才，善於哀文，然悲內兄。……『辭』雖足哀，『義』斯替矣。」

附會篇：「夫文變多方，意見浮雜，約則『義』孤，博則『辭』叛。」

總術篇：「……則『義』味騰躍而生，『辭』氣叢雜而至。」

知音篇：「將閱文情，先標六觀。……二觀置『辭』，……五觀『事義』。」

由這種辭義連文的現象，足以證明彥和假「辭趣」「思理」之實際應用，已表現無遺。而風卽辭趣，骨卽思理，從本書的引文，「辭」「義」二字的連用上，又得一確證。

（三）由風骨篇所舉作品的實例上證明。劉勰判別風骨，曾臚列兩個人的作品，一是潘勗的册魏公九錫文，一是司馬相如的大人賦，原文云：

「昔潘勗錫魏，思摹經典，羣才韜筆，乃其骨髓畯也；相如賦仙，氣號凌雲，蔚為詞宗，迺其風力遒也。」

以下先言潘勗錫魏，次論相如賦仙。

劉勰讚潘文骨髓畯，骨髓者，思理也，卽援事眞實而不荒誕。內容正確而不邪曲。現在我們觀潘勗册魏公九錫文。

潘文載於昭明文選卷三十五，作於建安十八年的五月，獻帝使御史大夫郗慮持節策命曹操爲魏公加九錫之時。沔陽盧弼魏志集解，說此文「口含天憲，假託朝命，終不能逃後世之淸議。」這是一篇歌功頌德之作，盧氏所評大致無誤，然而劉勰又爲什麼稱他骨髓畯呢？同時更讚其「典雅逸羣」，「憑經以騁才」。這當然是因爲劉勰不以人廢言，而潘文亦勢必有不爲人所廢的條件在。因此儘管他歌功頌德，但所頌曹操的事績，多數還合乎眞實的條件，例如：潘文：「昔者董卓，初興國難，羣后失位，以謀王室。君則攝進，首啓戎行。此君之忠於本朝也。」與魏志「董卓廢帝爲弘農王而立獻帝……」一段文字合。潘文：「後及黃巾，反易天常。侵我三州，延于平民，君又討之，剪除其迹，以寧東夏，此又君之功也。」與魏志「太祖進兵擊黃巾於壽張東破之……」一段文字合。潘文：「遂建許都，造我京畿，設官兆祀，不失舊物，天地鬼神，於是獲乂。此又君之功也。」與魏志「建安元年，太祖都許，至是宗廟社稷制度始立」一段文字合。潘文：「袁術僭逆，橋蕤授首，稜威南厲，術以殞潰。此又君之功也。」與魏志「術侵陳，公東征，術聞公自來，棄軍走，公擊破蕤等斬之」一段文字合。潘文：「廻戈東指，呂布就戮，乘軒將反，張揚沮斃，眭固伏罪，張繡稽服。此又君之功也。」與魏志「建安三年，公東征擒布殺之，四年，揚將揚醜，殺揚以應太祖」之文相合。潘文：「袁紹逆常，謀危社稷，君執大節，精貫白日，奮其武怒，大殲醜類。此又君之功也。」與魏志「建安五年，公軍官渡，擊瓊斬之，紹衆大潰，紹棄軍走」之文相合。潘文：「濟師洪河，拓定四州，袁譚高幹，咸梟其首，此又君之功也。」與魏志「建安十年，公攻袁譚破之，斬譚」之文相合。潘文：「烏丸三種，崇亂二世，束馬懸車，一征而滅。此又君之功也。」與魏志「三郡烏丸承天下亂，破幽州，略有漢民，君北征三郡烏丸，縱兵擊之，虜衆大崩」之文正同。潘文：「劉表背誕，不供貢職，王師首路，威風先逝，百城八郡，交臂屈膝。此又君之功也。」與魏志「建安十三年，公南征劉表」之文正同。潘文：「馬超成宜，同惡相濟。……遂定邊城，撫和戎狄。此又君之功也。」與魏志「建安十六年，公西征，與超等夾關戰」之文正同。潘文：「鮮卑丁零，重譯而至，此又君之功也。」後漢書建安七年夏五月，于闐國獻馴象，或指此事。至於潘文後段引左傳：「世胙太師，以表東海」，引尚書：「周邵師保，出爲二伯」，明操宜有內外之任，專四方之征伐，也無一不是鎔經鑄式，典雅逸羣。所以劉勰稱潘文骨髓畯，這和當時劉氏所目睹的同一體裁的文章，如全齊文卷九載王儉的「策齊公九錫文」，和全梁文卷四十一載任昉的「策梁公九錫文」，兩相比較，就知道是不可同日而語的。這兩文歌頌的是蕭道成和蕭衍。二蕭顯無事功可言，但王儉、任昉卻儘量引用若干空洞的名詞，來渲染他們在「北伐」戰爭中之業績，如王文：「匈奴野心，侵保疆埸，前師失律，王旅崩撓，灑血成川，伏尸千里，醜羯侜張，勢振彭泗，乘勝長驅，窺覦京甸，冠帶之軌將湮，被髮之容行及，公奉辭伐罪，戒旦晨征，兵車始交，氛祲時蕩，弔死撫傷，弘宣皇澤，俾我淮肥，復沾盛化。此又君之功也。」王儉爲了虛擬蕭氏之功，不惜把魏兵南侵之勢，說得十分浩壯，甚而有「灑血成川，伏尸千里」之句，試問堂堂上國冠帶之族，此時還成何等世界。其實綜觀宋、齊二書、南史、北史、南北雙方戰爭，只有元嘉時代，最爲慘烈，所以辛稼軒於京口北固亭懷古詞中，有「元嘉草草，封狼居胥，贏得倉皇北顧」的慨嘆！至於任昉之策梁公九錫文，形容其對魏用兵情形說：「公治兵外討，卷甲長騖，接距交綏，電激風埽，摧堅覆銳，咽水塗原，執俘象魏，獻馘海渚，焚廬毀帳，號哭言歸。此又公之功也。」按齊魏交兵，絕無此輝煌戰績，於此則二蕭本人在其被時君册錫前後，所扮演的是個怎樣的角色，便不言而喻了。劉勰云：「若骨采未圓，風辭未練，而跨略舊規，馳騖新作，雖獲巧意，危敗亦多，豈空結奇字，紕繆而成經乎！」劉氏對於這些「跨略舊規」，「言貴浮詭」的惡習，深惡痛絕，於是數舉潘勖册魏公九錫文，以示文家「鎔鑄經典，翔集子史」，「據事類義，援古證今」的常規，同時也說明了「骨峻」的眞象。

其次，我們再來看司馬相如的大人賦，何以劉勰讚其「風力遒」？風者，辭趣也，所謂：「聯辭結采，將欲明理，采濫辭詭，則心理愈翳（註一二）」，故文無逸趣，則思理難明，如辭趣淫濫，也使思理壅塞。用這個解釋來看大人賦，才可知其眞象。在沒有研究司馬相如的本文以前，有一個問題須首先交代。這個問題是劉勰說的「相如賦仙，氣號凌雲」，既名爲賦仙，何以知道「賦仙」就是大人賦？關於此點可參看司馬遷史記第一百十七卷司馬相如列傳，及班固漢書五十七卷司馬相如傳，二書均載：「相如既奏大人賦，天子大說，飄飄有凌雲之氣，似遊天地之閒意。」又云：「相如以爲列僊之儒，居山澤間，形容甚臞，此非帝王之僊意也，乃遂奏大人賦。」可知「賦仙」者，指的就是大人賦。

大人賦全倣屈原遠游中語、文采鋪張，發敍妙思，託配仙人，與俱遨遊，周歷天地，無所不到。事雖無稽，而惆悵述情，辭藻克贍，極富感染力。玆將全文分析如次：

全文共分六段：自「世有大人兮在乎中州」，至「載雲氣而上浮」，爲一篇總冒，言遠遊之故。自「建格澤之修竿兮」，至「猋風涌而雲浮」，言行色壯盛。自「駕應龍象輿之蠖略委麗兮」，至「蜩蟉偃蹇怵奧以梁倚」，言輿駕之態。自「糾蓼叫奡踏以艐路兮」，至「清氣氛而后行」，說役從神仙。自「屯余車而萬乘兮」，至「聽敞怳而亡聞」，說遨遊天下。末後二句爲一段，回應遠遊作結。總計七百二十五言，一百十五句，句長者十一字，短者四言，如記行色壯盛一段十句，一換韵，前六句中，四句寫實，二句形容，後四句中，擥攙搶二句寫實，又挿二句以形容之。其形容采旄葆旒之隨風招展情形云：「掉指橋以偃蹇兮，又猗抳以招搖。」形容絳幡以下，氣盛光燿之情形云：「紅杳渺以眩湣兮，猋風涌而雲浮。」至於建格澤之修爲旗竿，總光燿之采以爲旌，垂旬始之氣爲十二旒，旒下更曳彗星爲燕尾，然後再取天上的彩虹飾旌杠之韜。全是子虛烏有之談，荒誕不經之論，驚世駭聞，令人讀來目眩神迷，不所知之。所以彥和稱他「風力遒」，定是由於該文辭趣華贍，富有感染力之故。

本節由文心雕龍的本文，以推論風骨的確解爲「辭趣」與「思理」，然後再把此一推論分三方面作反證說明，至此則「風骨」的懸疑，或可得到合理的解決。

四、論風骨設篇的因素

文家的思想發展，有其一定的歷程和因素，約而言之，不外三端：卽有淵源於固有思想者，有博採他人的成說者，有一己之獨見而創獲者，準此以觀劉勰之所以用「風骨」設篇，實種因於以下數點：

甲、繼承傳統的文論：

我國文學經歷了一個漫長而曲折的發展過程，文學上任何概念的形成，均是逐步演進的後果，但由於時代背景不同，一個概念的含義在不同的時代，便會有不同的理解。劉勰的文心雕龍，用「風骨」二字設篇，就是繼承了自詩經以後文重風骨的傳統，並把它更向前推進了一步，建立了自己的

「風骨」說，所以本篇開宗明義就說：「詩總六義，風冠其首，斯乃化感之本源，志氣之符氣也。」這就是他思想線索的最好說明。我們爲了進一步搞清楚彼此間的關係，必須引述劉勰以前的幾位學者的意見。

孔子恐怕是我國第一位談文學理論而又見諸載籍的人，由於他是一位志切救世的思想家，所以他與門弟子言「文」、「文學」、「文章」，無不從實用上立論，如學而篇：「行有餘力，則以學文。」八佾篇「周監於二代，郁郁乎文哉，吾從周。」公冶長篇「敏而好學，不恥下問，是以謂之文也。」述而篇「文、行、忠、信」。子罕篇「文王既沒，文不在茲乎？天之將喪斯文也，後死者不得與於斯文也；天之未喪斯文也，匡人其如予何？」雍也篇「博學於文，約之以禮，亦可以弗畔矣夫！」憲問篇「公叔文子之臣大夫僎，與文子同升諸公，子聞之曰，可以爲文矣。」可知孔子對「文」的重視，不僅列爲四教之一，並明定「文學」爲門人進德修業的一科，至於孔子的「文質並重」論，只是用以說明其學術思想，初無作文學批評之意，他說「質勝文則野，文勝質則史；文質彬彬，然後君子。」不意其對後世文學批評竟發生了很大的影響力，尤其彥和「風骨」論的終極目的，便是以「文質彬彬」作究竟。

孟子是孔子的三傳弟子，他平生甚少言及文學或文學批評，然而他在我國的文學批評史上，却有不容忽視的地位，這就是因爲他提出了「養氣說」。公孫丑章「我善養吾浩然之氣。……其爲氣也，至大至剛；以直養而無害，則塞於天地之間。其爲氣也，配義與道；無是餒也。是集義所生者，非義襲而取之也。行有不慊於心，則餒矣。」所以風骨篇有「綴慮裁篇，務盈守氣，剛健旣實，輝光乃新」的話。顯然與孟子養氣說有源流本末的關係。

戰國末造，當代大儒荀卿，提出了言志的詩論，儒效篇云「聖人也者，道之管也。天下之道管是矣，百王之道一是矣，故詩書禮樂之歸是矣。詩言是其志也。……故風之所以爲不逐者，取是以節之也；小雅之所以爲小雅者，取是而文之也；大雅之所以爲大雅者，取是而光之也；頌之所以爲至者，取是而通之也。」這不惟是「詩以言志」，更可以說是「文以載道」了。風骨篇有「鎔鑄經典之範，翔集子史之術。」這種鎔經鑄式的說法，不能說與荀子載道之言無關。

毛詩序主張詩風與政教有關，他說：「詩有六義焉，一曰風，二曰賦，三曰比，四曰興，五曰雅，六曰頌。上以風化下，下以風刺上，主文而譎諫，言之者無罪，聞之者足以戒，故曰風。國史明乎得失之迹，傷人倫之廢，哀刑政之苛，吟詠性情以風其上，達於世變而懷其舊俗者也。故變風發乎情，止乎禮義；發乎情，民之性也，止乎禮義，先王之澤也。」詩序不僅把詩風與政教相結合，擴大了儒家言詩的領域；同時更說明了變風必須發情止禮，這樣風的眞正含義，就有了很大的變化，給劉勰「文重風骨」的理論一直接的影響。

曹丕創立「文氣說」，他在典論論文中云：「文以氣爲主，氣之淸濁有體，不可力强而致。」又說：「徐幹時有齊氣」，「孔融體氣高妙，有過人者。」又與吳質書云：「公幹有逸氣，但未遒耳。」他認爲文氣的形成基於先天的氣質。所以風骨篇引他的話很多，並確認「筆墨之性，殆不可勝。」

「文章才力，有似於此。」這就是劉勰風骨重氣的證明。

乙、採擇時人的成說：

劉邵的「骨直氣清說」，是觀人之法，而非評文之論，在他著的人物論卷中八觀篇裏，曾訂下八種觀人的規律，有云：「何謂觀其至質以知其名，凡偏材之性，二至以上，則至質相發，而令名生矣。是故骨直氣清，則休名生焉，氣清力勁，則烈名生焉。」骨直氣清既可觀人，則以此觀人之法移作觀文之法，亦未爲不可。

葛洪抱朴子曾有以風骨評文之語，外篇卷四十辭義云：「屬筆之家，亦各有病，其深者則患乎譬煩言冗，申誡廣喻，欲棄而惜，不覺成煩也；其淺者則患乎妍而無據，證援不給，皮膚鮮澤而骨鯁迥弱也。繁華暐曄，則並七曜以高麗，沉微淪妙，則儕玄淵之無測，人事靡細而不浹，王道無微而不備，故能身賤而言貴，千載彌彰焉。」文中「皮膚鮮澤而骨鯁迥弱」之句，適與彥和「風清骨峻」或「蔚彼風力，嚴此骨鯁」之說相諧。

魏晉時人有以風骨品藻人品風度者，如世說新語卷中品藻篇云：「時人道阮思曠，骨氣不及右軍，簡秀不如眞長，韶潤不如仲祖，思致不如淵源，而兼有諸人之美。」卷下任誕篇云：「阮渾長成，風氣韵度似父，亦欲作達，步兵曰：仲容已預之，卿不得復耳。」彥和或亦受其激發。

與彥和同時而成書較後的鍾嶸，在其詩品中也有用風骨評隲作品的話，如評魏陳思王植云：「其原出於國風，骨氣奇高，詞采華茂，情兼雅怨，體被文質，粲溢今古，卓爾不羣。」評魏文學劉楨云：「其原出於古詩，仗氣愛奇，動多振絕，眞骨凌霜，高風跨俗。」曹植、劉楨於詩品均列上品，繼李陵、班姬之後，魏晉文學，允推獨步。故鍾嶸許其「骨氣奇高，詞采華茂。」「眞骨凌霜，高風跨俗。」以此衡諸彥和風骨篇文，神貌全同，正見時代文風之薰陶與大勢所趨了。

丙、自己的獨創發明：

劉勰深受歷史傳統與時代風氣的影響，慎加別擇，創立「風骨」說，成就了他文學創作理論中的重要部分。他甚少以「風清骨峻」許人，有者亦多屬分說。如許以風者，辨騷篇有：「驚才風逸，壯采雲高。」詮賦篇：「子雲甘泉，構深瑋之風。」雜文篇：「枚乘摛艷，首製七發，腴辭雲搆，夸麗風駭。」有許以骨者：誄碑篇：「觀楊賜之碑，骨鯁訓典。」檄移篇：「陳琳之檄豫州，壯有骨鯁。」「相如難父老，文曉而喻博，有移檄之骨焉。」奏啓篇：「陳蕃憤懣於尺一，骨鯁得焉。」至於以風骨相許者，通觀全書，僅得兩人之作，即楊雄的劇秦美新與班固的典引，封禪篇云：「揚雄劇秦，班固典引，事非鐫石，而體因紀禪，觀劇秦爲文，影寫長卿，詭言遯辭，故兼包神怪。然骨制靡密，辭貫圓通，自稱極思，無遺力矣。典引所敘，雅有懿采，歷鑒前作，能執厥中，其致義會文，斐然餘巧。（註一三）」劉勰的風骨論是如此的縝密而具條理，所以在他的文學創作論裏成了一個不可或缺的環節。

風骨論的建立，既是彥和博蒐約取，獨抒己見的創獲，茲後援引立說者頗不乏人，如顏氏家訓文章篇云：「凡爲文章，猶人乘騏驥，雖有逸氣，當以銜勒制之。……文章當以理致爲心胸，氣調爲筋骨，事義爲皮膚，華麗爲冠冕。」唐楊炯王勃集序云：「嘗以龍朔初載，文場變體，爭構纖微，競爲雕刻，糅之金玉龍鳳，亂之朱紫青黃，影帶以徇其功，假對以稱其美，骨氣都盡，剛健不聞。思革其弊，用光志業。」陳子昂與東方左史虬修竹篇序云：「文章道弊五百年矣！漢魏風骨，晉宋莫傳，然而文獻有可徵者。」李太白宣州謝朓樓餞別校書叔雲，也曾於評論往代作品時云：「蓬萊文章建安骨，中間小謝又清發，俱懷逸興壯思飛，欲上青天攬明月。……」僅盛唐以前，說者已如此之衆，唐以後，更是無代無之，甚而清姚姬傳復魯絜非書中所提到的文章八目，「神、理、氣、味、格、律、聲、色」，怕也與劉勰的「風骨」論聲氣相通。「風骨」之與文章既有如此密切的關係，則如何使自己的作品達到風清骨峻，文明以健的地步，顯然是古今文家一致追求的目標。

五、如何使文章風清骨峻

談到如何使文章「風清骨峻」的問題，我覺得欲獲得正確的答案，還是從文心雕龍裏來覓求。譬如在風骨篇提到使骨采圓通，風辭練達的話有：

> 若辭藻克贍，風骨不飛，則振采失鮮，負聲無力。是以綴慮裁篇，務盈守氣。
>
> 捶字堅而難移，結響凝而不滯，此風骨之力也。
>
> 若夫鎔鑄經典之範，翔集子史之術，洞曉情變，曲昭文體，然後能孚甲新意，雕畫奇辭。

詳繹上文，總其綱領，其別有七；一曰鎔鑄經典，二曰翔集子史，三曰洞曉情變，四曰曲昭文體，五曰務盈守氣，六曰揷字堅實，七曰結響凝鍊。七者之中，一、二、四、五屬骨，三、六、七屬風，而以上七點，於文心雕龍內已各設專篇，分別討論，本文特精選其中切於事理者加以分析。

甲、鎔鑄經典：

文心雕龍宗經篇云：「經也者，恒久之至道，不刊之鴻教也。故象天地，效鬼神，參物序，制人紀，洞性靈之奧區，極文章之骨髓者也。」

經的本義，說文訓「織從絲」。段注：「織之從絲爲經，必先有經而後有緯，是故三綱、五常、六藝，謂之天地之常經。」桓譚新論：「經者，常行之通典。」班固白虎通德論：「經，常也，有五常之道故曰經。」劉熙釋名藝典：「經，常典也。」劉勰所以主張文須宗經者，其第一個理由，因爲經中所言，皆常行、常道、常典、常法之故。尤其孔子上承往聖的教誨，次本當時的需要，刪詩書，訂禮樂，贊周易，作春秋。所以太史公司馬遷有「高山仰止，景行行之，雖不能至，心鄉往之。……自天子王侯，中國言六藝者，折衷於夫子」。文心雕龍也以爲經典是：

> 根柢槃深，枝葉峻茂，辭約而旨豐，事近而喻遠，是以往者雖舊，而餘味日新，後進追取而非晚，前修久用而未先，可謂太山徧雨，河潤千里者也（註一四）。

文須宗經的第二個理由，是由於文體大備於六經，宗經篇云：

> 故論、說、辭、序，則易統其首，詔、策、章、奏，則書發其源，賦、頌、謌、讚，則詩立其本，銘、誄、箴、祝，則禮總其端，記、傳、盟、檄，則春秋為根，並窮高以樹表，極遠以啓

疆，所以百家騰躍，終入環內者也。

他以五經之含文，總括一切文體，所以清章實齋有：「文體備於戰國」，「戰國之文，其源皆出於六藝（註一五）」。便是本此立說。而文心雕龍將原道、徵聖、宗經、正緯、辨騷列於文體論之前，創作論又繼文體論之後，批評論則殿於全書之末，其布局裁篇無不隱寓至理。劉氏基於以上兩點理由，歸納出文家「鎔鑄經典」的效果，他說：

文能宗經，體有六義；一則情深而不詭，二則風清而不雜，三則事信而不誕，四則義貞而不回，五則體約而不蕪，六則文麗而不淫（註一六）。

這便是文能宗經，風淸骨峻的最好說明。歷來文家若陶淵明、顏之推、王通、魏收、初唐四傑、陳、盧、蕭、李以及盛唐的李、杜，文起八代的韓、柳，都是主張宗經載道，以復古爲創新的。然而六經既爲文宗，而六經的作者固非先講法而後屬文者，他們當初的目的只在道志達意，及至後人，讀而通其意，誦而解其理，遂進而模其文，師其法。此聖經賢傳之所以能千載不朽，永爲文家矩矱者，還是因爲他們能自鑄偉辭，自開其法。所以居今日而言宗經，必須洞澈此一意義，才能避免食古不化之病。

乙、翔集子史：

子史者，諸子與史傳也。劉勰文心雕龍有史傳、諸子二篇，其釋子史之名並兼及流別。如云：

諸子者，入道見志之書。七國立政，孟軻膺儒以磬折，莊周述道以翱翔，墨翟執儉确之教，尹

> 文課名實之符，野老治國於地利，騶子養政於天文，申商刀鋸以制理，鬼谷唇吻以策勳，尸佼兼總於雜術，青史曲綴以街談。逮漢成留思，於是七略芬菲，九流鱗萃。……述道言治，枝條五經（註一七）。

> 史者，使也。執筆左右，使之記也。古者左史記事，右史記言，言經則尚書，事經則春秋。傳者轉也。轉受經旨，以授於後，實聖文之羽翮，記籍之冠冕也（註一八）。

按古無私家著述，羣經皆史。自夫子閔王道之缺，傷斯文之墜，於是就太師以正雅頌，因魯史而修春秋，舉得失，徵存亡，褒貶軒冕，誅深斧鉞，編年紀事，開中國史學的先河。漢司馬氏繼志述事，成史記五十二萬餘言，本紀以述皇王，列傳以總侯伯，八書以鋪政體，十表以譜年爵，其實錄無隱，博雅弘辯，創紀傳體的先例。班固述漢，因循前業，其十志該富，讚序弘麗，樹立了斷代爲史的法程。綜觀馬、班史例雖有不同，而立義選言，總依經以樹則，勸戒與奪，必附聖以居宗。所以千古史法，惟重一信。我們秉筆爲文如明白史傳的體要，及其事例的統序，自可貫通衆理，任情而不失正。至於諸子之文，劉勰說：

> 孟荀所述，理懿而辭雅，管晏屬篇，事覈而言練，列禦寇氣偉而采奇，鄒衍心奢而辭壯，墨翟隨巢意顯而語質，尸佼尉繚術通而文鈍，鶡冠緜緜，亟發深言，鬼谷眇眇，每環奧義，情辨以澤，文子擅其能，辭約而精，尹文得其要，慎到析密理之巧，韓非著博寓之富，呂氏鑒遠而體周，淮南汎採而文麗（註一九）。

他們皆「身與時舛，志共道申」，標心於萬古之上，送懷於千載之下，久已爲文家取資的淵藪，如柳宗元答韋中立論師道書云：「參之孟荀以暢其支，參之莊老以肆其端，此吾所以旁推交通而以爲文也。」柳氏爲文，遍資羣經，翔集子史，故能與韓愈同爲古文運動的功臣。晚唐杜牧之有冬日寄小侄阿宜詩，也談到過個人治學爲文的準則。他說：「經書括根本，史書閱興亡。高摘屈宋艷，濃薰班馬香。李杜泛浩浩，韓柳摩蒼蒼。近者四君子，與古爭強梁。」小杜不僅宗經究史，更進而推崇李、杜、韓、柳，由於他能兼採衆長，所以裴延翰的樊川文集序稱他是包詩人之軌憲，整揚馬之衙陣，聳曹劉之骨氣，掇顏謝之物色。」劉勰以爲人欲文章風清骨峻，須翔集子史，觀子厚、小杜的說法，實爲不易之論。

丙、洞曉情變：

立文之道有三，情文是其中之一。情采篇云：「情者文之經，辭者理之緯，經正而後緯成，理定而後辭暢。」所以文家必須鋪觀列代，洞曉情變，才能撮舉同異，昭晰綱領，按轡文雅之場，環絡藻繪之府。文心雕龍通變篇固在論文章窮變通久之理，而文中曾對九代文章的情變，提出了言簡意賅的看法。他說：

> 九代詠歌，志合文別。黃歌斷竹，質之至也；唐歌載蜡，則廣於黃世；虞歌卿雲，則文於唐時；夏歌雕牆，縟於虞代；商周篇什，麗於夏年，至於序志述時，其揆一也。曁楚之騷文，矩式周人；漢之賦頌，影寫楚世；魏之篇制，顧慕漢風；晉之辭章，瞻望魏采。搉而論之，則黃

唐淳而質，虞夏質而辨，商周麗而雅，楚漢侈而艷，魏晉淺而綺，宋初訛而新（註二〇）。

他上由黃唐，下至宋初，把三千年間情文推衍的狀況，凡重要情節，均已檃括無遺。現在既知一時代有一時代的文學，那麼我們又如何來規略文統，控馭情采呢？通變篇裏也有進一步的說明。他說：

> 規略文統，宜宏大體，先博覽以精閱，總綱紀而攝契，然後拓衢路，置關鍵，長轡遠馭，從容按節，憑情以會通，負氣以適變，采若宛虹之奮鬐，光若長離之振翼，迺穎脫之文矣。

他以爲控情馭采之法，首應恢宏文章的全局規模，總攝寫作的規律。而文章規模的恢宏，與寫作法則的體認，又有賴於後天的學養，和天賦的才性。在後天的學養方面，他提出「博覽」「精閱」，在天賦的才性方面，他提出「憑情會通，負氣適變」，期人人都能上法不弊之文，而矯末流之弊。

丁、曲昭文體：

曲昭文體者，是透澈明瞭文章的體要。他認爲作品的風格與作家的性格不可分割，所謂作家的性格，其中包括先天的才氣，與後天的學養。因而作品的風格和作家的才性、氣質、學力、習業、息息相通。換言之，文學是反映現實，內容決定形式的。劉勰的風格論，就建立在這樣的一個基礎上。雖然後來有人反對他這種「由文覘心」的看法，但「誠於中，形乎外」，「言爲心聲，書爲心畫」，事實昭晰，是勿庸置疑的。文心雕龍體性篇，就是劉勰風格論的重要文獻。文中分析文體之變共有八種，並各詳其特質：

> 若總其歸塗，則數窮八種：一曰典雅，二曰遠奧，三曰精約，四曰顯附，五曰繁縟，六曰壯麗，七曰新奇，八曰輕靡。典雅者，鎔式經誥，方軌儒門者也；遠奧者，複采曲文，經理玄宗者也；精約者，覈字省句，剖析毫釐者也；顯附者，辭直義暢，切理厭心者也；繁縟者，博喻醲采，煒燁枝派者也；壯麗者，高論宏裁，卓爍異采者也；新奇者，擯古競今，危側趣詭者也；輕靡者，浮文弱植，縹緲附俗者也。

以上八種風格，雖各擅勝場，但近代辭人，華而不實，文與質懸，他故而標出新奇、輕靡二格，藉諷當世而正末俗。一片苦心，騰躍紙端。準此言之，「曲昭文體」對文風的影響眞是太重要了。

戊、務盈守氣：

劉勰文重「風骨」的終極目的，是要達到文質並重的理想。但六朝文風澆漓，辭務日新，他爲了使作品文不滅質，博不溺心，特著養氣篇以寄其意。不過彥和所說的氣，是專指精神，與曹丕典論所稱的「氣」爲氣質略有不同，因此他强調養氣之重要性云：

> 若夫氣分有限，智用無涯，或慚鳧企鶴，瀝辭鐫思，於是精氣內銷，有似尾閭之波，神志外傷，同乎牛山之木；怛惕之威疾，亦可推矣（註二一）。

大抵說來，文章之作，如不得已，或以明世要，或以抒幽情，卽亭林顧氏所謂：「文須有益於世」是也。而當時江左之士，無論貴賤，均以能文爲尙，勞神苦思，無病呻吟；斲傷性靈至鉅。因此他提出攝衞的方法，一是虛靜，二是節宣，節宣重在衞氣，虛靜重在養氣。茲分別錄之於下：

> 吐納文藝，務在節宣，清和其心，調暢其氣，煩而卽捨，勿使壅滯，意得則舒懷以命筆，理伏則投筆以卷懷，逍遙以針勞，談笑以藥勌，常弄閑於才鋒，賈餘於文勇，使刄發如新，腠理無礙，雖非胎息之萬術，斯亦衛氣之一方也。（註二二）

> 是以陶鈞文思，貴在虛靜，疏瀹五藏，澡雪精神，積學以儲寶，酌理以富才，研閱以窮照，馴致以懌辭，然後使玄解之宰，尋聲律而定墨，獨照之匠，闚意象而運斤；此蓋馭文之首術，謀篇之大端。（註二三）

「虛靜」的主旨，在令慮明氣清，神旺思敏；「節宣」的目的，在使其心清和，其氣調暢。二者互爲運用，則作家的性靈永如新發之刄。隋唐以下如韓愈的「氣盛則言之長短，與聲之高下皆宜」的話，杜牧的「文以氣爲主」，蘇轍的「文者氣之形」，歸有光的「爲文必在養氣，氣充於內，而文溢於外」之言，皆足與劉勰的意見相發明。至於後人把氣分爲英氣、和氣、元氣、剛氣、柔氣、正氣、奇氣、眞氣、覇氣、惰氣、逸氣、炫氣，以及浩然之氣（註二四）。自粗而精，由鉅而細，較諸彥和的說法更加靡密了。

己、捶字堅實：

文心雕龍練字篇云：「善爲文者，富於萬篇，貧於一字。」附會篇云：「改章難於造篇，易字艱於代句。」可見爲文必須練字的重要性。誠因：

> 人之立言，因字而生句，積句而為章，積章而成篇。篇之彪炳，章無疵也，章之明靡，句無玷

也；句之清英，字不妄也；振本而末從，知一而萬畢矣。

字乃構成文章的基本單位，而一字之內，又具備形、音、義三種要素，所以我們必須見字而能書其形、讀其音、知其義，然後才能達到「心託聲於言，言寄形於字」的目的。過去周禮保氏，教學童諷誦六書，漢初太史，明定八體以授生徒，當時的文家，若司馬相如、若張敞、若揚雄，更是貫練雅頌，總閱音義，成就了自己的經國大業。時至六朝，文人用字，晦澀詭異，令人望文震驚的程度。所以劉勰欲鍼砭頹風，特主張文章風骨，必須捶字堅實，因著練字篇。篇中對於文家練字提出了兩點要求：一、是研閱重要的字書，以期洞悉古今音訓的不同，其次，是開列四種綴字屬篇的要術。練字篇云：

綴字屬篇，必須練擇；一避詭異，二省聯邊，三權重出，四調單複。詭異者，字體瓌怪者也。聯邊者，半字同文者也。重出者，同字相犯者也。單複者，字形肥瘠者也。

綜觀練字四術，全屬字形，於字音字義尚未涉及，所以我們最好能合章句、麗辭、指瑕、物色、四篇比較研究，而後文章字句的精蘊，才可完全得之。至於在以上四術之中，除聯邊、單複不甚必要外，其他詭異、重出二者，無論作詩行文均爲不易的原則。所以文家如不講修辭則已，如講修辭而不由練擇文字始，又怎能使「麗句與深采並流，偶意共逸韻俱發」呢！

庚　結響凝鍊：

紀曉嵐云：「八代文格卑靡，獨聲律之學流傳千古。」回想自佛學內傳，梵唄大興之後，若陸機作文賦，范曄在獄中與諸甥侄書，沈約著宋書謝靈運傳論，至於陳郡謝朓，瑯琊王融，汝南周顒，或倡四聲，或修韻書。他們以氣類相推轂。這在文學創作的領域上看來，確實是一個曠古未有的時代。劉勰適生於此一聲律之說既興，文人學士又競向討論的時候，所以他就獨抒胸臆，作聲律篇。在聲律篇裏他特別注意到文章和韻之理。如云：

> 左礙而尋右，末滯而討前。……是以聲畫妍蚩，寄在吟咏，滋味流於字句，風力窮於和韻。異音相從謂之和，同聲相應謂之韻。韻氣一定，則餘聲易遣；和體抑揚，故遺響難契。屬筆易巧，而選和至難，綴文難精，而作韻甚易。

他所說的「和」，指文章的聲調，使一句之內，平仄順適，合乎唇吻；所說的「韻」，指詩文的韻脚，令每句之末，同押一韻，使其鏗鏘相應。劉永濟校釋用行文選韻之法來說明，我覺得是十分貼切的。不過我們要明白劉勰之言「和韻」，又有「自然音律」和「人爲音律」之別，他的企圖是希望文家能以「人爲之音律」上合音律之自然。這種理想，不僅提煉了齊梁當代的韻學，更給唐宋詩律奠定了堅實的基礎。

總括以上七說，由鎔經集史，到結響凝鍊，把一個作家所應備的條件，從內修到外成，說得鉅細不遺，對文重風骨的要點，議論得十分精闢。尤其是他那參古定法的宗經論，窮變通久的文學觀，以及聲響和韻的聲律說，處處表現出他超軼的智慧。

六、結論

「風骨論」之談辭趣思理，也就是談文章寫作的形式與內容，其惟一不同的地方，是辭趣思理較諸形式與內容更具藝術特徵。至於舍人用風骨命篇的原始動機是什麼？關於此點，本人認爲必須從寫作的藝巧上來審定。誠以文章的本質爲辭趣與思理，但文家的藝匠經營，迥非辭趣思理所能概括，劉勰洞悉此中情蘊，並配合時代風尚，乃以評人之法作論文的憑藉，使此一篇題極富爭議性，把我國文藝作品又昇華到另一境界。所以本文從風骨的異說，談到風骨的確解，再由其設篇的因素，進一步探討如何使風清骨峻的文術，目的就是希望由文心雕龍學理的研究，賦予新的生命力，來創作眞正切合我們當前需要的民族文學。

【附　註】

註　一　引文見於黃侃文心雕龍札記風骨篇解題。

註　二　引文見於范文瀾文心雕龍註風骨篇註四。

註　三　引文見張立齋文心雕龍註訂風骨篇註一。

註　四　引文見於曹昇文心雕龍書後風骨二十八書後。按該書後不見成書，見於民國五十七年（一九六八）十一月十二日，由易蘇民主編，昌言出版社印行的大學用書文心雕龍研究一〇七頁至一一三頁。

註　五　引文均見於劉永濟文心雕龍校釋卷上風骨第二十八釋義部分。

註　六　引文見於日本京都大學藏日本學文學史研究室文心雕龍論文集第一集。

註　七　引文見程兆熊著文心雕龍講義第二十八講，此書在民國五十二年（一九六三）三月，經香港鵝湖出版社印行。

註　八　引文見於香港滙文閣編印的文心雕龍研究論文集七三頁至八一頁，按此書不著出版年月。

註　九　引文見郭紹虞的中國文學批評史第二章一二二頁。

註一〇　引文出處參閱本文附註八。

註一一　此處兩次引文均見於文心雕龍事類篇。

註一二　引文見於文心雕龍情采篇。

註一三　按揚雄的劇秦美新，李善注文選，以爲「王莽潛移龜鼎，子雲進不能辟戟丹墀，亢辭鯁議；退不能草玄處室，頤性全眞，而反露才以耽寵，詭情以懷祿，素餐所刺，何以加焉。抱朴方之仲尼，斯爲過矣。」但李充翰林論以爲：「揚子論秦之劇，稱新之美，此乃計其勝負，所其優劣之義。」似此，或與露才懷祿要寵有別。彥和論文不以人廢言，往往如此，不足怪也。

註一四　引文見文心雕龍宗經篇。

註一五　引文見淸章學誠文史通義詩教上。

註一六　引文見於文心雕龍宗經篇。

註一七　引文見於文心雕龍諸子篇。

註一八　引文見於文心雕龍史傳篇。

註一九　引文見於文心雕龍諸子篇。

註二〇　引文見於文心雕龍通變篇。

註二一　引文見於文心雕龍養氣篇。

註二二　引文見於文心雕龍養氣篇。

註二三　引文見於文心雕龍神思篇。

註二四　說詳劉大櫆的論文偶記，此書對文章義法，持論甚精。

伍　劉勰的聲律論

一、前　言

文心雕龍情采篇，將爲文之道分爲三種：「一曰形文，五色是也，二曰聲文，五音是也，三曰情文，五性是也。五色雜而成黼黻，五音比而成韶夏，五性發而爲辭章，神理之數也。」形文、聲文、情文，是就廣義者言，若從狹義方面來說，則形文指的是詞藻的修飾，聲文指的是音韵的諧調，情文指的是情意的雅正，關於詞藻的修飾有麗辭、練字各篇，音韵的諧調有聲律篇，至於情意的雅正有神思、情采各篇，本文於此特撇開形文與情文不論，專論聲文。

文心雕龍言聲文之重要文獻是聲律篇，其次是養氣篇，至於其他篇目强調文重聲律的話也很多（註一）。惟聲律篇是文心雕龍創作論十九篇中的一篇（註二），緊附於鎔裁篇之後，而鎔裁篇之後，若章句、若麗辭、若比興、若夸飾、若事類、若練字、若隱秀、若養氣等九篇，實皆分敘鎔裁之內容者，而此九篇，聲律冠其首，養氣殿於末、聲應氣求、此不僅闡明了劉勰「籠圈條貫」的文例，更證明了他「聲發文生」的說法，聲律篇云：

言語者，文章關鍵，神明樞機，吐納律呂，脣吻而已。今操琴不調，必知改弦，摛文乖張，而不識所調，所謂響在彼弦，乃得克諧，聲萌我心，更失和律，其故何哉？

從這裏我們可以知道他對文章鎔裁必重聲律的要求了。惟「八代文格卑靡，獨聲律之學流傳千古」，劉勰生當齊梁，聲律之說既興，文人學士又競相討論之時，這對他文心雕龍的寫作，自會發生相當的影響，故其長懷序志，有詳觀近代論文之語，我們也正是由於要明白劉氏這種承先啓後的脈絡，所以在未闌入正文以前，勢必得研究一下在劉氏之前，甚或與他並世的若干有關聲律方面的成說，而這些成說復被其所襲用者，到底有那些？不能不分別的加以追索：

二、劉勰對歷代聲律說的承襲

甲、文氣說

曹丕在典論論文中，以為文氣的清濁得之於先天的才性，不可力強而致，乃提倡文氣說，並以音樂為例，加以說明：

曲度雖均，節奏同檢，至於引氣不齊，巧拙有素，雖在父兄不能以移子弟。

從文由天成的說法上來看，固然不能視為純粹的聲律論，但他無疑的是位極端的宿命主義者，因而激起了劉勰對「聲含宮商，肇自血氣」，「玄神宜寶，素氣資養」之理趣。

乙、音聲迭代說

江左二俊之一的陸機，才高詞贍，早在二十歲（註三二）的時候作了一篇振古鑠今的文賦，首倡音聲迭代之論，他說：

暨音聲之迭代，若五色之相宣。雖逝止之無常，固崎錡而難便，苟達變而識次，猶開流以納泉。如失機而後會，恒操末以續顛。謬玄黃之袟敘，故淟涊而不鮮。

所謂「音聲迭代」，就是推文章聲律和諧之理，主張錯綜、變化、順適、秩序之謂。回念魏、晉之交，聲律之學甫興，陸士衡即綜論文術，用爲翰苑的圭臬，可說是位開風氣的人物了。劉勰於文心雕龍聲律篇中言「調聲」之術，蓋本乎此。

丙、自然音律論

范曄的自然音律論，我們可以由宋書范曄傳和其獄中與諸甥侄書，這兩篇文獻裏看到個輪廓。自序說：

性別宮商，識清濁，斯自然也。觀古今文人多不了此處，縱有會此者，不必從根本中來。

他這個「性別宮商、識清濁」，雖自負是天賦之異能，有秘不告人之意味，但如會觀全文，便知道他是一位自然音律的倡導者。劉勰之談聲律，以「宮商大和」爲天下倡，或即於此有所取法。

丁、四聲八病說

沈約的聲病說，對六朝文學確乎有截斷衆流，革故鼎新的貢獻。所以他對劉勰聲律論的影響，已經不限於一時的刺激，而是注入了無可估計的活力。雖說隱侯的四聲譜早已云亡，八病說復殘闕不備

（註四），但我們從現存的宋書謝靈運傳論，與南齊書卷五十二，南史卷四十八陸厥傳裏，尙不難發現沈氏的自述，以及其與時人甄琛，陸厥之間，辯詰論難的焦點。尤其宋書謝靈運傳論中的話：

夫五色相宣，八音協暢，由乎玄黃律呂，各適物宜；欲使宮羽相變，低昂舛節，若前有浮聲，後須切響，一簡之內，音韻盡殊，兩句之中，輕重悉異。妙達此旨，始可言文。

確實是他不朽的創見，同時在這裏不僅暗自駁斥了曹丕「文由天成」說法的不當，更替范曄「自然音律論」下了一個顚撲不破的新詮，尤與學文者一種積極的鼓舞，說明「下學上達」，人爲不悖自然，或切合自然的道理。故云：

天機啓則律呂自調，六情滯則音律頓挫。

所以他的四聲八病說便是專爲行文而設，也許是由於沈氏名列府僚，權侔宰輔的緣故，一時附而和之者，如陳郡謝朓、瑯琊王融、汝南周顒等，他們爲文皆用宮商，以氣類相推轂，於是蔚然成風，贏得了「永明體」的雅號。雖然其間有甄琛，譏他「不依古典」，陸厥責其不得謂「獨得胸衿」，鍾嶸更挾私憤以排之，說他「使文多拘忌，傷其眞美」；但沈氏均能不卑不亢，慨然答辯。如此看來，也可以算得上文壇怪傑了。

戊、專門著述

於重要學說之外，當時研究聲律，撰成專書的也很多，我們姑且根據隋志的著錄來統計一下，就有：

周研撰音書考源一卷，聲韻四十一卷。魏左校令李登撰聲類十卷。晉安復令呂靜撰韻集十卷。張諒撰四聲韻林二十八卷。段弘撰韻集八卷。梁王該撰羣玉典韻五卷，五音韻五卷。揚休之撰韻略一卷。李槩撰脩續音韻決疑十四卷，音譜四卷。劉善經撰四聲指歸一卷。梁沈約撰四聲一卷，夏侯詠撰四聲韻略十三卷。釋靜洪撰韻英三卷。

文鏡秘府論裏也涉及到此等著作的事。比較觀之，好像除上述者外：尚有「王斌撰的五格四聲論，魏秘書丞常丞作的四聲讚。」這些專門名家各從不同的角度，研究相同的問題，很可惜的是這些著述同遭刼運，現在卽令可以在唐封演聞見記，與文鏡秘府論，甚或南史、隋書中，找到一點幸存的餘燼，但如欲在研究他的時候，拿來以偏概全，實不啻身處管中，有未覩全天之弊。不過這些作品大多完成於文心雕龍成書之前，而劉勰又是位博通經論，綜理百家的學者，當然不會輕易放過這些時賢的論述，所以於無形中採納了他們的見解，這應該是值得考信的。

上列四家對聲律的主張，以及各家窮研聲律的著述，只要我們紬繹文心雕龍聲律篇，和與聲律篇密切相關的章句、麗辭、練字、養氣等篇，便馬上可以發現劉氏的聲律論，雖如崗巒之起伏，但其發脈也有自。

三、劉勰在聲律方面的發現

劉勰聲律論，自然前有所承，而他手撰的文心雕龍，又是「本乎道，師乎聖，體乎經，酌乎緯，變乎騷，」窮高極遠，囿別區分，因此我們有理由可以從聲律、章句、養氣各篇裏去博搜約取這方面的言論，其中尤其是聲律篇。以下作者乃按照這種構想，來條分縷析，將這位不世出的文論家，對這個當時認爲是文學上新問題的貢獻，提供於博雅君子之前。

甲、由內聽以審和律

作家固非音樂家，而作品却必須富有音樂美。劉氏所以這樣主張，當然是基於中國文字具有單音獨體的兩大特色，因其爲獨體，故宜於講對偶，因其爲單音，故宜於講音律。所以禮記樂記說：

凡音者，生於人心者也。情動於中，故形於聲，聲成文爲之音。

劉勰深體斯旨，所以他在聲律篇一開始便說：

夫音律所始，本於人聲者也，聲含宮商，肇自血氣，先王因之以制樂歌，故知器寫人聲，聲非學器者也。故言語者，文章關鍵，神明樞機，吐納律呂，唇吻而已。

他於此首先認定了言語之本身就具有自然的宮商，但如何鑑別「徵羽響高，宮商聲下」呢？接着他就加以闡明，如：

抗喉矯舌之差，攢唇激齒之異，廉肉相準，皎然可分。

如果我們把這幾句話拿來與顧野王玉篇上所附的五音十四聲相照應，便發覺他幾乎就成了一份神珙四聲五音圖的說明書。所以孔穎達五經正義釋樂記原文時，就乾脆用開合洪細的等韻道理，來分注「繁瘠廉肉」四個字。但是我們由禮記樂記一直追索到齊、梁，凡文家之言詩、樂、舞同原的關係者，每喜雜以五方五行，此不僅踳駁，更增理蔽（註五）。對這一點劉勰却持着嚴加鑑別，不苟隨同的態度。例如他把「操琴不調，必知改弦」，屬諸外聽；把「聲萌我心，更失和律」，歸之內聽。聲律篇說：

今操琴不調，必知改弦，搞文乖張，而不識所調；所謂響在彼弦，乃得克諧，聲萌我心，更失和律，其故何哉？良由外聽易為巧，而內聽難為聰也。

內聽說是劉氏聲律論的重要創獲，蓋言爲心聲，言語的疾徐高下，一準乎心，文章的抑揚頓挫，一依乎情，然而心紛者言失其條理，情浮者文乖其節奏。此中抒機至微，消息至密，而理亦未易明，故論者往往將這種情形，歸之於天籟之自然；殊不知苟作者於臨文之際，能襟懷澄澈，神定氣靜的話，則情發肺腑，聲流唇吻，自然如竹節之相合，發生文章感物的力量。惟綜其大要，又只在靜心凝念，不假外求，故曰「內聽」。後世辭家卽傍此推衍，以考文字聲韵的音理。如周濟論韵：

陽聲字多則沈頓，陰聲字多則激昂。東、真韵寬平，支、先韵細膩，魚、歌韵纏綿，蕭、先韵感慨。

王驥德論曲用韵謂：

東鐘之洪，江陽皆來蕭豪之響，歌戈家麻之和，寒山先天之雅，庚青之清，尤侯之幽，齊微之弱，真文之緩，支思之萎。

假使我們對他的內聽說的運用，不沾不滯，用得其當，足可藉審音足聽之力，化腐朽爲神奇，收玲玲如振玉，纍纍如貫珠之效。

乙、節聲韵以避吃文

觀劉勰論文章的病犯，可說是齊梁間人言病犯之文獻之僅存者，措辭渾圓，彌足珍貴。他在聲律篇說：

> 聲有飛沈，響有雙疊，雙聲隔字而每舛，疊韵離句而必睽。沈則響發如斷，飛則聲颺不還，並轆轤交往，逆鱗相比，迕其際會，則往蹇來連，其為疾病，亦文家之吃也。

我們細研這段文字的內容後，至少可從兩個方向，來推闡其「節聲韵以避吃文」的奧蘊。這兩個方向是什麼呢？我認爲一是聲，另一是響。以下分別論之：

㈠**聲有飛沈**：黃侃札記云：「飛謂平清，沈謂仄濁，一句純用仄濁，或一句純用平清，則讀時均不便，所謂「沈則響發如斷，飛則聲颺不還。」按此條所指文章的聲病，全是從句法上着眼，所以文心雕龍於聲律之後，繼之以章句，章句之後，繼之以麗辭，其設章定篇，前後相承之體例，於此亦可得一佐證。關於句法，章句篇曾別有說明，如：

> 離章合句，調有緩急，隨變適會，莫見定準。句司數字，待相接以為用；章總一義，須義窮而成體。其控引情理，送迎際會，譬舞容迴環，而有綴兆之位，歌聲靡曼，而有抗墜之節也。

我國字音，向分聲、韵兩部分，另別以聲調。有關聲音：由於發音部位的不同，分爲脣、舌、齒、牙、喉，由於發音時喉頭之是否振動，復分清聲濁聲。有關韵者：由於韵尾是否帶鼻音，而有陰聲韻、陽聲韻，由於韻頭介音之不同，可分開口、合口、齊齒、與撮口，由於收音之洪細，可分一等、二等、三等、以至四等。至於聲調，則分平、上、去、入。所以文家於搦管染翰之時，必須權衡情景，錯綜聲韻，愼選字詞，以求聲音與感情的配合，而增進文辭的優美。今試取古人之文以誦之，如孟堅兩都，子淵洞簫，江淹之賦恨、別，陳思之辭洛神；有的是噌吰鏜鞳，有的是細微要眇，有的如急絃促管，有的如緩節安歌，其疾徐、高下、抑揚、抗墜的情形，直如宮羽相變，有互節之勢，舞容廻環，有綴兆之位。所以我們欲袪飛沈之病，則文字平淸仄濁之妥加配合，殆不可忽。

㈡響有雙疊：雙聲疊韻是我國文字的特色，二字聲母相同曰雙聲，二字韵母相同叫疊韻。雙聲疊韻之用，古已有之，而雙聲疊韻之名，蓋首見於謝莊答王玄謨問（註六）。謝莊其人，范曄許他是辨音的天才，只是有點眼高手低，不喜歡受聲律的束縛，後來鍾嶸在詩品序裏，爲了引王元長的話，還牽連到這位謝某。可見劉勰「響有雙疊」這句話，是頗有來歷的。我國文字的發音，旣具有如此特色，於是他就提出兩條文家恒犯的通病。說：

雙聲隔字而每舛，疊韻離句而必睽。

這兩條聲病的第一條「雙聲隔字而每舛」，就衍爲後來王斌五格四聲論中的傍紐病。文鏡秘府論西卷釋曰：

傍紐詩者，言詩一句之中有「月」字，更不得安「魚」、「元」、「阮」、「願」等字，此卽雙聲，雙聲卽犯傍紐病。

可見「雙聲隔字而每舛」，卽指傍紐病。不過若踟蹰、躑躅、蕭瑟、流連等詞，兩字一處，中無隔字，於理可通，故不在此病限之內。至於疊韵，亦不得離句應用，不然就犯了劉善經四聲指歸中所列的小韵病，文鏡秘府論引劉氏說云：

小韵者五言詩十字中，除本韵以下，若巳有「梅」字，更不得復用「開」、「來」、「才」、「臺」等字。五字內犯者，曹植詩云：「皇佐揚天惠」，卽「皇」、「揚」是也；十字內犯者，陸士衡擬古歌云：「嘉樹生朝陽，凝霜封其條」，卽「陽」、「霜」是也。若故為疊韵，兩字一處，如「飄飄」、「窈窕」、「徘徊」、「周流」之類，不是病限，若相隔越，卽不得耳。

按劉氏舉五字內犯，與十字內犯，來證明「疊韵離句而必睽」，其區別只不過在形式上是五字犯急，十字犯寬，事實在本質上並無改變。劉勰就雙疊之用，飛沈之別，發明了「沈則響發如斷，飛則聲颺不還，雙聲隔字而每舛，疊韵離句而必睽」，四條避忌的原則。這四條原則，質言之：一是講陰陽清濁的相間，一是明雙聲疊韵的接合；如果這二者的分合適當，自然如轆轤交往，逆鱗相比，否則，迕其際會，往則無應，來則難悅，就不免有「吃文」之患了。

丙、明和韻以調宮商

和韵的意思，劉勰自有銓釋，卽

> 異音相從謂之和，同聲相應謂之韻。

換言之，「和」，是指文章的聲調，一句之內，平仄順適，合乎脣吻；「韻」，在指詩文的韻脚，每句之末，同押一韻，使其鏗鏘相應。我們本着這個解釋，把「和」與「韻」分別來看的時候，這祇是一個「調聲」和「選韻」的問題。關於調聲，在前面我們曾經提到過他對聲律病犯的避忌，那些避忌的方式，可說是陶鎔諸家，出以胸臆，其中雖有改述，但並無驚人之筆；惟「和韻」一說，却是取自晏子春秋「濟味和聲」之論，創造發明，構成了此一獨特的理論（註七）。以下分別探討之：

如何使異音相從？劉氏說出兩條通則。是：

> 左礙而尋右，末滯而討前。

其意卽左句不諧，可尋右句相應的字音；末字不調，則逆索前字的聲調。黃侃札記，稱許彥和此說，與陸機「音聲迭代，五色相宣」同旨，范文瀾文心雕龍註，引沈約「一簡之內，音韻盡殊，兩句之中，輕重悉異」之語以釋之，事實上這種似嫌籠統的比況，究不若從正面直截了當的解釋來得醒目。我以爲要想確知「左礙尋右，末滯討前」的精義，最好是借唐元兢的調聲三術，來說明其理。文鏡秘府論天卷調聲引有元氏的三術：一曰換頭；二曰護腰，三曰相承。如：

> 換頭者：若兢於蓬州野望詩曰：「飄飄宕渠城，曠望蜀門隈。水共三巴遠，山隨八陣開。橋形疑漢接，石勢似煙迴。欲下他鄉淚，猿聲幾處催。」釋云：「此篇第一句頭兩字平，次句頭兩字去上入，次句頭兩字平，次句頭兩字又平，次句頭兩字去上入，次句頭兩字又去上入，次句

頭兩字又平，如此輪轉，自初以終篇，名為雙換頭，是最善也。若不可得，如此則各篇首第二字是平，下句第二字是用去上入，次句第二字又用去上入，次句第二字又用平，如此輪轉終篇，唯換第二字，其第二字用平不妨，此亦名為換頭，然不及雙換。

護腰者：腰為五字中之三字也。護者，上句之腰不宜與下句之腰同聲，然同上去入則不可，用平聲無妨也。庾信詩曰：「誰言氣蓋代，晨起帳中歌。」釋云：「氣是第三字，上句之腰也，帳亦第三字，是下句之腰，此為不調。

相承者：若上句五字之內，去上入字甚多，而平聲極少者，則下句用三平承之。用三平之術，有向上向下二途，其歸途一也。三平向上者：如謝康樂詩云：「溪壑斂暝色，雲霞收夕霏。」釋云：「上句唯有溪字是平，四去上入，故下句之上，用雲霞收三字承之，故曰上承也。」三平向下承者，如王中書云：「待君竟不至，秋雁雙雙飛。」釋云：「上句唯有一字是平，四去上入，故下句末用雙雙飛三平承之，故云三平向下承也。」

按「換頭」、「護腰」，在使各句平仄相錯。「相承」即律詩所謂之拗救，細玩元氏調聲三術的要旨，可說是劉氏「左礙尋右，末滯討前」的最佳註腳。

如何使同聲相應？劉氏也說出一條原則。是：

韻氣一定，則餘聲易遣。

即首句之韵脚選定之後，餘句用韵便易遣從。范文瀾文心雕龍註以八病釋之，似嫌與原旨不合。

劉永濟校釋說得好：

用韻者，一韻既定，餘句從之，如首韻用東，則餘句自可用同、從、紅等字，雖無韻書，而口吻易調，故曰易也。

然古詩自有音韻，但六朝人行文，用韻雖較後世寬緩，但自魏晉聲律之學倡行後，文貴有聲，聲貴諧調，已成操觚之首事，品藻之大端，故以下特選左思蜀都賦，與沈約的郊居賦各一段用韻情形，加以比較，以明當代聲律演變的趨勢：

左思蜀都賦一段，自於前則跨躡犍牂，至味蠲癘○，用韻如下；（○者非韻之句也。韻部都用江有誥的古音表）

於前○趾○里之二屬谷侯二紛雲文二○峨○霞○阿○波魚歌通四○崖○枝○離○猗○馳○啼○儀○垂支歌通八

其間　青英耕陽通二礫○爍宵二

於後○崙○門○奔○昏文四○族○玉○谷侯三

其樹○桐樅○峯東冬通三○條○霄○標幽宵通三○林○禽○陰○吟侵四

於東　中充冬東通二渠腴魚侯通二

其中○枝○池支歌通二○處○雨魚二○阜○巧幽二○武旅舞○府魚侯通四

於西　山川　文通二狼章陽二○廡○伏○馥○育之幽通四

其中○消○椒○皋○苞○飄○料○○幽宵通七

㈠韵式：右段一百一十八句，共用六十八韵，其爲式有五：

1.每句韵者七。　2.間句韵者十二。

3.三句首尾韵者一。　4.五句三韵，其一四句不韵者一。

5.六句四韵，其一五句不韵者一。

㈡韵部：一百一十八句中，共有韵部十四，二部通韵者十二。計之部三韵。侯部七韵。文部七韵。魚部七韵。歌部九韵。支部四韵。耕部一韵。陽部三韵。霄部八韵。東部三韵。多部二韵。幽部九韵。侵部四韵。元部一韵。

㈢換韵：一百一十八句中，共換韵二十二次，其式有八：

1.二句換韵者七。　2.三句換韵者一。

3.四句換韵者四。　4.五句換韵者一。

5.六句換韵者三。　6.八句換韵者四。

7.十四句換韵者一。　8.十六句換韵者一。

沈休文郊居賦一段，用韵如下：

其水草○菰○蒲○湖○都魚四

其陸卉○韭○首○後○牖幽侯通四

若乃○區○朱○娛○朱○隅○衢○跗侯魚通七

其林鳥○上○響○顙○往陽四

其水禽○虡○鳧○軀○珠侯魚通四

其魚○鱯○頜○白○宅魚四

其竹○奇○池○枝○垂歌支通四

(一)韵式：右段六十二句，共用三十一韵，其爲式皆間句韵。

(二)韵部：六十二句中，共用韵部六，兩部通韵者四：

魚部十一韵。幽部四韵。侯部八韵。陽部四韵。歌部三韵。支部一韵。

(三)換韵：六十二句中，共換韵七次，其爲式二：

1. 八句換韵者六。

2. 十四句換韵者一。

由上例觀之，自晉迄梁，二百五十年來，詞人用韵，從凌雜而修整，這固然是大勢所趨，而聲律說之日見綿密，實有誘導之功。劉師培中古文學史云：

音律由疏而密，實本自然，非由強致。四六之體，粗備於范曄、謝莊，成於王融、謝朓，而王、謝詩亦復漸開律體。影響所及，迄於隋唐，文則悉成四六，詩則別為近體，不可謂非聲律論開其先也。

持論甚精。唯劉勰之言「和韵」，又有「自然音律」與「人爲音律」之辨。如云：

若夫宮商大和，譬諸吹籥，翻迴取均，頗似調瑟，瑟資移柱，故有時而乖貳，籥含定管，故無往而不壹。陳思潘岳，吹籥之調也，陸機左思，瑟柱之和也。

他以吹籥喻曹、潘，以調瑟況陸、左，就因爲前者是宮商大和，文成自然，後者是翻迴取均，斲傷本眞的緣故。於此也足以證明文心雕龍聲律論，是傾向於自然音律的，和沈約的人爲音律說，並非全同。

丁、切正韵以求清切

根據前述，六朝文士，研究聲韵之專著近二十種，固然這些作品已久作廣陵之散，無從究詰，可是當我們讀到陸法言切韵序的時候，還可以明白當時韵書的取材，可說是漫無標準的。陸氏云：

呂靜韵集，夏侯該（詠）韵略，陽休之韵略，周思言（研）音韵，李季節（槩）音譜，杜臺卿韵略，各有乖互，江東取韵，與河北復殊。

因爲他們論韵，根本沒有顧及到南北是非，古今通塞，隨發生各有乖互的現象，所以便難做爲摛文裁與的準據了。其次，我們再拿陸機、陸雲兄弟，討論行文選韵的書信裏，也可以看出當時的確沒有一本衆所公認的韵書。陸雲與兄平原君書云：「張公（疑指張華）語雲云，兄文故自楚，須作文爲思昔所識文。」又云：「李氏（疑指李登）云，雪與列韵，曹（疑指曹植）便復不用，人亦復云，曹不可用者，音自難得正。」又云：「徹與察皆不與日韵，思惟不能得，願賜此一字。」又「音楚，願兄便定之。」試想既無標準韵書，可資選韵定氣的參考，則文切正韵之不易，當是必然之事。劉勰提出文用正響，禁雜方音，其作用：一方面是廣開了品藻之路，另一方面是替標準的韵書作催生的努力。他說：

凡切韵之動，勢若轉圜，訛音之作，甚於枘方；免乎枘方，則無大過矣。

又云：

張華論韵，謂士衡多楚，文賦亦稱不易，可謂銜靈均之餘聲，失黃鍾之正響也。

最後並說討文之士，必須剖字鑽響，如：

練才洞鑑，剖字鑽響，識疎闊略，隨音所遇，若長風之過籟，南郭之吹竽耳。

黃侃札記，對這方面曾有過言近旨遠的解釋。他說：

此言文中用韵，取其諧調，若雜以方音，反成詰詘。今人作文，雜以古音者，亦不可不知。

文雜方音，彥和譏其如南郭吹竽，雜以古音，札記以爲斷斷不可，可見文章音樂之美，古今同重，今日我們如果竟自逐新趨異，徒事華辭，其結果必使讀之者，覺得文乏情實，昏人耳目。所以文心雕龍「切正韵以求淸切」之說，不僅是鍼砭齊梁時文的藥石，亦爲今人搦管和墨的信條。

戊、養氣以節神理

文氣是自然的音律，音律是最具體的文氣，文心雕龍聲律論，懲曹丕「文以氣爲主。……不可力强而致」說法之不當，乃一方面嚴明聲律，以上追文氣之自然；另一方面又提倡養氣，以節制天賦的神理。所以文重養氣，在文心雕龍聲律論裏，實佔有相當的地位。關於這一點，我首先擧養氣篇中的幾段話，看看他對爲文不可傷氣的意見。

若夫器分有限，智用無涯，或慚鳧企鶴，瀝辭鐫思，於是精氣內銷，有似尾閭之波，神志外傷，同乎牛山之木；怛惕之成疾，亦可推矣。至如仲任置硯以綜述，叔通懷筆以專業，既暄之以歲序，又煎之日時，是以曹公懼為文之傷命，陸雲嘆用思之困神，非虛談也。夫學業在勤，故有錐股自厲。至於文也：則申寫鬱滯，故宜從容率情，優柔適會。若銷鑠精膽，蹙迫和氣，秉牘以驅齡，灑翰以伐性，豈聖賢之素心，會文之直理哉！

乍讀這段文字，似乎覺得與文重養氣之說無關；而事實上，如果深入體察，便不難發現，其中無句不是戒人涵蓄文機。至於如何養氣，我們如在會通其全部創作論的時候，便可以推知他說的養氣法，一在節宣，一要虛靜。養氣篇有闡揚「節宣」之語。如云：

是以吐納文藝，務在節宣。清和其心，調暢其氣，煩而卽捨，勿使壅滯，意得則舒懷以命筆，理伏則投筆以卷懷，逍遙以針勞，談笑以藥勸，常弄閑於才鋒，賈餘於文勇，使刃發如新，腠理無滯，雖非胎息之萬術，斯亦衛氣之一方也。

「節宣」既是「衛氣」之一方，其目的在「清和其心，調暢其氣」，使「刃發如新，腠理無滯」，所以宋蘇轍上韓太尉書，對此特加發揮，他說「孟子善養浩然之氣，故其文章寬厚宏博，充乎天地之間，太史公周覽天下名山大川，交燕趙豪俊之士，故其文疎蕩而有奇氣」，這就是節宣辭氣之明驗。

至於「虛靜」，神思篇有言：

故思理為妙，神與物遊，神居胸臆，而志氣統其關鍵，物沿耳目，而辭令管其樞機，樞機方通，則物無隱貌，關鍵將塞，則神有遯心，是以陶鈞文思，貴在虛靜。

虛靜者，在「疏瀹五藏，澡雪精神」，而收「寂然凝慮，思接千載，悄然動容，視通萬里」之效。劉海峯論文偶記，也許就是根據這個「養氣以節神理」之說，認爲「行文之道，神爲主，氣輔之，氣隨神轉，神渾則氣灝，神遠則氣逸，神偉則氣高，神變則氣奇，神深則氣靜，故神爲之主。」禮記祭義也說：「氣也者，神之盛也。」如此，神志內盈，而聲氣外發，則文家喜怒之情，哀傷之旨，自然如風流雲行，婉轉切暢了。所以從聲律論的觀點，來透視養氣之說，二者是表裏一致，相輔爲用的。

四、與聲律論的相關問題

另外與文心雕龍聲律論有關的兩個問題，也有一談的必要，這兩個問題：一是詩騷用韻的不同，一是劉氏著聲律篇以要沈約之說。關於詩騷用韻，聲律篇云：

> 詩人綜韵，率多清切，楚辭辭楚，故訛韵實繁。

可知劉氏在當時卽已證明詩經與楚騷兩者用韻有別，誠以詩經是北方文學的代表，楚騷是南方文學的代表，由於南北地域的不同，文學的特質，遂由此而判。首倡此說的，當然是呂氏春秋音初篇，不過他專以聲音言地域的特質，實則文學的分方隅，何止聲音？故班固於漢書地理志，擴大其說，除聲音之外，更加習染。惟習染與政教是不可分的，於是北史文苑傳序，隋書文學傳序，在分言南北文學特質的時候，有云：

江左宮商發越，貴於清綺，河朔詞義貞剛，重乎氣質，氣質則理務其詞，清綺則文過其意。理深者便於時用，文華者宜於歌詠，此其南北詞人得失之大較也。

其中由作家地隔南北，而分作品爲言情與說理，較班志析理尤加縝密，清末王葆心著古文辭通義，論之更精，民初劉師培於國粹學報，因而發表南北文學不同論，近人陳鐘凡著中國韵文通論，專列詩騷比較一章。南北文學不同，既在中國如此，如我們再一讀日人厨川白村近代文學十講第四講的時候，知道在西洋也有同樣的論調。所以我們由文心雕龍聲律論，所言及的詩騷用韵之不同，可證劉氏對文學與地域關係的重視。其次，關於相傳彥和著聲律篇以要沈約之說，我們在這裏首先看一看梁書劉勰傳上的講法。文曰：

旣成，未為時流所稱。勰自重其文，欲取定於沈約。約時貴盛，無由自達，乃負其書候約出，干之於車前，狀若貨鬻者。約便命取讀，大重之。謂為深得文理，常陳諸几案。

我們看梁書本傳並未明指文心雕龍見重於沈約是由於聲律篇，那麼首先爲此說的，到底是誰？個人覺得還是黃侃的文心雕龍札記肇其端。他說：「彥和生於齊世，適當王沈之時，又文心初成，將欲取定沈約，不得不枉道從人，以期見譽。觀南史舍人傳，言約既取讀，大重之，謂深得文理，知隱侯所賞，獨在此一篇矣。當其時獨持己說，不隨波而靡者，惟有鍾記室一人。其詩品下篇詆訶王、謝、沈三子，皆平心之論，非由於報宿憾而爲之。若舉此一節而言，記室固優於舍人無算也。嗟呼！學貴隨時，人忌介立，舍人亦誠有不得已者乎！」本人自慚少識，對此固不敢多所置辭，惟衡情度理，黃先生之說，似未爲篤見。按梁書沈約傳：

（約）撰四聲譜，以為在昔詞人，累千載而不寤；而獨得胸襟，窮其妙旨，自謂入神之作。

其撰宋書謝靈運傳論，也曾談聲律，舍人書中，適有聲律之篇，休文之大重文心雕龍，固不必僅在乎此，然以此而引爲知音，則是意料中事，若必說劉氏有不得已，而枉道從人，以期見譽；鍾記室詆訶三子，非報宿憾，在個人看來，似乎是多少有點違背常情。關於鍾記室挾私憤以排沈約之事，姑且撇開不論，單就文心雕龍來說，須知劉著文心雕龍的動機，並不全是爲了滿足自己名山事業的念頭（註九），既然不全是爲了「名山事業」，又何必枉道從人，自作違心之論呢？我相信僅就文心雕龍這樣一部不刋的名著，即令是當時沈約不大重，則百世以下亦不因其窮達而廢其文，更何況在程器篇裏，他自己也說過這些話呢！所謂：

窮則獨善以垂文，達則奉時以騁績。

最後，我所以附帶的來講這個問題，並非代彥和昭雪寃誣，而實在是基於不敢輕蔑先賢之一念。

五、結論

劉勰聲律論，有承襲前人之說者，有獨創而發明者，其無一不是因應我國文字的特色，將文章聲病之理，拗救之方，分別列出，然後濟之以審音、正韻，勉由人爲之音律，以上達音律之自然。最後，並節辭養氣，以涵潤其神理。這樣看來，劉勰的聲律論，較諸並世各種有關這方面的成說，不僅完整，而且獨具系統。如果我們從他的影響去看的話，就是後來唐人的律體，也是沿之遂生的。可是常人祇知道沈約創四聲八病之說，反而忽略了彥和承先啓後之功。

【附註】

註一　除聲律養氣二篇外，其評文有言及聲律者，可得二十二條，如

形立則文生，聲發則章成矣。（原道）

宰割辭氣，音靡節平。（樂府）

杜夔調律，音奏舒雅，荀勗改懸，聲節哀急。（樂府）

結言短韵，詞自己作。（詮賦）

辭哀而韵長。（誄碑）

辭靡律調（誄碑）

結言摹詩，促節四言，鮮有緩句。（哀弔）

輯韻成頌。（封禪）

響逸而調遠，鋒發而韵流。（體性）

立文之道，其理有三：一曰形文，五色是也，二曰聲文，五音是也，三曰情文，五性是也；五色雜而成黻黼，五音比而成韶夏，五性發而爲辭章，神理之數也。（情采）

賈誼、枚乘，兩韻輒易，劉歆、桓譚，百句不遷……然兩韻輒易，則聲韻微躁，百句不遷，則唇吻告勞。妙才激揚，雖觸思利貞，曷若折之中和，庶保无咎。（章句）

麗句與深采並流，偶意共逸韻俱發。（麗辭）

總閱音義。（練字）

諷誦則績在宮商。（練字）

才童學文，宜正體製，必以情志爲神明，事義爲骨髓，辭采爲肌膚，宮商爲聲氣。（附會）

義華而聲悴。（總術）

心樂而聲泰。（時序）

流韻綺靡。（時序）

詭勢瓌聲。（物色）

劉向之奏議，旨切而調緩。（才略）

縹渺浮音。（才略）

將閱文情，先標六觀，一觀位體，二觀置辭，三觀通變，四觀奇正，五觀事義，六觀宮商。（知音）

註二　彥和列論創作要項十九目如下：

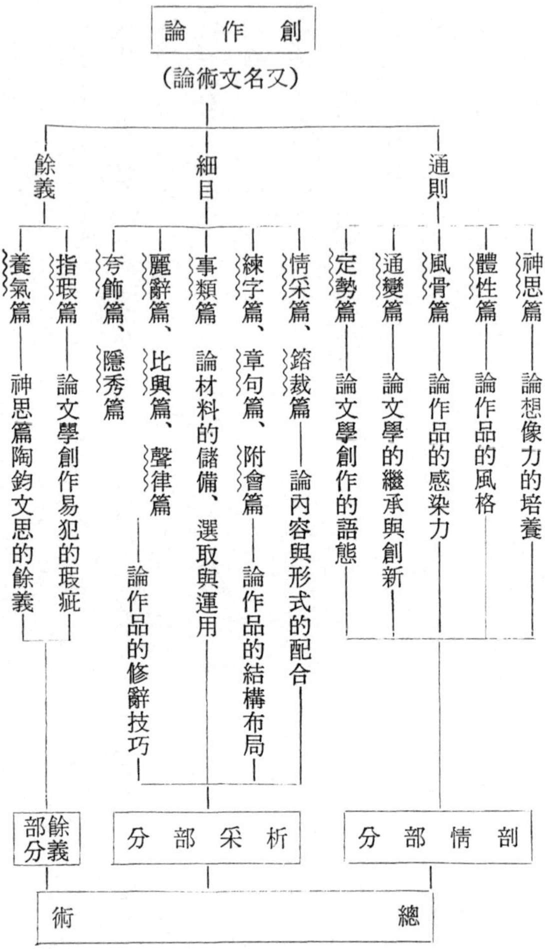

註三　見分門集註杜工部詩卷九醉歌行云：「陸機二十作文賦，汝更少年能綴文。」證明文賦成於陸氏二十歲。

註四　阮逸注王通中說，以爲「四聲韻起自沈約，八病未詳。」紀昀四聲考謂「齊梁諸史，休文但言四聲五音，不言八病，言八病自唐人始。」文鏡秘府論西卷論病序：「總以八體、十病、六犯、三疾，爲二十八種病。」而文鏡秘府論天卷四聲論引沈約答甄公論云：「作五言詩者，善用四聲，則諷詠而流靡；能達八體，則陸離而華潔。明各有所施，不相妨廢。」是證八體卽八病，沈氏既自言八體，則八病確乎是創自沈約無疑。然而秘府論在二十八種病之下，引沈氏之說以解釋者，僅有六條，此六條是平頭、上尾、蜂腰、鶴膝及小紐、大紐。

註五　王易樂府通論音律第五云：「五行之說，本中國古術數家所作，言樂者亦緣飾之，此囂說也。音本有七（卽宮、商、角、變徵、徵、羽、變宮。）如以五聲配五行，則二變之音置於何地？況宮商無定位，隨調轉移，豈五行無定質，金可爲木，木可爲水乎？自古以君臣民事物，配宮、商、角、徵、羽，亦不過取自尊而卑，自大而小之義，非謂宮止屬君，商止屬臣也。」

註六　文鏡秘府論卷五引劉滔云：「重字之有關關，疊韵之有窈窕，雙聲之有參差，並興於風詩矣。王玄謨問謝莊何者爲雙聲？何者爲疊韵？答云：懸瓠爲雙聲，碻磝爲疊韵，時人稱其辨捷。」雙聲疊韵之名，首見乎此。

註七　晏子春秋外篇景公謂梁丘據與已和晏子諫章，曰：「和如羹焉，水、火、醯、醢、鹽、梅，以烹魚肉，燀之以薪，宰夫和之，齊之以味，濟其不及，以洩其過，君子食之，以平其心。君臣亦然，君所謂可，而有否焉，臣獻其否，以成其可，君所謂否，而有可焉，臣獻其可，以去其否，是以政平而不干，民無爭心。故詩曰，亦有和羹，既戒且平，鬷嘏無言，時靡有爭。先王之濟五味，和五聲也，以平其心，成其政也。聲亦如味，一氣，二體，三類，四物，五聲，六律，七音，八風，九歌，以相成也。清濁、大小、短長、疾徐、哀樂、剛柔、遲速、高下、出入、周疏，以相濟也。君子聽之，以平其心，心平德和。」

註　八　見羅根澤魏晉六朝文學批評史第四章音律說上。

註　九　見羅根澤魏晉六朝文學批評史第八章論文專家之劉勰，並引有鄭振鐸先生編中國文學研究下册的說法，可供參考。

陸　劉勰文學批評的理論與實際

一、前　言

劉勰是中國卓越的文學思想家，而不是一位單純的文學批評家；批評祇是他思想的演繹。如果我們以「文學批評家」來稱呼他，那無疑地抹殺了他在中國文壇上震古鑠今的成就；不然，就是對他的鉅著文心雕龍尚未作徹底的研究，才有這樣的輕率和誤解。

文心雕龍是以「經學」爲出發點，然後博採諸子，泛濫百家，凡與文學有關，而又足以發明經義者，劉勰無不爬羅剔抉，窮搜冥索，然後再融會貫通，推陳出新；以他在中印學術上的高度成就，又至少化費了六年的時光，才爲中國學術界寫下了這部空前未有的傑作。他自己說：「摛文必在緯軍國，負重必在任棟梁；窮則獨善以垂文，達則奉時以騁績。」(註一)其思想，其抱負，不難從這裏得到消息。

文心雕龍的命名，完全來自傳統。按照中國人顧名思義的習慣，我們可以先把這四個字的書名，分成兩個複詞，一是「文心」，另一是「雕龍」。「文心者，言爲文之用心也。」屬內容方面；「古來文章以雕縟成體，豈取騶奭之羣言雕龍也。」屬形式方面。內容指思想情感，形式指文辭采藻。作品之所以稱其爲作品，說起來固然千頭萬緒，但質言之，不過「內容」和「形式」的配合而已。由此觀之，文心雕龍之爲書，顯然就是今人常說的「文學論」，並且是「中國文學論」。

劉勰在文心雕龍中突顯的幾個重要的觀點：一、文學必須植根於思想，換言之，作家之從事創作，須接受思想的指導。二、文學源於自然，而中國文學却以五經爲宗。三、文學作品跟着體裁走，當體裁不同時，作法亦隨之而變。四、文學作品之光景常新，有賴於傳統和現代相結合，不可偏執一方。基於以上四個觀點，來分析劉勰的文學批評理論與實際，信能執簡御繁，看出事實的眞象。

二、中國文學的兩個特點

先說明中國文學的兩個特點，然後再介紹劉勰的文學批評，這樣讀者才知道劉勰文心雕龍全書立說的基準點；以及在這個基準點上，發展而成的批評理論。

第一個特點：是中國文學大多採取折中的文學定義。採折中的文學定義，既包含了有韵的「韵文」，也涵蓋了無韵的「散文」，以及介乎韵散之間的「駢文」「小說」與「戲曲」。

第二個特點：是「文」與「學」不分，再明確一點兒說，「文學」爲學術」的一環。祇有把文學放在學術的天平上，才能看出文學的比重，和文學的本源活水。

所以離開折中的文學觀，和完全撇清學術的立場，來談中國「文學」或「文學批評」，絕不是「

中國文學」或「中國文學批評」，更非「劉勰文學批評」的本色。

三、劉勰的文學批評理論

劉勰的文學批評理論，大致保留在時序、物色、才略、知音、程器五篇中（註二）。假使我們對這五篇內容，作一綜合研究，便發現他的文學批評，又可分為理論與方法兩部分。本節先介紹他的「文學批評理論」。

劉勰以為作品是抽象的，如果批評家不從各方面去觀察分析的話，不但難以理解，更容易產生誤解。他為了消除作者與讀者在觀念上的差距，特別建立了他的「文學批評理論」——一、是文學批評的五個層面，二、是文學批評的三種蔽障。

文學批評的五個層面是甚麼呢？那就是「時序」「物色」「才略」「知音」「程器」。

所謂「時序」，是從時代潮流的角度，論作品的優劣，因為任何作品，無不受時代潮流的影響和局限，不同的時代潮流，產生不同的文學作品，所以他說：「文變染乎世情，與廢繫乎時序，原始要終，雖百世可知也。」這種「一時代有一時代文學」的看法，不僅影響後人的文學觀，更由於他把「蔚映十代，辭采九變」的情況，作了具體的估價，而確立了「時序」在文學批評理論中的地位。

所謂「物色」，是從自然環境的角度，論作品的優劣。彥和以為客觀的風景事物，乃詩文描寫的對象。創作應始於對外物的感受。所以他說：

> 歲有其物，物有其容，情以物遷，辭以情發。一葉且或迎意，蟲聲有足引心，況清風與明月同夜，白日與春林共朝哉！

一年四季都有不同的景物，不同的景物，有不同的容貌，不同的容貌，有不同的姿態；所以一葉迎意，蟲聲引心，使作者以物遷情，因情發辭，寫出「物色盡而情有餘」的作品。

所謂「才略」，是從作家才能識略的角度，論作品的優劣。因爲個人的學識與才具，往往是決定作品成敗的重要因素。所以他說：「九代之文，富矣盛矣；其辭令華采，可略而詳也。」於是自二帝三王以迄劉宋，上下兩千年，統歸於一篇之中。經他評論的作家，更多達九十七位。雖然自虞夏至劉宋，九代英才，何止此數，但後人想要了解各家在文學上的造詣，及彼此相激相盪的關係，恐怕也祇有藉着本篇才能窺其大略了。

所謂「知音」，是從讀者鑑賞的角度，論作品的優劣。讀者具有豐富的學養，再依照客觀的標準、公正的態度，然後貼緊作品的內容，揣摩其構思的層次，這樣才能體現寫作的苦心，而與作者聲欬相通，精神不隔。所以文學批評要想達到「深識鑒奧，必歡然內懌」的境界，一個够資格的讀者是很重要的。

所謂「程器」，是從道德修養的角度，論作品的優劣。其實道德修養不僅是對作者的要求，同時更是批評家必守的信條。諸如欣賞的態度，持論的立場，措辭的分寸，在在和道德修養發生關係。否則「會己則嗟諷，逆我則沮棄。」又何貴乎文學批評呢？魏文帝以爲「文人相輕，類不護細行」，我們在感慨之餘，越發理解「程器」對文學批評的重要性了。

拿他說的這五個層面，來較論當前文學批評家所要求的條件，固然精密的程度不夠，可是回溯一千四百七十年前，當中國文學批評尚處於一片荒原之際，他首先在此一文學批評的論點上，披荆榛，斬蒿萊，樹立此等規模，我們不能不稱讚他是「開洪荒未有之奇」啊(註三)！

其次，文學批評的三種蔽障又是甚麼呢？劉勰以爲文學批評所以不能客觀公正的原因，是由於批評家受了各種障礙的蒙蔽，因而師心自用，人言人殊，信口雌黃，造成作品無價的慘局。他之所謂「蔽障」，現在歸納起來，是㈠一般常見的蔽障；㈡作品本身的蔽障；㈢批評家個人的蔽障。

一般常見的蔽障，又可分爲三類：就是貴古賤今，崇己抑人，信僞迷眞。這三類如果再行細分，又有性質上的差別。貴古賤今，屬於觀念方面，凡主觀的認定古是今非，古優今劣，以爲古代的樣樣皆好，現在的一無是處，這種固執成見的現象，就是犯了食古不化的毛病。崇己抑人，屬於情感方面。文學批評不能犯濫情主義，如果有了濫情或私心，便很容易失去公平、公正的態度。所謂「黨同門，伐道眞。」「闇於自見，謂己爲賢。」如此又怎能評鑒得中，作銖兩無失，佳惡分別的裁判呢？信僞迷眞，屬知識方面。一個知識貧乏，學養不夠的人，往往有是非混淆，眞象莫辨的情形。這不僅自欺盜名，更容易欺人盜世，妨害學術的正常發展。所謂「時無識寶，世乏知音。」這兩句話反映出一個夠資格的讀者之可貴，以及學養不足，濫竽批評的可怕。所以「信僞迷眞」，實乃從事文學批評的大忌。

至於作品本身的蔽障，劉勰是運用麟鳳和麏雉，珠玉和礫石，兩兩比較來說明的。他以爲在彼此極端懸殊的情況下，而魯臣還誤麟爲麏，楚人尚以雉爲鳳，魏民錯把夜光當怪石，宋客誤認燕礫爲寶珠。他援用這些鮮和的例子，主要在說明有形的器物，還會發生如此的錯誤，抽象的文情，豈不更辨識困難，遭人誤解嗎？所以作品本身，也是文學批評的蔽障。

甚麼是批評家個人的蔽障呢？因爲批評家本身能力不足或心存偏愛，使批評進行困難。因爲作品的種類很多，而人們又學有專攻，性有偏好，凡迎合自己脾胃的，就反覆咏歎，擊節讚賞；否則，便心灰意懶，不屑一顧。似此，假使每一位批評家都堅持一己的所好，去評論五光十色，各自不同的作品，他可能就犯了劉勰說的「東向而望，不見西牆」的毛病。於此可證，由於批評家本身能力的不足，以及愛憎的不同，以至造成種種錯覺，使批評的進行發生蔽障。

根據上述各點，類聚羣分，列出下面的一個簡表。不僅看起來更具條理，且更容易理解劉勰文學批評理論的眞象。

劉勰文學批評理論解表

- 文學批評五個層面
  - 一、時序——從時代背景潮流論作品優劣。
  - 二、物色——從環境與文學關係論作品優劣。
  - 三、才略——從作家才能識略論作品優劣。
  - 四、知音——從讀者品鑑欣賞論作品優劣。
  - 五、程器——從道德修養論作品優劣。
- 文學批評三種蔽障
  - 一、一般常見的蔽障
    - 1.貴古賤今——觀念方面——出於泥古之心
    - 2.崇己抑人——情感方面——出於自是之心
    - 3.信僞迷眞——知識方面——出於無識之心
    - 而一切皆出於自矜的心理作祟。
  - 二、作品本身的蔽障——文情難鑒，誰曰易分。
  - 三、批評家本身的蔽障——會己則嗟諷，逆我則沮棄。所以「東向而望，不見西牆」。

四、劉勰的文學批評方法

劉勰的文學批評方法，是根據批評理論產生的。他以爲文學批評既需通過「時序」「物色」「才略」「知音」「程器」五個層面進行；而進行之時，又經常受到個人主觀的「觀念」「情感」「知識」三方面的影響，發生種種蔽障；使抽象的作品內容，往往如霧中看花，模糊不清，所以他對批評方法，提出以下的建議：

㈠突破批評家本身的蔽障，樹立公正客觀的批評態度。

㈡製定具體可行的方法，作爲實際批評進行的依據。

關於前者，他說：

凡操千曲而後曉聲，觀千劍而後識器，故圓照之象，務先博觀。

所謂「博觀」的目的，在於破「愚」。因爲祇有充實學養，儲備知識，然後在批評進行的時候，才能批郤導窾，切中肯綮，有一言破的眞知灼見。達到「會當凌絕頂，一覽衆山小」的境界。他又說：

無私於輕重，不偏於憎愛，然後能平理若衡，照辭如鏡矣。

所謂「輕重無私，憎愛不偏」的目的，在於破「私」。私有多方面，有崇己抑人的「私情」，有貴古賤今的「私見」。「私情」「私見」都是文學批評的大敵。批評家如果能破除「私情」「私見」的「私心」，然後才能愛人之所愛，惡人之所惡，不至發生「愛之欲其生，惡之欲其死」的現象。

關於後者，劉勰設有「六觀之法」。他說：

將閱文情，先標六觀：一觀位體，二觀置辭，三觀通變，四觀奇正，五觀事義，六觀宮商。斯術旣行，則優劣見矣。

這段話最重要的意思在前面兩句。所謂「將閱文情，先標六觀」。文情指內容，是說欲知作品內容眞象，必須從以下六點觀察。可見他標舉的「六觀」，完全是在透過作品的形式，來進入作家的感

情世界的。因爲

> 綴文者情動而辭發，觀文者披文以入情。

「綴文者」指作者，作者之爲文，按照過程，是情先動於中，經過內化作用，然後辭發乎外。而讀者之評文，剛好和作者相反，是先披閱文辭。然後才能走入作者的心靈。所以作者與讀者，雖然都是藉着作品爲溝通的橋樑，但是雙方却是做着相反的活動。我們把這種情形，畫一個簡單的示意圖，以見梗概。

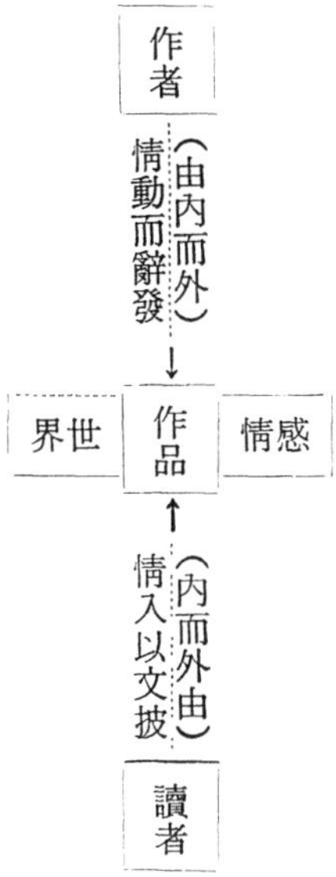

知道了這點兒，我們再進一步談他的「六觀」，意思就非常明顯了。

一、觀位體：在觀作品的規模布局，因爲作品包括內容、形式兩部分，形式是表達內容的藝術架構，沒有內容的作品，等於一個沒有靈魂的軀殼。所以完美的作品，必須藉完美的結構布局加以呈現，此「位體」所以列於「六觀」之首者在此。

二、觀置辭：在觀作品的文辭藻采。因爲文辭之用，在表達作者的感情。作者有了豐富的情感，還得靠着適當的修辭，精確的文字，順暢的語言來突顯。所以繼「位體」之後，次列「置辭」。

三、觀通變：在觀作品的繼承與創新。因爲文學與時更新，時代不同，文學亦不同。但新變由於推陳，所謂「變則堪久，通則不乏」。作家既須繼承傳統的優點，又須因通求變，由變創新，所以在「置辭」之後，繼列「通變」。

四、觀奇正：在觀作品表情的語態。因爲情有不同，則表情的方式也有別，既需要新奇，又必須雅正。新奇有別於陳舊，雅正不同於庸俗，作家行文造語如能新奇而不流於粗俗，實具有匡濟文風，提昇學術水平的作用。

五、觀事義：在觀作品的材料選用。因爲材料的選用，必須與作者所持的中心思想相配合，如此既能在行文方面得到有力的佐證，又能加强讀者閱讀的信心，增益作品的感性。所以「觀事義」是相當重要的批評方法。

六、觀宮商：在觀作品的音節語調。因爲中國文字具有單音獨體的特色，不知音節的疾徐高下，抑揚抗墜，不獨有韻的韻文爲之減色，就是無韻的散文，也失去口吻調利，鏗鏘有節的優美。所以用「觀宮商」做爲評文的方法，是必要的。

現在總結所言，把劉勰的文學批評方法，也泐成一個簡表，其情形如下：

劉勰的文學批評方法

- 平時學養
  - 博觀——可以破「愚」
  - 無私於輕重、不偏於憎愛——可以破——私見、私情——私心
- 臨文六觀
  - 一、觀位體：觀作品的規模布局。
  - 二、觀置辭：觀作品的文辭藻采。
  - 三、觀通變：觀作品的通古變今。
  - 四、觀奇正：觀作品的表情語態。
  - 五、觀事義：觀作品的材料選用。
  - 六、觀宮商：觀作品的音節語調。

五、劉勰文學批評方法的應用

劉勰對文學批評方法的應用，見於文心雕龍全書五十篇，我們以下姑且以「文原論」中的辨騷篇爲例，便可舉一反三，得其眞象。劉勰評屈原的騷賦云：

> 楚辭者，體憲於三代，而風雜於戰國，乃雅頌之博徒，而詞賦之英傑也。

意思是說屈子行文，乃取法三代的經典訓誥；其作品風格，又帶有戰國時代縱橫家的口脗。可說是雅頌中的博奕之徒，詞賦裏的英雄豪傑啊！在這幾句話裏，他一方面講屈賦的法古，一方面講屈賦

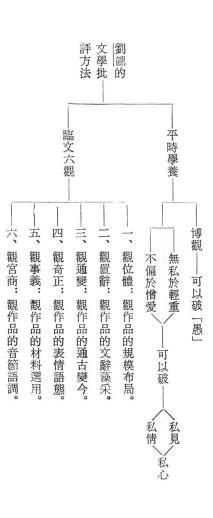

的創新，無形之中，突顯了屈賦在中國上古文學發展史中，由詩經到漢賦的橋樑地位。試想，劉勰對屈賦承先啓後，繼承與創新的評價，豈不就是他臨文六觀中的「三觀通變」一項的具體實踐嗎！

劉勰在辨騷篇，對屈賦又賡續評論說：

觀其骨鯁所樹，肌膚所附，雖取鎔經旨，亦自鑄偉辭。

是說屈賦所樹立的中心思想，及其所附麗的文辭藻采；雖然鎔鑄了經典的義旨，但從那瑰麗的辭采來看，却又是獨抒胸臆，自創一格。接着劉勰對屈宋的離騷、九章、九歌、九辯、遠遊、天問、招魂、大招、卜居、漁父等二十多篇作品分門別類的加以賞析（註四）。最後總結說：

故能氣往轢古，辭來切今，驚采絕豔，難與並能矣。

意思是指屈賦氣勢邁往，凌駕古人，辭開來世，切合今用。尤其他那驚人的辭采，絕代的風華，後人無論如何，都難以和它並駕其驅了。劉勰於此處完全從文辭藻采方面立說，這和他臨文六觀中的「二觀置辭」，完全脗合。

同篇之中，劉勰又從行文的語態方面評述屈賦。他說：

敍情怨，則鬱伊而易感；述離居，則愴怏而難懷；論山水，則循聲而得貌；言節侯，則披文而見時。

是說當屈原敍述哀怨的情感時，就抑鬱不伸，令人爲之心動；描寫去國的憂思時，就愴涼含悲，使人難以卒讀；談到山光水色的美景時，能使讀者循着文章的聲采，窺見青山綠水的全貌；講到節令氣候時，又能使讀者展卷觀覽，彷彿看到四季的變化。其取材的適當，比況的生動，正如王逸楚辭章句離騷序上說的：

> 善鳥香草以配忠貞，惡禽臭物以比讒佞，靈修美人以媲明君，宓妃佚女以譬賢臣，虬龍鸞鳳以託君子，飄風雲霓以為小人。其辭溫而雅，其義皎而朗。

這種「衆美輻輳，表裏發揮」的現象，正是以適當材料充實內容，用華麗形式烘托材料；使文章金相玉質，完美無瑕。此卽「五觀事義」的一證。

其次，劉勰從文學創作的角度，一方面說明屈賦對後世影響，另一方面說明屈賦的本質。他說：

> 枚賈追風以入麗，馬揚沿波而得奇，其衣被詞人非一代也。故才高者菀其鴻裁，中巧者獵其豔辭，吟諷者銜其山川，童蒙者拾其香草。若能憑軾以倚雅頌，懸轡以馭楚篇，酌奇而不失其貞，翫華而不墜其實；則顧盼可以驅辭力，欬唾可以窮文致。

枚乘、賈誼、司馬相如、揚雄皆兩漢辭賦家，前者「追風以入麗」，後者「沿波而得奇」，一效屈賦的麗，一採屈賦的奇，各執一偏，未得其全。所以劉勰把後之學者分爲四類：所謂「才高者」「中巧者」「吟諷者」「童蒙者」，然後各以自己才智需用的不同，對屈賦作適當的選擇和模仿。但是最重要的還要「酌奇而不失其貞，翫華而不墜其實。」貞，正；華，麗。因爲屈賦奇而合正，華而有實，奇正並存，華實互用，這才是屈賦的本質。然而枚賈馬揚四家，或奇而不正，或麗而無實。於是劉勰在這裏不僅揭示了屈賦的眞象，更以此作爲衡論漢賦的準繩。這就是何以我們在臨文之際，要「

四觀奇正」的原因了。

至於「一觀位體」「六觀宮商」兩種批評方法，在辨騷篇裏雖然沒有比較具體的文字，可相佐證；但是我們可以借用「文體論」的史傳篇作補充說明，當劉勰評司馬遷史記的時候，却有此明顯的例證。他說：

子長繼志，甄序帝勣。比堯稱典，則位雜中賢，法孔題經，則文非玄聖，故取式呂覽，通號曰紀。紀綱之號，亦宏稱也。故本紀以述皇王，世家以總侯伯，列傳以錄卿士，八書以鋪政體，十表以譜年爵。雖殊古式，而得事序焉。

這段話先說史記的成因，次言史記的命名，又次言史記的規模結構，最後兩句總評史記與古史體制的不同點。類聚羣分，綱舉目張，敍述極有層次，評論極爲客觀。這可以說是他臨文六觀中「一觀位體」的最好註腳。

又宗經篇評詩經，也有：

詩主言志，詁訓同書，摛風裁興，藻辭譎喻，溫柔在誦，故最附深衷矣。

其所謂「溫柔在誦」，正指詩經三百篇協和宮商，辭溫韵流說的。於哀弔篇評揚雄反離騷，說是「辭韵沈膇」，意指辭藻韻律皆累贅板滯，不夠靈動。聲律篇中評陳思、潘岳的作品爲「吹籥之調」，是說二人的作品雅正，好比吹奏籥管，音調純出自然。評陸機、左思的作品爲「瑟柱之和」，指他們二人的文筆，內雜方音，如同膠柱鼓瑟，和聲牽强。這些評語都是劉勰臨文六觀中「六觀宮商」的實例。

根據以上各點的說明，如果學者能善推其說，就文心雕龍五十篇而深究博考，相信對劉勰文學批評方法的應用，必會得到滿意的答案。可見劉勰不僅是一位文學思想家、理論家，更是一位眞正從事批評的實行家。同時最爲可貴的，是他的文學理論，乃他生平實踐的心得，絕非坐而論道，不能起而力行者可比（註五）。

六、結　論

劉勰文心雕龍的體大慮周，籠罩羣言，不僅六朝以前未曾有，就是六朝以後亦未之見。如果我們把它放在歐美文學批評的專門著作中，雖然不易强分優劣，但是，我相信也必有它的崇高地位。不過，在中國文學批評的園地裏，向來沒有西方所謂的「思潮」或「主義」之說，更缺乏「批評」與「創作」二者針鋒相對的局面。回顧中國三千年學術界，雖然有「文學批評」之實，但很少有人侈談「文學批評」，類似這些情形，其中許多道理，是很値得玩味的。所以「批評」一詞的眞正存在與流行，實在是近代中西文化交流下的產物。

觀中國以「評」名書的，最早不會超過六朝時代鍾嶸的詩品（註六），正式用「詩文評」一詞作圖書分類的，最早始見於紀曉嵐等人纂輯的四庫全書總目提要。所以我們中國文學批評的發展，到劉勰文心雕龍出現以後，可說是承先啓後，繼往開來的一大斷代。

目前講「文學學」的人，已經突破「文學」的瓶頸，透過與作者和作品相關的社會人類學、普通心理學、經濟學、政治學、生物學、建築結構學、精神病學、哲學以及音樂、美學等各種專科知識，企圖從不同的角度，來詮釋作品的眞象。至於批評方法，也已由原來主觀的批評，走向客觀的、演繹的、歸納的、比較的、印象的，甚而象徵的、心理的、歷史的，以及目前結構主義的批評。門類不僅複雜，就是運用的方法，也愈來愈精密。

假使我們拿現代的文學批評理論和批評方法，來和本文以上所講的劉勰的理論和方法相較量，當然是不可同日而語的。但是身為一個中國的學者，如果年光可以倒流，將我們置身於距今一千四百七十多年前的時光隧道中，當時劉勰除了接受中國傳統的學術思想，和印度佛學的洗禮以外，整個社會都完全處於封閉式或迹近封閉的狀態，而他却能在獨立蒼茫，空無依傍的情況下，嘔心瀝血，寫出這樣一部歷久彌新的著作。而這部著作，又是總結了中國往古文學理論的菁華，為我們當前的文學批評，樹立了一個正確的指標。這不僅是令人興奮，而且更應該光大其成就。

【附　註】

註　一　引文出自文心雕龍程器篇。

註　二　物色篇之為劉勰的文學批評，和文心雕龍全書五十篇的分合有關，詳情請讀者參閱本人著，由臺北華正書局出版的文心雕龍導讀：文心雕龍是本怎樣的書附註④。

註　三　近有劉渼小姐著魏晉南北朝文論佚書鈎沈，書前自序云：「此期文論泰半亡佚，於是我國文學理論之形成、發展與成熟之過程，多闇而不彰，」此書爲師範大學國文研究所碩士論文，詳情請讀者自行參閱。

註　四　在所列作品中，如招魂、大招，根據王逸楚辭章句云：「招魂者，宋玉之所作也。」又說：「大招者，屈原之所作也，或曰景差，疑不能明也，」自宋洪興祖作楚辭補註，朱熹作楚辭集註後，明清以來，說法很多。讀者可參閱學生書局印行，由劉永濟著的屈賦通箋附箋屈餘義。

註　五　劉勰文心理論的適用性，可謂影響深遠，頗具適用價值。本書第拾貳章文心雕龍在國文教學上的適應性，在這方面有相當的說明和比對，請讀者參閱。

註　六　鍾嶸詩品根據梁書鍾嶸傳云：「嶸嘗品古今五言詩，論其優劣，名爲詩評。」可見鍾嶸詩品本名詩評今其書曰詩品，不知何人、何時改完？

柒　文心雕龍成書年代及其相關問題

一、前　言

劉勰著文心雕龍，自己不言成書的年代，清朝顧廣圻校本序，紀昀文心雕龍評，四庫全書總目提要，都根據時序篇文，認定文心雕龍成書於齊代，今題曰梁，蓋後人追記；猶玉臺新詠成於梁，而今本題陳徐陵的情形一樣。直到劉毓崧著書文心雕龍後（註一），始詳加考訂，謂此書不但成於齊代，而且必成於南齊之末，甚而就在齊和帝中興元年（西元五〇一）十二月丙寅，東昏侯被殺以後，二年（西元五〇二）三月丙辰，和帝禪位於梁武以前；不僅如此，就連劉勰「負書干約」，也必定是在此不滿四個月之內的事，劉氏所持的理由是：

觀於時序篇云：「暨皇齊馭寶，運集休明，太祖以聖武膺籙，世祖以睿文纂業，文帝以貳離含章，高宗以上哲興運，並文明自天，緝熙景祚，今聖歷方興，文思光被」云云。此篇所述，自唐虞以至劉宋，皆但舉其代名，而特於齊上加一皇字，其證一也。魏晉之主，稱謚號而不稱廟號，至齊之四主，惟文帝以身後追尊，止稱為帝，餘並稱祖、稱宗，其證二也。歷代君臣之文，有褒有貶，獨於齊極力頌美，絕無規過之詞，其證三也。

以這三個證據爲基礎，他推得東昏上高宗的廟號，係永泰元年（西元四九八）八月事，據『高宗興運』之語，則成書必在是月以後，齊和帝之禪位，係中興二年（西元五〇二）三月事（註二）。據『皇齊馭寶』之語，則成書必在是月以前。

所以民初范文瀾注文心，又根據劉氏的說法，與序志篇「齒在踰立，嘗夜夢執丹漆之禮器，隨仲尼而南行；旦而寤，乃怡然而喜，大哉！聖人之難見也，乃小子之垂夢歟！……於是搦筆和墨，乃始論文」的話相結合，更進一步求得了劉勰當文心成書時的大概年齡。他說：

> 假設永明五、六年（西元四八七至四八八），彥和年二十三、四歲，始來居定林寺，佐僧祐搜羅典籍，校定經藏；永明十年（西元四九二），彥和未及三十，正居定林寺定經藏時也。假定彥和自探研釋典，以至校定經藏，撰成三藏記等書，費時十年，至齊明帝建武三、四年，諸功已畢，乃感夢而撰文心雕龍時，約三十三、四歲，正與序志篇齒在踰立之文合。文心體大思精，必非倉卒而成，締構草稿，殺青寫定，如用三、四年之功，則成書適在和帝之世，沈約貴盛時也。

所以後來楊明照撰梁書劉勰傳箋注，張嚴劉彥和身世考索，也都繼踵前說，舉無異辭。

二、成書年代的商榷

最近有同好周君論及文心雕龍成書年代，認爲「按照時序篇全文的結構過脈，到『故知文變染乎世情，與廢繫乎時序，原始以要終，雖百世可知也。』文義已足，末兩段『宋武愛文』與『皇齊馭寶』，皆淺人妄增，所以清朝劉毓崧根據後世妄增的文字推文心成書的年代，是不足採信的。」同時又說：「尤其『皇齊馭寶』一段，僅敍述一朝四帝的史實，對當代作品的優劣，概所不談，大悖他彌綸羣言的一貫態度。（註三）」周君此說固然聳人聽聞，可是尚缺乏更積極的證據，因爲假使周君所言爲是，則文心雕龍的傳本校本，今天我們能看到的很多，不會說是沒有絲毫的消息。當然像唐鈔、宋槧，目前固不得睹其全貌，而元至正乙未（西元一三五五）嘉禾本，雖淪入大陸上海圖書館，可是今人王元化爲應復旦大學民國七十三（一九八五）年十一月在上海舉行的中日學者文心雕龍學術討論會之需，特於當年九月按原刻影印行世（註四）。書中時序篇文字，與今本並無二致。

再說我們在臺能看到的最早板本，莫過於明弘治甲子（西元一五〇四）吳門楊鳳繕本，現藏外雙溪故宮博物院，經本人親自檢核，時序篇文的內容也與今本完全相同，並無「淺人妄增」的情形。王惟儉可說是最早校勘文心雕龍的學者，在明朝萬曆乙酉（西元一六〇九），他寫了本文心雕龍訓故，現在分別收藏於大陸北京圖書館及日本京都大學文學部，（註五）而卷九時序篇也不疑有他。

再退一步想，清朝是我國考證學的全盛時代，文心雕龍之所以引起後世學界的注意，可以說是清儒黃叔琳、紀曉嵐注疏、評隲之功。以他們治學的謹嚴，參綜博考，固然也有百密一疏的可能，但是逢到所謂「淺人妄增」的贗品，在他們「平理若衡，照辭如鏡」的識見上，這種類可吞舟的大魚，是很不容漏網的，雖然我們深切相信學術的研究是「前修未密，後出轉精」，不過總得拿出來破他立已的證據，否則，豈不正如劉勰批評顏延年所說的「將以立論，未見論立也。」劉勰在時序篇裏自己也說：「鴻風懿采，短筆敢陳；颺言讚時，請寄明哲。」他對歷代君臣之文，都有褒有貶，獨於齊則竭力頌美，絕無規過之詞。其原因正如紀曉嵐說的：「闕當代而不言，非惟未經論定，實亦有所避於恩怨之間。」這是極容易解釋，極合邏輯的道理。同時，這也正是紀昀、顧廣圻、劉毓崧輩，據此以言文心雕龍成書年代的重要憑藉。所以我們決不可因為劉勰在這段行文上有迴異尋常的措詞，便連帶對文章的本身也起了懷疑；又因為想自圓其說，就輕率的拿「淺人妄增」來堅守立場，果眞如此，那就有點欲立異以鳴高的嫌疑了。

三、相關問題的討論

此外，周君還提到劉勰定林寺校經和他感夢述作前後的關係問題，我覺得這也可以從梁書、劉勰傳上推得。傳云：

> 劉勰字彥和，早孤，篤志好學，家貧不婚娶，依沙門僧祐，與之居處積十餘年，遂博通經論，因區別部類，錄而序之，今定林經藏，勰所定也。

再看慧皎高僧傳釋僧祐傳：「初，祐集經藏既成，使人抄撰要事，為三藏記、法苑記、世界記、釋迦譜及弘明集等，皆行於世。（註六）」我們把這兩個人的傳參互比較，雖不敢確定僧祐使人抄撰要事的就是劉勰，但劉勰必為其中的一份子。其次，從「初，祐集經藏既成，使人抄撰要事。」及「今定林經藏，勰所定也」去推敲，僧祐對於經藏的集結，早完成於齊世；至於區別部類，整理編定，必經劉勰之手。另外，我們再諦審「錄而序之」這句話的含意，劉勰又不僅編定經藏，連各書的序文都是劉勰的手筆。

過去姚名達著中國目錄學史，在該書二百五十三頁，講宗教目錄時，提到現存最古之出三藏記集時，他說：「遙續安錄，近接別錄，囊括一切經錄而集其大成者，爲釋僧祐之出三藏記集。」又說：「今讀祐錄，覺其筆調情致，宛似文心雕龍。」楊明照梁書劉勰傳箋注也說：「僧祐使人抄撰諸書，由今存者文筆驗之，恐多爲舍人捉刀也。」今人王金凌作劉勰年譜，說「出三藏記集行文用字，與文心雕龍如出一轍。」我認爲這種揣測，不僅有史傳上的根據，同時在出三藏記集附錄各書的序文裏更可以找到答案。以下我們姑且從四方面去證明：例如「去泰去甚」是劉勰評文的重要思想之一，而胡漢譯經音義同異記，論文質配合時便說：

文過則傷豔，質甚則患野，野豔為弊，同失經體，故知明允之匠，難可世遇矣。

又弘明集目錄序，言該書命名之由來，云：

自大法東漸，歲幾五百，緣各信否，運亦崇替，正見者敷讚，邪惑者謗訕，至於守文曲儒，則距為異教，巧言左道，則引為同法；距有拔本之迷，引有朱紫之亂，遂令詭論稍繁，訛辭孔熾。

這些面對問題，痛下鍼貶的話，權衡利害，折衷至當，和劉勰的思想完全一致，這是第一個證明。其次，劉勰以六朝的偶儷，著述文心雕龍，語法極富變化而具美感。觀出三藏記集所附的世界記目錄序：

但世宗周孔，雅仗經書，然辯括宇宙，臆度不了。易稱天玄，蓋取幽深之名，莊說蒼蒼，近在遠望之色。於是野人信明，謂旻青如碧，儒士據典，謂乾黑如漆；青黑誠異，乖體是同，儒野雖殊，不知一也。

又釋迦譜目錄序：

而羣言參差，首尾散出，事緒舛駁，同異莫齊。同異莫齊，散出首尾，宜有貫一之區；莫齊同異，必資會道之契，故傳訊難該，而總集易覽也。

文中習用的轉折詞「但」「然」「蓋」「於是」「而」「故」，承接的句法，如「旻青如碧」、「乾黑如漆」，下用「青黑誠異，乖體是同」相啣。「野人信明」「儒士據典」，又以「儒野雖殊，不知一也」遙接，至若「散出首尾」，「莫齊同異」，不但隔句相接而又變化其句型。此在文心雕龍中都可以找到類似的例證。如非同出一人之手，語法變化何至如此接近！這是第二個證明。再僧祐精研義律，疏於儒家的墳籍；而劉勰篤志好學，博通經論，出三藏記集中時有引經據典之語，和文心雕龍的筆法，不啻珠聯璧合，互相輝映。如胡漢異經同異記：

中夏彝典，誦詩執禮，師資相授，猶有訛亂，詩云有兎斯首，斯當作鮮，齊語音訛，遂變詩文。此桑門之例也。禮記云，孔子蚤作，蚤當作早，而字同蚤蝨，此古字同文，卽浮屠之例也。

又出三藏記集錄：

竊尋兩漢之季，世構亂離，西京蕩覆，墳典皆散，故都播遷，載籍多亡。

這更是文出劉勰的第三個證明。凡名家手筆，大抵都有他慣用的詞彙，後人絕難模仿，更何況出三藏記集與文心雕龍，書出同代，如執筆的不是一人，其詞彙絕不可能如此巧合，出三藏記集序：「牽課羸志，沿波討源」，分別見於文心雕龍的養氣、知音兩篇。薩婆多部記目錄序：「大聖牽輝，歲紀綿邈」，又見於文心雕龍的宗經、史傳二篇，其他同詞兩出的例子，不下數十百處，我在此雖沒法一一列舉，但僧祐的著述，從姚名達、楊明照諸家「疑似劉勰捉刀」的階段，經過我們現在從史傳、事實兩方面的證明，大可認定這是千眞萬確，毋庸懷疑的事。

按照隋代沙門法經等撰的衆經目錄，知道僧祐的著述有釋迦譜四卷，薩婆師諮傳三卷，弘明集十卷，三藏記集十六卷，法苑記集十卷，世界記傳十五卷，大集虛空藏無盡意三經記一卷，賢愚經記一卷，集三藏因緣記一卷，律分五部記一卷，律來漢地四部記一卷，律分十八部記一卷，十誦律五百羅漢出三藏記一卷，善見律毗婆沙記一卷，共計十四種六十六卷。僧祐傳中所提到的三藏記、法苑記、世界記、釋迦譜及弘明集，不過是其中卷帙最浩繁、內容最豐富的五種而已。法苑記序云：

宋齊之隆，實弘斯法，大梁受命，導冠百王。

新撰賢愚經記序，內載天監四年之事。出三藏記卷七引王僧孺撰慧印三昧及濟方等學二經序讚，謂：

廣州南海郡民何規，以歲次協洽，月旅黃鍾，天監十四年十月二十三日採藥於豫章胡翼山，得慧印三昧經。

文中所謂「大梁」「天監」，都是梁武帝受禪以後的記載，足證法苑記、賢愚經記、出三藏記三書，都完成於入梁以後，甚而出三藏記更遲至天監十四年底才殺青定稿。費長房的開皇三寶錄，稱僧祐書成於南齊建武年間（西元四九四至四九八），我想這大概指的是他集結或草創的時間，或當時目錄部分先已編製完成，而記傳部分或後出資料，一直到天監中葉猶陸續加入。這證明了一個事實，那就是類此通錄古今經藏的大著作，各書必非同成於一時。再說劉勰定林校經，前後可考者共有三次。第一次大約在南齊武帝永明四年（西元四八九）始事，即劉勰二十歲以後，因家貧依定林寺僧祐抄撰要事的時候，第二次是梁武帝天監六年（西元五〇七），劉勰四十四歲，奉敕以釋僧旻爲首，與僧智、僧晃等才學道俗三十人，同集上定林寺，抄一切經論，凡八十卷。（註七）第三次當梁武帝普通元年（西元五二〇），劉勰五十七歲，奉敕與沙門慧震，於定林寺撰經，此次證功完畢後，遂啓求出家。他這三次校經與僧祐著作的完成，在時間上看來，彼此實有決定性的關係。而文心雕龍又恰好定稿於第一次校經以後，由此也大致可以瞭解到在文心雕龍成書時，劉勰眞正的思想心態了。

我記得劉大杰在中國文學發達史裏還說：

文心雕龍是劉勰早年的著作，由徵聖、宗經、序志諸篇，對於孔子六藝的話看來，我們可以推論到他作這本書的時候，恐怕還沒有信仰佛教，或則已在研究佛典，還沒有到堅深信仰的地步

（註八）。

假使我們把文心雕龍和劉勰三校經藏的事，合起來加以評量，不僅可以領悟到文心雕龍何以處處顯示的都是儒家思想，而沒有混雜宗教主觀色彩的原因；同時，也正說明了他對佛教的信仰，由蒙昧而純篤，而燔髮自誓，最後脫離十丈紅塵，了悟菩提正果的心理過程了。所以劉大杰在三十年前的大膽假設，時至今日，是可以求得合理的證明的。

四、結論

綜觀上述，我們可以歸納成以下的結論，即劉勰文心雕龍成書於南齊之末，和帝中興元、二年（西元五〇一至五〇二）之間。其次，由劉勰定林寺校經和他感夢述作文心雕龍的前後關係，推得文心雕龍必是定稿於第一次校經之後，劉勰對佛教的信仰尚未堅深以前。同時從史傳和事實兩方面剖析，釋僧祐對於經藏的集結，雖然早完成於齊代，而次第編定，則遲至梁天監中葉以後才全部殺青。至於傳疑僧祐的著述是劉勰捉刀的問題，本文對此更得到了實質上的認定。走筆至此，深深覺得對一個學術問題的研討，最好不要預存成見，儘量折衷各家的成說，善盡一個讀書人的責任。

【附註】

註一　劉毓崧，清人，書文心雕龍後見其所著通義堂文集卷十四，二一五至二一七頁。

註　二　廟號，尊先祖之貌也。古人建廟以祀先祖，凡神皆不爲廟。廟號的起源問題，根據宋高承纂修的事物紀原：「始自虞舜，古人敬先祖，則廟而祀之；尊先祖，故稱其廟號而諱其名也。」然而凡稱皇帝廟號的，必爲本朝君臣，此爲古人稱謂的慣例。劉氏就根據此一慣例，推斷劉勰文心時序篇文，於魏晉之主稱謚號，齊之四主多稱廟號，其書必成於南齊末年以前。

註　三　「最近有同好周君」之說，指的是周榮華先生，榮華爲我舊識，於民國六十七年（一九七八）六月自印文心雕龍與佛教駁論一書，書中有「文心作於齊永明間」一章。曾云：「據吾人之研究，時序篇末段敍齊，以及前一代敍宋，均爲他人所續加，並非彥和所作。因爲在此兩段之前，彥和明明做了總結」云云。詳情讀者可自行參閱。

註　四　元至正乙未（一三五五）嘉禾本文心雕龍經王元化先生在民國七十三年（一九八四）十一月於上海就原刻影印行世後，目前在臺灣可見。

註　五　明王惟儉文心雕龍訓故的刊刻傳世詳情，請參閱本書拾，日藏明刊本王惟儉文心雕龍訓故之評價一文。

註　六　梁慧皎高僧傳卷十三齊京師建福寺釋僧祐傳云：「釋僧祐本姓俞氏，其先彭城下邳（今江蘇邳縣）人，父世居建業（今江蘇南京）。祐年數歲，入建初寺禮拜，年十四至定林投法達法師，後受業於沙門法穎。永明中（按永明爲南齊武帝年號。永明共十年，即西元四八三到四九二。敕入吳……天監（梁武帝年號）十七年（五一八）五月二十六日卒於建初寺，春秋七十有四。」以祐的卒年上推，他出生於南宋文帝元嘉二十二年（四四五）永明中入吳時，年在三十九歲到四十八歲之間，時劉勰才二十多歲（依照本人的推算，劉勰出生於宋孝武帝大明八年，西元四六四）釋僧祐的「集經藏既成，使人抄撰要事」的時間，根據高僧傳釋僧祐傳，一定是在「永明中」，與梁書劉勰傳依釋沙門僧祐的說法相脗合。

註七　劉勰奉敕與釋僧智、僧晃等才學道俗三十人，同集定林寺，抄一切經論事，請讀者參閱唐釋道宣撰的續高僧傳卷六釋僧旻傳。

註八　劉大杰中國文學發達史，臺北中華書局印行。

捌　文心雕龍史志著錄得失平議

一、前　言

文心雕龍之著錄，始於隋書經籍志。自茲相沿，歷代史志，莫之或遺。雖其卷帙多寡無殊，而類聚羣分，却截然不同。有入總集類者，如隋書經籍志。有入別集類者，如袁州本郡齋讀書志，有入集部類者，如四庫全書薈要目，有入文集者，如文淵閣書目。有入古文類者，如行人司書目。有入子雜類者，如菉竹堂書目。有入詩文名選類者。如世善堂書目，有入文說類者，如衢州本郡齋讀書志。有入文史類者，如新唐書藝文志，有入詩文評類者，如國史經籍志。

集部之目，以楚辭最古，別集次之，總集又次之，詩文評最爲晚出。所謂文集或別集者，卽一人之詩文集也。自東漢以來，屬文之士日多，其流風不同，韵趣殊異。後世君子，爲欲瞻其文章的體貌，知其寫作的用心，故別輯成編，而有文集的出現，如曹子建集、陶淵明集，便是顯著的例子。所謂總集者，是文出衆家，滙成一編，其目的：一在網羅散佚，一在刪繁汰蕪。如昭明文選，文苑英華等，便是此類選集的範例。六經以外，凡入道見志的著作，統名子書。自七略區分，班志畫流，九流十家，才此疆彼界，互不凌雜。至若雜家者，因羣言歧出，難名一類，總爲薈萃，皆可從而捃摭英華，克瞻雋語，故有子部雜家一目，如呂氏春秋，淮南鴻烈，就是這一類的作品。史者，記事者也，古者左史記言，右史記事，言經則尚書，事經則春秋，究其成書的方法：撰述欲其簡，考證欲其詳。簡莫過於春秋，詳莫備於左傳。蓋因一事的始末，而得其因果是非，由是非而可以觀察聖人褒善貶惡的意旨。

古來文章，體備於戰國，蓬勃於兩漢，總集別裁，先後間出（註一）。彼時文成法立，格律初萌。又加印度佛典與因明之學，大量流入中土，中國傳統文學，遂由是而產生了新的機運，故翰苑辭壇，掎摭文病的論著，應運而生（註二）。如魏文典論，陸機文賦，仲治流別，弘範翰林，各照隅隙，鮮觀衢路，所以劉勰文心雕龍卽由是而作。「文心雕龍備陳古今文體而評其工拙」（註三），不僅有助風軌，裨益文章，實亦吾國古典文學思想的巨著。然而唐書以下，明清以前，各公私史志之著錄，忽集忽史，忽子雜，忽古文，任意編排，莫衷一是，本人戚戚以爲不可，誠以「名不正，則言不順」也。爲此特輯得各史志的著錄，略觀歷代史家對文心雕龍內容性質的看法，然後再縷陳一得之愚，供同道先進們參考。

二、史志著錄情形

總集類：

隋書經籍志　文心雕龍十卷　梁兼東宮通事舍人劉勰撰

舊唐書經籍志　文心雕龍十卷　劉勰撰

江南圖書館善本書目　文心雕龍十卷　梁東莞劉勰　明嘉靖刋本　張紹仁、吳翌鳳校藏

別集類：

袁州本郡齋讀書志　文心雕龍　晉劉勰撰　評自古文章得失，別其體製，凡五十篇，各係之以贊云。晁公武評：「余嘗題其後曰，世之詞人，刻意文藻，讀書多滅裂。杜牧之以龍星爲眞龍，王摩詰以去病爲衞青，昔人譏之；然亦不足怪，蓋詩家或率爾之作故也。今勰著書垂世，自謂夢執丹漆器，隨仲尼南行，其自負不淺矣；觀其論說篇稱：論語以前，經無論字，六韜二論，後人追題。是殊不知書有論道經邦之言也。其疎略殆過於王、杜矣」。

按勰非晉人，題齊或梁均可。楊明照文心雕龍校注附錄云：「昭德於舍人書後卽接以文章緣起，是眞未考其時也（慧琳一切經音義弘明集第八卷云：『劉勰，人姓名也。晉桓玄記室參軍』〔一切經音義卷九十六〕，其誤與此同）。文獻通考亦沿其誤」。至於子止評彥和不知書有論道經邦之言，其疎略殆過於王、杜。范文瀾文心雕龍注論說篇注四，曾歷引困學紀聞、紀昀評、顧廣圻說，以及紀聞閻箋、何箋等，以爲「諸家皆誤會彥和語意，遂率斷爲疎漏，其實『論語以前，經無論字』，非謂經書中不見論字，乃謂經書中無以論爲名者也」。事經范氏一語道破，則知宋以後各家之因循訛誤之爲可笑，其疎略殆尤過於晁公武矣。

集類或集部類：

重編紅雨樓題跋

題跋一：劉勰文心雕龍一書，詞藻璀璨，儷偶豐贍。先人舊藏此本，已經校讎。㶿少學操觚，時取披覽，快心當意，甘之若飴，每有綴辭，采爲筌餌，此羊棗之嗜，往往爲慕古者所竊笑也。然秘之帳中，積有年歲，非同好者，不出相示。但彥和自序一篇，諸刻本俱脫誤，乃鈔諸廣文選中。近於友生薛晦叔家獲睹鈔本一幅，乃其叔父觀察滇南錄歸者。中間爲楊用修批評圈點，用硃黃雜色爲記，又不自秘其竅，不煩說破，以示後人，大都於其整嚴新巧處而注意也。遂借歸數日，依其批點。蓋自愧才不逮前人，而見識譾陋；得此以爲法程，不啻楊先生之面命矣。前跋云：禺山者，初未知何許人，玆按升菴文集，禺山張姓，字愈光，雲南永昌人，年八十。工詩，善書，集中有跋愈光結交行，又有龍編行答禺山，又有五老圖壽禺山八十，又有重寄張愈光二律，又有存殁絕句懷及愈光，又寄愈光六言四首。觀用修詩文推轂之言，可以識禺山之大概矣。萬曆辛丑（西元一六〇一）三月望日徐惟起書於綠玉堂。

題跋二：此書脫誤甚多，諸本皆傳訛就梓，無有詳爲校定者。偶得升菴校本，初謂極精。辛丑之多，携入樵川，友人謝伯元借去讎校，多有懸解。越七年，始付還，余反覆諷誦，每一篇必誦數過；又校出脫誤若干，合升菴、伯元之校，尤爲嚴密。然更有疑而未穩者，不敢妄肆雌黃，尚俟同志博雅者商略，丁未（西元一六〇七）夏日徐惟起。

題跋三：文心雕龍一書，余嘗校之至再至三，其訛誤猶未盡釋；然彥和博綜羣書，未敢遂指爲亥豕，而臆肆雌黃也。今歲偶游豫章，王孫鬱儀素以洽聞稱。余乃扣之，鬱儀遂出校本相示，旁引經史，以訂其訛。詳味細觀，大發吾覆。鬱儀僅有一本，乞之不敢，鈔之不遑，而王孫圖南，慨然捐家藏斯本見贈。余方有應酬登眺之妨，鬱儀又請去重校，凡有見解，一一爲余細書之，燈燭下作蠅頭小楷，六十老翁用心亦勤，愛我亦至矣。今之人略有一得，則視爲奇秘，不肯公諸人；偶有藏書，便爲帳中之寶，若鬱儀圖南，眞以文字公諸人者也。鬱儀名謀㙔，石城王裔，圖南名謀堚。弋陽王裔，皆鎭國中尉，與余莫逆。時萬曆己酉（西元一六〇九）十一月二十八日，徐惟起書於淄川舟次。

天祿琳瑯書目續編　文心雕龍一函八册　梁劉勰撰

勰字彥和，東莞莒人，官東宮通事舍人，遷步兵校尉，後出家名慧地，事具南史本傳。書十卷，凡五十篇。書目刻吳人楊鳳繕寫。

雙鑑樓善本書目　文心雕龍十卷　明嘉靖刋本十行十八字。

文心雕龍十卷　明張之象刋本　十行十九字。

文心雕龍十卷　明張之象刋本何義門手校並跋，才寫隱秀篇補入，有「韓崇印」「履所得」二印。

四庫全書薈要目　文心雕龍一函

善本書室藏書志　文心雕龍十卷　嘉靖刋本，張紹仁、吳翌鳳校藏。

文集類：

文淵閣書目　文心雕龍一部一册。

古文類：

行人司書目　文心雕龍二本。

子雜類：

菉竹堂書目　文心雕龍一册。

諸家詩文名選類：

世善堂書目　文心雕龍二十卷

按：文心雕龍向無分二十卷者，此「二十」之「二」字，或係誤衍，楊明照校注附錄二已明指其誤。

文說類：

衢州本郡齋讀書志　文心雕龍十卷，晉劉勰撰。

絳雲樓書目　文心雕龍十卷，劉勰撰。

文史類：

新唐書藝文志　劉勰文心雕龍十卷。

崇文總目　文心雕龍十卷，劉勰撰。

通志藝文略　文心雕龍十卷，梁劉勰撰。

遂初堂書目　梁劉勰文心雕龍。

直齋書錄解題　文心雕龍十卷，梁通事舍人東莞劉勰彥和撰。勰後爲沙門，名慧地。

文獻通考經籍考　文心雕龍十卷。

宋史藝文志　劉勰文心雕龍十卷。

百川書志　文心雕龍十卷，梁通事舍人劉勰撰。凡五十篇，評騷賦詩頌二十七家，定別得失體制。本道原聖，暨於百氏，推窮起始，備陳其訣。如欲爲文，其可舍諸！篇末則係之一贊，信乎世之奇書也。

詩文評類：

國史經籍志　劉勰文心雕龍十卷。

述古堂藏書目　劉勰文心雕龍十卷。

四庫全書總目　文心雕龍十卷，梁劉勰撰。

四庫全書簡明目錄　文心雕龍十卷，梁劉勰撰。分上下二篇，上篇二十有五，論體裁之別；下篇二十有四，論工拙之由，合序志一篇，亦爲二十五篇。其書於文章利病，窮極微妙。摯虞流別，久已散佚，論文之書，莫古於是編，亦莫精於是編矣。

鐵琴銅劍樓藏書目　文心雕龍十卷，舊鈔本。題梁通事舍人劉勰彥和述，是書隱秀一篇元至正乙未刻於嘉禾者已闕，以後諸刻仍之。自錢功甫得阮華山得宋本補足，方有完書。功甫本藏絳雲樓，馮已蒼假以傳錄，上方朱筆校字，一仍功甫之舊，已蒼有跋，卷首有季振宜藏書朱記。

八千卷樓書目　文心雕龍十卷，梁劉勰撰，嘉靖刊本。萬曆刊本。崇文書局本。批點文心雕龍十卷，明楊愼選，明刊本。文心雕龍輯註十卷，國朝黃叔琳撰，乾隆刊本。

江蘇省立國學圖書館現存書目　文心雕龍十卷，梁東莞劉勰，嘉靖刊本。又一部十卷，天啓刊本。文心雕龍二卷，明長洲陳仁錫評，奇賞彙編本。文心雕龍十卷，淸北平黃叔琳註，乾陸知價宬刊本。又一部十卷，養素堂刊本。又一部十卷，掃葉三房刊本。又一部十卷，大東書局排印本。

不著類別者：

平津館鑒藏書記　文心雕龍十卷，明版。題梁通事舍人東莞劉勰彥和著，前後無序跋。此書各本俱缺隱秀篇，此本亦無此篇，唯宗經篇頗與俗本不同。每葉十八行，行十七字。

莚圃善本書目　文心雕龍十卷，梁劉勰撰，嘉靖庚子刊本，二册，汲古閣，曹倦圃稽瑞樓張芙川舊藏。

曝書雜記　河間紀文達公文心雕龍評本，涿州盧公坤與史通同刻於廣州，皆嘉應吳君蘭修爲之校刻。史通削去繁文，注亦刪改；此則書仍黃注原文，黃評用黑色，文達評用朱色。文達駁正注語亦皆備錄，紙墨與朱色評，爛然可觀，勝姚氏平山所刻多矣。丙申秋日衎石兄從大梁寄付銘恕兄，客廣州盧公所贈也。

三、得失平議

綜上以觀，隋書經籍志，列它入總集，袁州本郡齋讀書志，則改入別集，四庫全書薈要目，祇言其爲集部之書，文淵閣書目認爲是個人的文集，行人司書目又派它入古文類，菉竹堂書目說它應歸屬於子部雜家，還有新唐書藝文志列文心雕龍入文史類，至於國史經籍志、述古堂藏書目，却將它納入詩文評類，另外如平津館鑒藏書記、莛圃善本書目根本不標類。從這些地方也可以看出歷代史志對它的內容性質，也還是出入子史，並沒有明確肯定的交代。

時至晚近，由於明清諸儒校勘評注的貢獻（註四），民國開元，文壇先進如黃季剛、范文瀾、楊明照、劉永濟等之竭力推闡，目前由國內至國外，整個學術界對它的研究，也有了創新的發現。不幸的是若干學者太牽拘於西洋習用的名詞，說它是中國最具系統的一部「文學評論」專著，而劉勰就自然的成了「中國古典文論專家」。往年，我也不求甚解，跟着別人吶喊，可是近來因爲朝於斯，夕於斯，反覆揣摩，仔細商量，用力愈久，愈覺得文心雕龍乃是「子書中的文評，文評中的子書」。因爲我國往昔對作品多談「品鑑」，無所謂「批評」，此等西方習用的名詞，用到我國傳統的著述上，總覺得有點「覇道」。卽令是勉强可以借用，而文心雕龍亦決非「文學評論」或「文學批評」所能範圍。所以菉竹堂書目把它歸入子雜類，明萬曆壬子（西元一六一二）吳興凌雲刋五色本五卷，稱劉子文心雕龍。明古吳陳仁錫諸子奇賞卷四十七，亦列有評選劉子文心雕龍。明歸有光諸子彙函卷二十四，輯有雲門子，卽文心雕龍。以上正與清朝譚獻復堂日記，謂「文心雕龍」乃「獨照之匠，自成一家」的說法，不僅前後輝映，更是先得吾心。

包世臣藝舟集楫序云：「文心雕龍推本經籍，條暢旨趣，大而全篇，小而一字，莫不以意逆志，得作者用心所在」。劉彥和自述寫作文心雕龍之動機時亦云：「敷讚聖旨，莫若注經，而馬、鄭諸儒，弘之已精，就有深解，未足立家」，孔子是百家的宗師，學術的山斗。在魏、晉、六朝釋老並興，儒學消沈的時代，彥和不惜作時代的反動，挽既倒的狂瀾。他託體孔子，推本經籍，正表現他學有所宗。所以單從這一點去看，也絕不能與一個普通的文學批評相提並論的。至於馬融、鄭玄，東漢以來，久享士林的淸譽，而彥和却撇開了他們訓故羣經的老路子，毅然別闢蹊徑，去搦筆和墨，衡論古今文理。(註五) 他這種既入乎經典之中，復出乎經典之外的目的，據他自己說，是在成一家之言(註六)。所以諸子篇裏有：「百姓之羣居，苦紛雜而莫顯，君子之處世，疾名德之不章」。又說：「身與時舛，志共道申，標心於萬古之上，而送懷於千載之下」。這不正是他隱然自喻嗎？試問，像他這樣的一部「標心萬古，送懷千載」，「文果載心，余心有寄」(註七) 的文心雕龍，乃「入道見志」的作品，又那裏是純粹的「文學批評」範圍得了呢？

再看程器篇論文人先器識而後文藝的話，他說：「君子藏器，待時而動，發揮事業，固宜蓄素以弸中，散采以彪外，楩楠其質，豫章其幹，摛文必在緯軍國，負重必在任棟樑，窮則獨善以垂文，達則奉時以騁績」。他引周書梓材篇以論士，最後歸結到儒家修、齊、治、平的內聖外王之道。同時，根據梁書劉勰傳，他「曾任太末令，政有清績」。「兼東宮通事舍人，深受昭明太子所愛接」。如此看來，他自己本身就是一個理論而兼實行的學者。所以這更非一般所謂文學批評家可能勝任。

四、結　論

我們由文心雕龍全書五十篇的結構上看，前五篇是「本乎道，師乎聖，體乎經，酌乎緯，變乎騷」。他自己說是「文之樞紐」。實際上這就是他的「文學思想」。後二十篇由明詩至書記，是「論文敍筆」，再二十四篇由神思至程器，是「剖情析采」。序志篇奠於全書之末。所謂「上篇以上」，「下篇以下」，「位理定名，彰乎大衍之數」（註八），這就是他的「方法論」。所以這種有本有源，「陶冶萬彙，組織千秋」（註九）的巨著，不僅在六朝時代，是文成空前，就是六朝以後，也是繼武乏人。我說文心雕龍是「文評中的子書，子書中的文評」，不但對歷代史志著錄，作了全面的檢討與商榷，同時也惟有從此一結論中，沿波討源，才能看出劉勰的全部人格，和文心雕龍寫作的特色。

【附　註】

註一　清章學識文史通義詩教上云：「周衰文弊，六藝道息，諸子爭鳴。蓋至戰國而文章之變盡，至戰國而著述之事專，至戰國而後世之文體備。故論文於戰國。而升降盛衰之故可知也」。又劉勰文心雕龍宗經篇，言羣經與文學的關係時，有文體源於五經的創見。

註二　唐劉知幾史通卷十自敍云：「詞人屬文，譬甘辛殊味，丹素異彩，後來祖述，識昧圓通，家有詆訶，人相掎摭，故劉勰文心生焉」。又劉勰文心雕龍序志篇云：「詳觀近代之論文者多矣：至如魏文述典，陳思序書，應瑒文論，陸機文賦，仲治流別，宏範翰林，各照隅隙，鮮觀衢路，或臧否當時之才，或銓品前修之文，或汎舉雅俗之旨，或撮題篇章之意……」。

註三　清四庫全書總目提要云：「其書（文心雕龍）原道以下二十五篇，論文章體裁，神思以下二十四篇，論文章工拙」。

註四　根據民國六十三年三月本人作文心雕龍板本考略（見中央圖書館館刊新七卷第一期）一文的統計，在文心雕龍傳本六十種中，除極少數爲宋元前人鈔本外，其他百分之九十以上皆明清學者刊刻校釋評注者。

註五　文心雕龍序志篇云：「敷讚聖旨，莫若注經，而馬鄭諸儒，弘之已精，就有深解，未足立家」。

註六　同註五。

註七　見於文心雕龍序志篇贊。

註八　見於文心雕龍序志篇。

註九　明原一魁兩京遺編後序云：「（文心雕龍）陶冶萬彙，組織千秋，則勰亦六朝之高品也」。清阮元四六叢話後序：「彥和著書，千古傳玆科律」。章學誠文史通義詩話篇：「文心體大而慮周，文心籠罩羣言」。

玖　王應麟和辛處信文心雕龍注關係之探測

一、前　言

自從劉彥和文心雕龍成書於齊梁之後，經隋唐，至兩宋，隋書經籍志、舊唐書經籍志、新唐書藝文志、崇文總目等史志的著錄，唐劉知幾史通、釋神清北山錄，宋宋祁景文雜志、葉廷珪海錄碎事等書的記載，唐劉存事始、白居易六帖、宋李昉太平御覽、晏殊類要、高承事物紀原等書的引用，均不言有注。而南宋鄭樵通志藝文略文史類除著錄「梁劉勰撰文心雕龍十卷」外，又有「辛處信文心雕龍注十卷」，元脫脫宋史藝文志文史類，於著錄「劉勰文心雕龍十卷」外，同時也有「辛處信文心雕龍注十卷」，則文心雕龍之有注，當自辛處信始。但辛處信的文心雕龍注，早就史留空目，不見原書。

數年前，我撰文心雕龍研究的回顧與前瞻一文時（註一），曾提到南宋王應麟玉海困學紀聞曾大量地援引文心雕龍，其中並間或附有注釋，當時對於「這些注釋是否本之於辛氏的原書？」頗表懷疑；不料，去年講學香江時，得讀王元化先生選編，經齊魯書社出版的「日本研究文心雕龍論文集」，書中第十一頁有戶田浩曉先生的大作文心雕龍小史一文，戶田先生在文中講到歷代學者對文心雕龍注釋的時候，曾經對我過去的看法有所論斷。他說：

> 王更生氏以為玉海所引文心雕龍中，時見的夾注是辛氏的注文，我却認為這是玉海編者的原注。

最近一年來，一直覺得關於戶田先生的看法，仍有若干疑點需要澄清，同時自認爲這絕對不是文心雕龍學上的公案。於是再賡續搜求，深入求證，發現王應麟撰玉海及困學紀聞，尤其是困學紀聞，援引文心雕龍時所附列的「原注」，我堅信必非王氏自己的注解。而王氏爲南宋末年人，南宋末年前，文心雕龍之有注，只見於辛處信。假使王氏附列的「原注」，不出於辛處信，更有何人乎？

雖然如此，筆者仍然覺得這是個複雜的問題，在沒有獲得絕對的肯定前，有幾個相關的問題，必須先做某種程度上的解決。這幾個問題：一、是辛處信文心雕龍注除了見於鄭樵通志、宋史藝文志外，其他宋元時期的公私書目有那些？它們有無著錄？二、是鄭樵通志和宋史藝文志編纂的時間，及其依據資料的信度如何？三、是辛處信文心雕龍注既見於鄭樵通志，和宋史藝文志，它究竟成書於何時？四、是王應麟撰「玉海」、困學紀聞時，有沒有親自目睹辛處信注本的可能？對這些疑問作了合理的解決後，才有進一步對王氏附列的「原注」蒐證、分析、研判的立足點。

二、辛處信文心雕龍注在宋元時期公私書目的著錄情形

宋元之際的公私書目，其現存而可見者，除鄭樵通志、宋史藝文志外，還有王堯臣的崇文總目，

晁公武的郡齋讀書志，尤袤的遂初堂書目，陳振孫的直齋書錄解題，馬端臨的文獻通考經籍考。根據宋史鄭樵本傳，鄭樵上通志的時間，是在南宋高宗（趙構）紹興三十二年（西元一一六二），也就是他五十九歲，病卒的當年。如果以鄭樵上通志爲定點，來看這些公私書目問世的時間，比鄭樵早的書目有王堯臣的崇文總目，略晚的有晁公武的郡齋讀書志，尤袤的遂初堂書目，陳振孫的直齋書錄解題，再晚的就是入元以後馬端臨的通考，和脫脫的宋史藝文志了。

鄭樵通志藝文略文史類，錄有「文心雕龍辛處信注十卷」，早於此書的王堯臣崇文總目不著錄，晚於此書的晁「志」、尤「目」、陳「錄」與馬氏「經籍考」均不見著錄，到元脫脫奉敕纂修「宋史」，其「藝文志文史類」，又見著錄「文心雕龍辛處信注十卷」。由鄭樵通志的完成，到脫脫宋史的纂修，中間相隔一百九十年左右，在此以前，既不知辛注文心雕龍之所由來，在此以後，又不知辛注文心雕龍之所由終，它僅僅流傳了將近兩百年；而在此兩百年裏，除「鄭志」、「宋史」以外，其他書目絲毫沒有記載，可是王應麟在宋末元初（西元一二九六年以前）撰寫玉海和困學紀聞時，它卻又形同曇花一現般的出現於所謂文心雕龍的「原注」之中。正因爲如此，鄭樵通志和宋史藝文志，二書依據資料的信度，便成了我們繼續追查的目標。

三、鄭樵通志、宋史藝文志編纂時間及其依據資料的考察

鄭樵通志雖成於私人之手，但根據宋史本傳上的記載，它卻是呈獻朝廷的一部重典。傳云：

> 樵好著書，不為文章，自負不下劉向、揚雄。初為經旨，禮樂、文字、天文、地理、蟲魚、草木、方書之學，皆有論辨，紹興十九年（西元一一四九）上之，詔藏秘府。給札歸抄所著通志。……
>
> ……高宗幸建康（案：即紹興三十二年，西元一一六二年），命以通志進，會病卒，年五十九。

可知作者係先有經旨、禮樂、諸學的論辨，再由朝廷的授意，然後抄進通志二百卷的。所以通志總序說：

> 臣蒲柳之質，無復餘齡，葵藿之心，惟期盛世。

金英宗（碩德八剌）至治二年（元世祖至元二十四年，西元一二八七）五郡守吳繹通志序也說：

> 夾漈先生通志，包括天地陰陽禮樂制度，古今事實，大無不備，小無或遺。是集繡梓於三山郡庠，既獻之天府，藏之秘閣。……

可見「鄭志」雖出於私人之手，實類同官書，且極受當時及後世學術界的重視。

通志乃通紀百代之有無，原屬通史。藝文略本為單行之書，名曰「羣書會記」（註二）。書中資料，大致來源於漢書藝文志、隋書經籍志、新舊唐志、崇文總目、北宋館閣書目、道藏目錄及當時民間收藏的如荊州「田氏目錄」、漳州「吳氏書目」等（註三）。可說是包羅古今，備錄無遺。在一切目錄中，鄭樵著「通志」，實負有極大的野心，希望能成為曠古絕今的著作（註四）。不過，近人姚名達著中國目錄學史，說鄭樵於藝文略僅列書目。就書目言，其中或誤或漏或重複的地方就不少，實有重新彙編的必要（註五）。儘管姚氏說鄭「志」藝文略或誤或漏或重複，但對於他的博大與通貫，卻抱持著肯定的態度。

宋史四百九十六卷，元脫脫自任都總裁，鐵睦爾達世、賀惟一、張起岩、歐陽玄、呂思誠、揭奚斯、李好文、楊宗瑞、王沂等爲總裁官。根據宋史藝文志的書前總序，知編製「藝文志」八卷時，其資料的來源大多本之於當時的「館閣書目」。序稱：

嘗歷考之，始太祖、太宗、真宗三朝，三千三百二十七部，三萬九千一百四十二卷。次仁、英兩朝，一千四百七十二部，八千四百四十六卷。次神、哲、徽、欽四朝，一千九百六部。二萬六千二百八十九卷。三朝所錄，則兩朝不復登載，而錄其所未有者。四朝於兩朝亦然。最其當時之目，爲部六千七百有五，爲卷七萬三千八百七十有七。迨夫靖康之難，而宣和、館閣之儲，蕩然靡遺。高宗移蹕臨安，乃建秘書省於國史院之右，搜訪遺闕，屢優獻書之賞，於是四方之藏，稍稍復出，而館閣編輯，日益以富矣。當時類次書目，得四萬四千四百八十六卷。至寧宗時續書目，又得一萬四千九百四十三卷，視崇文總目又有加焉。宋舊史，自太祖至寧宗爲書凡四。志藝文者，前後部帙，有亡增損，互有異同。今删其重複，合爲一志，益以寧宗以後史之所未錄者：倣前史分經、史、子、集四類而條列之，大凡爲書九千八百十九部，十一萬九千九百七十二卷云。

案「三朝國史」爲呂夷簡等所上，其「藝文志」所據當爲咸平三年（咸平宋真宗年號，三年即西元一〇〇〇）朱昂、杜鎬、劉承珪等所撰的「館閣書目」。「兩朝國史」爲王珪等所上，其「藝文志」所據當爲慶曆元年（慶曆宋仁宗年號，元年卽西元一〇四一），王堯臣、歐陽修等所撰的「崇文總目」。「四朝國史」爲李燾等所撰，其「藝文志」所據當爲政和七年（政和宋徽宗年號，七年卽西元一一一七），孫覿、倪濤等所撰的「秘書總目」（註六）。至於南宋之書，其取材有二：一、爲淳熙五年（淳熙宋孝宗年號，五年卽西元一一七八），陳騤等纂修的「中興館閣書目」七十卷，二、爲嘉定十三年（嘉定宋寧宗年號，十三年卽西元一二二〇），張攀等編的「中興館閣續書目」三十卷（註七）。然後再加入寧宗以後（卽由理宗到度宗之末，西元一二二五至一二七四）史書所未曾記錄的部分。

宋史藝文志除了依據官書外，鄭樵通志既然「獻之天府，藏之秘閣」，想必也在他參考之列。在此，筆者不得不順便解決辛處信文心雕龍注成書的時間問題。因爲崇文總目不錄辛注，崇文總目以後，四朝藝文雖續有登錄，但經過靖康之難，宣和、館閣所儲，已蕩然靡遺。鄭樵通志成於南宋初年，高宗建秘書省，搜訪遺闕之後，而辛處信文心雕龍注首見於通志藝文略，元脫脫修宋史，又根據通志著錄，故二書得以同載辛注，他書如晁「志」、尤「目」、陳「錄」以及馬氏「經籍考」均不載。尤其馬端臨經籍考的編輯，大多根據晁「志」、陳「錄」等私人書目，晁「志」、陳「錄」既不載辛注，當然馬端臨經籍考也絕無著錄之理。由此不但可以知道公私書目間，彼此援引的關係，同時，也可以推知辛處信注文心雕龍十卷的時間，必在北宋仁宗慶曆元年（西元一〇四一），王堯臣崇文總目編纂完成以後，南宋高宗紹興三十年（西元一一六〇），鄭樵通志呈獻朝廷之前，這個一百一十六年間。此問題得到解決後，則王應麟撰玉海、困學紀聞時，才有可能親自目睹辛處信的文心雕龍注，也就是他在書中一再引述的所謂「原注」了。

四、王應麟和辛處信文心雕龍注

王應麟字伯厚，慶元府人（今浙江寧波），九歲通六經，淳祐元年（淳祐南宋理宗年號，元年卽西元一二四一（學進士，從王埜受學（按宋史本傳，王埜字子文，登嘉定十二年進士第，有文武才，學宗程朱，創建安書院，拜端明殿學士，封吳郡侯）。宋史本傳上載應麟初登科第時，就對當時的教育學術界表示不滿。他說：

> 今日之事擧子業者，沽名譽，得則一切委棄，制度典故漫不省，非國家所望於通儒。

因爲他鄙視沽名釣譽的擧子業，期許自己能達到「省制度典故」的通儒，於是

> 閉門發憤，誓以博學宏辭科自見，假館閣書讀之。

結果在寶祐四年（寶祐南宋理宗年號，四年卽西元一二五六）中博學宏辭科。他編纂的玉海二百卷，內分天文、律曆、地理、帝學、聖文、藝文、詔令、禮儀、車服、器用、郊祀、音樂、學校、選擧、官制、兵制、朝貢、宮室、食貨、兵捷、祥瑞等二十一部，每部又各分子目，共二百四十多類，書後又附辭學指南四卷，這些都可以說是他專門爲應博學宏辭科考試的擧子們編纂的一部「登龍錄」。雖然如此，玉海絕不像其他類書，只標題目，不錄原文，一味堆積資料，以多取勝者可比。所以元代學者胡助稱讚它是「天下奇書。」淸人熊本也認爲它「大有裨經濟實學」（註八）。困學紀聞二十卷，成於先生晚年（註九），根據元至治二年（至治，元英宗年號，二年卽西元一三二二）秋八

月陰山牟應龍的困學紀聞序，及翁元圻在清道光五年（西元一八二五）爲困學紀聞寫的序言，知先生博極羣書，入元後，寓居甬上，足跡不下樓者幾三十年。益沈潛先儒之說而貫通之，於漢唐則取其賅，於兩宋則取其純。不主一說，不名一家，而實集諸儒之大成，非讀書萬卷者不能爲。所以他的兒子昌世持此書給牟應龍的時候，說：

吾父生平著書最多，惟困學紀聞尤切於爲學者。（註一〇）

先生於南宋寧宗嘉定十六年（西元一二二三），卒於元成宗元貞二年（西元一二九六），也就是在入元後病逝於故里。困學紀聞書首自序云：

幼承義方，晚遇囏屯。炳燭之明，用志不分。

可以想見他自少至老，雖遭國事之變。仍然一本庭訓，努力不懈的風骨。故以先生的勵志苦學，著述等身的情形來看，不僅劉勰文心雕龍一書，在他撰述的玉海、小學紺珠、辭學指南、漢書藝文志考證、困學紀聞中經常引用，就是辛處信文心雕龍注也必在他參考之列。因爲先生著書既有漢宋諸儒的謹嚴，又能恪遵言出有據的信條，故常在引書中附上該書的「原注」，以加强他著書立說的信度。

辛處信文心雕龍注既成於兩宋交替之際，居今已不可見。王應麟活躍於南宋之末，元朝之初的七十三年之間，他本人又從來沒有說過自己有「文心雕龍注」的作品，而王氏又往往在引書引說，或敍事說理的時候，纏夾些所謂「原注」的文字。那麼，我們現在在比對了他的幾種常見的著作後，發現各書均援引文心雕龍，但在引文之下附加「原注」的，又以困學紀聞表現得最爲突出，也最具有代表性。以下筆者就運用這一部分的材料作基礎，來研究王應麟和辛處信文心雕龍注的關係。

五、困學紀聞中援用文心雕龍及所附「原注」的眞相

在困學紀聞二十卷裏，引用文心雕龍的地方有十六處。這十六處如果按原書卷次去看，計卷二有二條、卷五有一條、卷十有二條、卷十三有一條、卷十七有四條、卷十八有五條、卷二十有一條。現在把各條內容抄錄如下：

文心雕龍云：「書標七觀。」孔子曰：「六誓可以觀義、五誥可以觀仁，甫刑可以觀誡，洪範可以觀度，禹貢可以觀事，皐陶謨可以觀治，堯典可以觀美。」見大傳。原注：「孔叢子云：帝典觀美，大禹謨禹貢觀事，皐陶謨益稷觀政，泰誓觀義，此其略異者。」（卷二書一八三頁）

按此引爲「宗經篇文」。自「孔子曰」以下，至「見大傳」爲王氏自語。「原注」以下引孔叢子云，疑爲王氏引辛處信「文心雕龍宗經篇注」的佚文。

文心雕龍云：「夏商二箴，餘句頗存。」夏箴見周書文傳，商箴見呂氏春秋名類篇。（卷二書二〇一頁）

按此引爲「銘箴篇文」，「夏箴」以下至「名類篇」爲王氏自語。本條未錄辛處信的「原注」。

夏侯太初辯樂論，伏羲有網罟之歌，神農有豐年之詠，黃帝有龍袞之頌，元次山補樂歌，有網罟豐年二篇。文心雕龍云：「二言肇於黃世，竹彈之謠是也。」原注：「竹彈歌，見吳越春秋。」（卷五樂五〇〇頁）

按此引爲「章句篇文」。自「夏侯太初辯樂論」至「有網罟豐年二篇」爲王氏自語，「原注」以下疑爲王氏引辛處信「文心雕龍章句篇注」的佚文。

尸子曰：「舜兼愛百姓，務利天下，其田也，荷彼耒耜，耕彼南畝，與四海俱有其利。雷澤也，早則爲耕者鑿瀆，狩則爲獵者表虎。故有光若日月，天下歸之若父母。」文心雕龍舜之祠田云：「荷此耒耜，耕彼南畝，四海俱有。」謂之祠田，豈他有所據乎？（卷十諸子八九五頁）

按此引爲「祝盟篇文」，自「尸子曰」以下，至「若父母」係王氏引尸子君治篇文，本條未錄辛處信的「原注」。

尹知章序鬼谷子曰：「蘇秦張儀往事之，受捭闔之術十有二章，復受轉丸胠篋三章，然秦儀用之，裁得溫言、酒食、貨財，之賜。秦也，儀也知道未足行，復往見，具言所受於師，用之，少有口吻之驗耳。未有傾河、塡海、移山之力，豈可更聞至要，使弟子深見其閫奧乎？先生曰：爲子陳言至道，齋戒擇日而往見，先生乃正席而坐，嚴顏而言，告二子以全身之道。」文心雕龍云：「轉丸騁其巧辭，飛鉗伏其精術。」原注：「程子曰：秦儀學於鬼谷，其術先揣摩，然後捭闔，捭闔旣動，然後用鈎鉗。」（卷十諸子九〇九頁）

按此引爲「論說篇文」。自「尹知章」以下，至「全身之道」係王氏引尹知章序鬼谷子語。「原注」以下疑卽王氏引辛處信「文心雕龍論說篇注」的佚文。

文心雕龍謂：「江左篇製，溺乎玄風。。」續晉陽秋曰：「正始中，王何莊老，至過江，佛理尤盛。

郭璞五言，始會合道家之言而韵之。許詢、孫綽轉相祖尚，而詩騷之體盡矣。」愚謂東晉玄虛之習，詩體一變，觀蘭亭所賦可知矣。（卷十三考史一〇九六頁）

按此引爲「明詩篇文」。自「續晉陽秋」以下，至「詩騷之體盡矣」，係王氏引續晉陽秋語。至於「愚謂」以下二十字，根據清人閻百詩的注，應屬正文下的「原注」，如閻說確實，則此二十字也當是辛處信「文心雕龍明詩篇注」的佚文。

劉勰辨騷：「班固以爲羿澆二姚，與左氏不合。」洪慶善曰：「離騷用羿澆事，正與左氏合，孟堅所云，謂劉安說耳。」（卷十七評文一二九四頁）

按此引爲「辨騷篇文」。洪慶善卽洪興祖，著有楚辭補注。自「洪慶善曰」以下係王氏引補注語。本條未錄辛處信的「原注」。

文心雕龍謂英華出於性情：「賈生俊發，則文潔而體清；子政簡易，則趣昭而事博；子雲沈寂，則志隱而味深；平子淹通，則慮周而藻密。」（卷十七評文一二九六頁）

按此引爲「體性篇文」。首句謂「英華出於性情」，係王氏化用文心「吐納英華，莫非性情」而成。本條未錄辛處信的「原注」。

文心雕龍云：「論語已前，經無論字。」晁子止云：「不知書有論道經邦。」（卷十七評文一三二三頁）

按此引爲「論說篇文」，「晁子止云」以下，係王氏引晁公武郡齋讀書志別集類文心雕龍提要語。本條不錄辛處信的「原注」。

山谷與王觀復書曰：「劉勰嘗論文章之難云：『意翻空而易奇，言徵實而難巧。』此語亦是沈謝輩為儒林宗主時，好作奇語，故後生立論如此。」好作奇語，自是文章病；但當以理為主，理得而辭順，文章自然出羣拔萃，張文潛答李推官書，可以參看。原注：「文鑑取此二書。」（卷十七評文一三二五頁）

按山谷與王觀復書中所引為「神思篇文」，「好作奇語」以下，至「可以參看」係王氏自語。「原注」疑卽王氏引辛處信「文心雕龍神思篇注」的佚文。

文選注：「五言自李陵始。」文心雕龍云：「召南行露，始肇半章，孺子滄浪，亦有全曲，暇豫優歌，遠見春秋，邪徑童謠，近在成世。閱時取徵，則五言久矣。」（卷十八評詩一三四九頁）

按此引為「明詩篇文」。首句「文選注」以下，係王氏引李善說詩語。本條未錄辛處信的「原注」。

古詩十九首或云枚乘，疑不能明也。驅車上東門，遊戲宛與洛，辭兼東都，非盡是乘作。文心雕龍云：「孤竹一篇，傅毅之詞。」（卷十八評詩一二五〇頁）

按此引為「明詩篇文」，其他皆王氏評古詩十九首語。本條未錄辛處信的「原注」。

文心雕龍云：「張衡怨篇，淸典可味。」御覽載衡怨詩曰：「秋蘭，嘉美人也。猗猗秋蘭，植彼中阿。有馥其芭，有黃其芭。雖曰幽深，厥美彌嘉。之子之遠，我勞如何！」（卷十八評詩一三五二頁）

按此引為「明詩篇文」。「御覽」以下係王氏引太平御覽九百八十三張衡怨詩語，本條未錄辛處信的「原注」。

詩苑類格謂：「回文出於竇滔妻所作。」文心雕龍云：「回文所興，則道原爲始。」又傅咸有回文反覆詩，溫嶠有回文詩，皆在竇妻前。原注：「皮日休曰：傅咸反覆興焉，溫嶠回文興焉。」（卷十八評詩一三五四頁）

按此引爲「明詩篇文」。「詩苑類格謂」以及「又傅咸」以下，皆王氏考訂回文詩出處語。「原注」疑卽王氏引辛處信「文心雕龍明詩篇注」的佚文。

韓文公云：「六字常語一字難。」文心雕龍謂：「善爲文者，富於萬篇，貧於一字。」（卷十八評詩一三七〇頁）

按此引爲「練字篇文」。「韓文公云」係王氏引文公記夢詩語。本條未錄辛處信的「原注」。

文心雕龍云：「士衡才優，而綴辭尤煩；士龍思劣，而雅好清省。」今觀士龍與兄書曰：往日論文，先辭而後情，尚絜而不取乎色澤，兄文章高遠絕異，然猶皆欲微多；但清新相接，不以此爲病耳。若復令小省，恐其妙欲不見。雲今意視文，乃好清省，欲無以尚，意之至此，乃出自然。（卷二十雜識一四九九頁）

按此引爲「鎔裁篇文」。「今觀」以下係王氏引陸士龍與兄平原君書語，本條不錄辛處信的「原注」。

六、所謂「原注」即辛處信文心雕龍注之探測

在上節十六條援用文心雕龍的引文中，粗以別之，沒有附列「原注」的計十條，附有「原注」的計六條。這六條依照先後順序，簡述如下：

第一條、是「注」文心雕龍宗經篇的「書標七觀」句。

第二條、是「注」文心雕龍章句篇的「二言肇於黃世，竹彈之謠是也」句。

第三條、是「注」文心雕龍論說篇的「轉丸騁其巧辭，飛鉗伏其精術」句。

第四條、是「注」文心雕龍明詩篇的「江左篇製，溺乎玄風」句。

第五條、是「注」文心雕龍神思篇的「意翻空而易奇，言徵實而難巧」句。

第六條、是「注」文心雕龍明詩篇的「回文所興，則道原爲始」句。

這六條中的「原注」，除了第四條「愚謂東晉玄虛之習，詩體一變，觀蘭亭所賦可知矣。」閻百詩以爲是正文下的小註，而何義門却以爲是正文（註一一），在學術上尙有爭議外，其他五條依照原書皆斑斑可考。筆者從以下四方面證明這些「原注」，就是辛處信文心雕龍注的佚文。

首先，從引書慣例上看：依照一般引書的慣例，作者在字裏行間稱引自己的作品，以加强論證依據的情形，往往有之；但絕對沒有自稱「原注」的例子。從本文前面的考訂，得知除辛處信文心雕龍注十卷，見於當時的公私書目外，別無他家。如果「原注」就是王應麟自己的注，此不僅違犯了一般

引書的慣例，同時，王氏本人更無所謂「文心雕龍注」之可指。由此觀之，各條正文下所附的「原注」，非辛處信文心雕龍注莫屬。

其次，從詞義上看：任何學術上的專門用語，均有特定的意義。絕不容張冠李戴，或不合邏輯的妄加偏解。在這個原則下，我們來界定所謂「原注」的詞義，毫無疑問地即指「原書的注」。換言之，就是「文心雕龍原來的注釋」。而「文心雕龍」之有注，在王應麟撰「困學紀聞」前，只有辛處信的注。似此，則王氏附列的「原注」，從詞義上看，衡情度理，必爲辛處信文心雕龍注。

再其次，從行文上看：元朝牟應龍困學紀聞序云：「公（指王應麟先生）作爲是書，各以類聚，考訂評論，皆出以己意，發前人所未發。辭約而明，理融而達。」值得特別注意的是他說的「各以類聚，考訂評論」八個字。「紀聞」者，紀讀書之所見所聞也。這正如王氏親筆所書的三十八字「序言」云：「開卷有得，述爲紀聞。」可見困學紀聞，就是王氏一生的讀書札記。究其內容，凡九經諸子的旨趣，歷代史傳的事要，制度名物的原委，以及宗工巨儒的詩文，他都一一甄擇，考訂詮評。所以本書在行文上除引經據典外，有時雖議論風發，但無不措辭有據。例如第一條在引文心雕龍「書標七觀」後，再舉「孔子曰：六誓可以觀義，甫刑可以觀誡，洪範可以觀度，禹貢可以觀事，皐陶謨可以觀治，堯典可以觀美。」他又惟恐讀者不明出處，繼而附書「見大傳」三字於「可以觀美」之後。細玩全條文義，行文到此已氣完神足，不容再增一詞，然而在「見大傳」之下，他却另以小字書「原注」孔叢子云云，顯然有意轉錄「文心雕龍原注」，讓讀者和正文引「大傳」上的話作一對勘。至於

第二條言樂，在記述「夏侯太初辯樂論：伏羲有網罟之歌，神農有豐年之詠，黃帝有龍袞之頌。元次山補樂歌：有網罟豐年二篇」後，引文心雕龍云：「二言肇於黃世，竹彈之謠是也。」「蓋王氏以爲魏夏侯太初著「辯樂論」，唐元次山作「補樂歌」中，雖均稱上古之樂，但卻不言黃帝時代的「竹彈之謠」，於是引「文心雕龍章句篇」文加以補充。但「竹彈之謠」出處如何？王氏爲免讀者翻檢之勞，於是再在正文的下面附列「原注」竹彈歌云云。所以從本書行文上看，其所列的「原注」，不管是對照正文也好，或說明出處也好，總而言之，既非正文的一部分，必是辛處信的文心雕龍注。

最後，從寫作體例上看：王應麟撰困學紀聞凡於正文之下所引「原注」，皆非王氏自注，此點筆者根據後世學者的考訂可以得到證明。如卷一易：「易言密雲不雨者二：小畜終於既雨者，陽之極爲陰也；小過終於已亢者，陰之極爲陽也。」下引「原注」：「畜極則通，過極則亢。」清人翁元圻困學紀聞注（以下簡稱翁注）云：「案原注乃王弼注語。」（見翁注困學紀聞第一冊十一頁）。又卷一易：「孔子卜得賁，孔子曰：不吉。子貢曰：夫賁亦好矣，何謂不吉乎？孔子曰：夫白而白，黑而黑，夫賁又何好乎？」下引「原注」：「呂氏春秋：賁，色不純也。」翁注云：「案此條紀呂氏春秋愼行論壹行篇之文。原作賁，色不純也五字，乃高誘注語。」（見翁注困學紀聞第一冊二十六頁）又卷一易：「初九，潛龍，辭也。有九則有六，變也；潛龍，象也；勿用，占也。輔漢卿謂：易須識辭變象占四字。」下引「原注」：「項氏曰：不稱乾馬而稱震龍，震，動也，乾之動自震始。」翁注：「案原注引項說，見項氏安世周易玩辭。」（見翁注困學紀聞第一冊七十六頁）又卷二書：「詹元善曰：惟皇上帝，降衷於下民，若有恒性，克綏厥猷惟后。此卽天命之謂性，率性之謂道，修道之謂教也。人能知此，則知觀書之要，而無穿鑿之患矣。」下引「原注」：「呂成公已有此說。」翁注：「案成公之說，見東萊書說，眞氏大學衍義取之。」則此「原注」指「眞氏大學衍義。」（見翁注困學紀聞第二册二一四頁）又卷四周禮：「外史達書名，鄭康成謂古曰名，今曰字。」下引「原注」：「字者，滋也。」翁注：「原注卽賈疏文。」（見翁注困學紀聞第二册三七八頁）又卷七論語：「荀子勸學，亦曰其數則始乎誦經，終乎讀禮，其義則始乎爲士，終乎爲聖人。」下引「原注」：「經，謂詩書。」翁注：「原注四字，卽楊倞注文。」（視翁注困學紀聞第三册六八一頁）以上六條皆王氏「困學紀聞」在正文下附列的「原注」，經清人翁元圻考訂皆引自他人或他書的注解。以此類推，則王氏於援用文心雕龍時，亦連類著錄辛處信「文心雕龍注」，這一點，從他寫作體例上看，是十分明顯的。

讀者也許會問，清人翁元圻注困學紀聞，既能說明他條「原注」的出處，爲何對文心雕龍「原注」的出處，不置一詞乎？關於此點，筆者可以引翁氏道光五年春三月的「自序」來答覆。他說：

> 顧徵引浩博，猝難探其本源。雖以閻潛邱、何義門、全謝山三先生之淵雅，尚未盡誌其出處，蓋由宋人著述不能盡傳故也。

宋辛處信文心雕龍注亡於元明之交，明代焦弱侯「國史經籍志、集類、詩文評」目中，雖列有「辛處信文心雕龍注十卷」，但根據楊明照的考訂：「辛氏之注，明世已不復存，弱侯蓋因仍舊志，非目覩其書也。（註一二）」因爲辛注既久已亡佚，翁元圻在清代中葉注困學紀聞時，自然有「未盡詳其出處」的感歎了。

由引書慣例、詞義、行文，以及寫作體例四方面的分析研究，不僅讓我們了解王應麟和辛處信文心雕龍注的關係，同時，更從困學紀聞所附列的「原注」中，發現了沉霾千年以上的辛處信文心雕龍注的佚文。雖然這只不過是六條，可是，在我看來，這六條就像失而復得的六大重寶。一般人只知道最早的文心雕龍注，居今傳世可見的，爲明代王惟儉的文心雕龍訓故(註一三)，但訓故成書於明神宗萬曆三十七年(西元一六〇九)，而辛處信的文心雕龍注成於北宋和南宋之交，也就是西元一千一百年前後。由於辛注佚文的出現，我們便可以把文心雕龍注現存而可見的時間，越過王惟儉的訓故，再上推五百年，到南宋初年了。

七、結　論

本文寫作至此，既解決了筆者多年前未了的心願，又可藉此答覆日本學者戶田浩曉先生的關注。最後，筆者尚有兩點附帶的聲明：一、按照筆者原來的構想，是想將玉海、辭學指南、小學紺珠、漢書藝文志考證、困學紀聞五種王氏的著作，凡援用文心雕龍的條目，統統歸類分析。後來發現除困學紀聞外，他書皆純粹採摭，即令引文之下有附注，但不標「原注」之名，是王氏自注？或王氏引他人的注？很容易滋生混淆和爭議。所以最後只取困學紀聞，做考證的依據(註一四)。不過困學紀聞二十篇，通檢全書，引用文心雕龍者計二十條，這二十條中，如卷二書(第二册二〇一頁)引文心雕龍，是王氏注解「周書謚法」語。卷三詩（第二册二二三頁）引文心雕龍，是王氏注釋鶴林吳氏論詩語。又如卷十八評詩（第六册一三五〇頁）引文心雕龍，是見於王氏所附「原注」中的皮日休語。又卷十九評文（第六册一四五一頁）引文心雕龍，是王氏說明夏文莊表用語出處。由於體式不純，以上四條全部删除，這就是本文第五節中所以只保留十六條的原因。至於這十六條，眞正附有「原注」的，僅有六條，這就是在本文第六節中，所以只以這六條作爲考訂的依據者，原因就在乎此。二、筆者在考訂「原注」的過程中，很想和同代同類或性質相近的關係書，如李昉的太平御覽、晏殊的類要、高承的事物紀原、高似孫的史略、祝穆的事文類聚、潘自牧的記纂淵海、潘昂霄的金石例、陳應行的吟窗雜錄、洪邁的容齋隨筆、陶宗儀的輟耕錄來比對研究，希望在他們各家的著述中，也能找到相同或類似的資料，以厚植筆者論證的基礎。結果却令我完全失望，因爲他們大多是堆積資料，少有考訂，更沒有在正文之下，另附「原注」的體例。所以在一切無可參證的情況下，不得已，只好一空依傍，從王氏困學紀聞本身的引書慣例、詞義、行文、寫作體例等方面去揣摩、研判，雖然在客觀的佐證上比較弱一點兒，但在主觀的條件上，却收到了理想的效果。三、翻開文心雕龍研究的小史，我們發現知道辛處信文心雕龍注的學者很多，但是眞正想蒐輯其佚文，或追索辛注眞相的人却很少，在這個人跡罕至，寂寞無賴的旅途上，本文的寫作，對有心深入探究辛注的同好們，也許可以提供一點兒值得參考的訊息。

最後，本人不得不向讀者致歉，因爲本人在學術研究上的修養不夠，而辛處信文心雕龍注又屬陳年舊事，缺乏參考佐證的資料，再加上王應麟困學紀聞又是一部體大思精的鉅著，所以在一切條件都不能令人滿意的情況下，我不敢說這是對辛處信文心雕龍注佚文的空前發現，所以只好用「王應麟和辛處信『文心雕龍注』關係之探測」爲題，懇切就教於學術界的先進們了。

本文完成後，學友東吳大學教授王國良博士面告：「本文有兩大缺點：一、依照『四庫闕書目』、辛處信所注的文心雕龍十卷，於南宋初年已闕，王應麟『困學紀聞』成於入元之後，王氏根本無由見辛氏的注。二、依照古本困學紀聞，『原注』字樣爲清人後加，今以『原注』爲考訂依據，似與困學紀聞古本不合。」這兩點雖然鐵證如山，惟本人於此亦有可得而言者：一、秘書總目爲政和七年孫覿、汪藻編，「秘書省續編四庫闕書」乃紹興初年改定，淳熙四年十月少監陳騤乞請重編書目，五年六月九日上「中興館閣書目」七十卷、「序例」一卷，凡五十二門，計見在書四萬四千四百八十六卷，較北宋「崇文總目」三萬六百六十九卷之數，多出一萬三千八百十七卷；較「三朝史志」多出八千二百九十卷；較「兩朝史志」多出三萬五千九百九十二卷。而「四庫闕書目」、「中興館閣書目」早經散亡，無由對證。清徐松於清道光年間從「永樂大典」中輯得「四庫闕書」一卷，近人趙孟彤先生又有「中興館閣書目輯考」問世，但二書均不見「辛處信文心雕龍注」與「劉勰文心雕龍」，可是王應麟編玉海和著困學紀聞時，均引文心雕龍。「秘書總目」與「四庫闕書」成於「中興館閣書目」之前，早期書有闕脫，後來或有補充，否則玉海困學紀聞中的文心雕龍引文，又何由而來乎？再則，「四庫闕書」專指公藏，民間當不計在內，以此推測，王應麟著困學紀聞時，亦絕不能因「四庫闕書」之不載，卽斷其無由得見「辛處信文心雕龍注十卷」。

其次，關於「困學紀聞」古本無「原注」字樣事，淸人翁元圻注困學紀聞時，曾對王應麟「注」加以考訂，以爲皆有出處。此說見於本文㈥、「所謂『原注』卽辛處信文心雕龍注之研究」中之「最後」一段文字，擧證甚詳。所以卽令古本無「原注」字樣，亦可根據翁元圻之說作合理推考。

國良博士賜予諍言，使我對本文寫作時依據之資料，持論之態度，以及與本文關涉的作品，作了重新檢討和省思。自知有些觀點不能讓讀者滿意，但因時代綿邈，書闕有間，質證旣諸多困難，唯有竭盡我才，無愧於心而已。

【附　註】

註　一　此文已收入筆者作的重修增訂本文心雕龍研究一書，並列爲該書第一章「緖論」。

註　二　見鄭樵通志校讎略，所謂「編次必記亡書論」文中。

註　三　見姚名達中國目錄學史、史志篇，通志與文獻通考一節。

註　四　參看鄭樵通志總序一頁至二十六頁。

註　五　說見姚名達中國目錄學史二一一九頁。

註　六　見姚名達中國目錄學史、史志篇，宋國史藝文志及宋史藝文志一節。

註　七　見元脫脫宋史藝文志三「目錄類」。

註　八　見劉協秋類書簡說第四章第八節「宋王應麟玉海」引。

註　九　見清人翁元圻翁注困學紀聞自序。

註一〇　見元人牟應龍困學紀聞原序中引王應麟的兒子昌世語。

註一一　見王應麟困學紀聞卷十三考史一〇九六頁正文下的附注。

註一二　見楊明照文心雕龍校注拾遺附錄一「著錄第一」。

註一三　王惟儉文心雕龍訓故現藏「北京圖書館」及「日本京都大學漢文部」，筆者於民國六十七年曾著「日藏明刊本王惟儉『文心雕龍訓故』之評價」一文，此文已收入本書拾，請讀者參閱。

註一四　本文所用困學紀聞的版本，是臺灣商務印書館萬有文庫薈要翁注困學紀聞本，文中所記册次、頁次、卷次，均係依照該本。

拾　日藏明刊本王惟儉文心雕龍訓故之評價

一、前　言

清初王士禎帶經堂全集卷九一文心雕龍跋云：「明王侍郎損仲惟儉作雕龍、史通二書訓故，以此二訓故援據甚博，實二劉之功臣，余訪求二十餘年始得之，子孫輩所當愛惜。」王惟儉文心雕龍訓故，成於明神宗萬曆三十七年（西元一六〇九），王漁洋生於明思宗崇禎七年（一六三四），卒於清聖祖康熙五十年（一七一一），二人相去不遠，尚歷二十餘年之訪求始得，則其傳本之稀可知。清乾隆六年（一七四一）黃叔琳成養素堂文心雕龍輯注（註一），例言第四條云：「梅子庾音注流傳已久，而嫌其未備，後得王損仲本，援據更爲詳核，因重加考訂，增注什之五、六。」其實梅子庾音注，楊升菴批點本文心雕龍（註二），與王氏訓故，皆同時之作，而黃氏竟謂其後得，則此書在當時之蒐羅不易，已可概見。近人王利器造文心雕龍新書，廣聚異本，據說曾在北京圖書館親睹訓故原刻，因當時書已定稿開版，又不忍遺珠，特將王惟儉訓故本校勘記列入附錄五，載於文心雕龍新書第一七〇至一七七頁。（註三）民國六十三年（一九七四）筆者著文心雕龍板本考略（註四），其中包括已見或未見者，計收手鈔本九種，單刻本十九種，評註本十三種，校本二十種。在評註本十三種中，首列宋辛處信文心雕龍注十卷，次即王惟儉訓故。辛注篇卷俄空，久已失傳，今存而幸見者，當莫早於王氏訓故了。而訓故存於大陸北京圖書館，隔海相望，心甚怏怏。民國六十四年（一九七五）暑假，得東洋學文獻目錄，知日本京都大學漢文部藏有王惟儉文心雕龍訓故十卷的原刻，時學生張盛凱因公赴日，倩其於滯留京都期間，影印該書。後其以行程緊迫，只攝得封面及首數頁照片而歸。民國六十六年六月，盛凱復有日本之行，特轉託現居東京都練馬區之潘憲榮先生，假京大攝製，適於國慶前夕，經郵寄到臺。此本固非大陸舊藏，但身在海嶠之上，得展玩此一由海外輾轉而來之資料，較諸漁洋、崑圃二先生當世幾不能面對，和王利器既得尚不暇詳校之情況，深感於此學術開放之時代，可謂得天獨厚了。

二、王惟儉其人其事

王惟儉字損仲，祥符人（註五），明史文苑傳載其於萬曆二十三年（西元一五九五）進士及第後，實授山東濰縣知縣，後遷兵部職方主事。三十年（一六〇二）春，遼東總兵馬林，因忤稅使高淮，被政府收押，兵部尚書田樂等營救之。神宗大怒，責職方怠忽職守，疏於防範。重以奸人搆陷，削籍歸家。直到光宗即位（註六），始又被政府起用，擔任光祿丞，三遷大理寺少卿。天啓三年（一六二三）八月，擢升右僉都御史，巡撫山東。値徐鴻儒以白蓮教爲掩護，裹脅飢民，倡亂地方，惟儉輯撫流亡，安定民生，卓著勞績。五年（一六二五）三月，遷南京兵部右侍郎，未赴，改任工部右侍郎。時魏忠賢司東

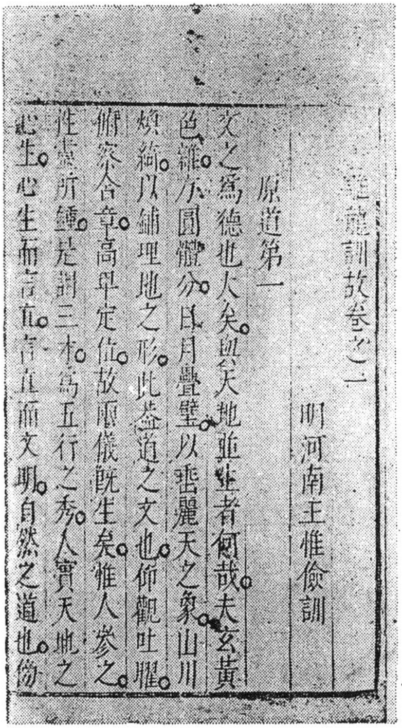
雕龍訓故卷之一
明河南王惟儉訓
原道第一
文之爲德也大矣。與天地並生者何哉。夫玄黃
色雜。方圓體分。日月疊壁。以垂麗天之象。山川
煥綺。以鋪理地之形。此蓋道之文也。仰觀吐曜。
俯察含章。高卑定位。故兩儀既生矣。惟人參之。
性靈所鍾。是謂三才。爲五行之秀。人實天地之
心生。心生而言立。言立而文明。自然之道也。傍

書影二：文心雕龍訓故正文首頁版式，書眉批註爲筆者校語

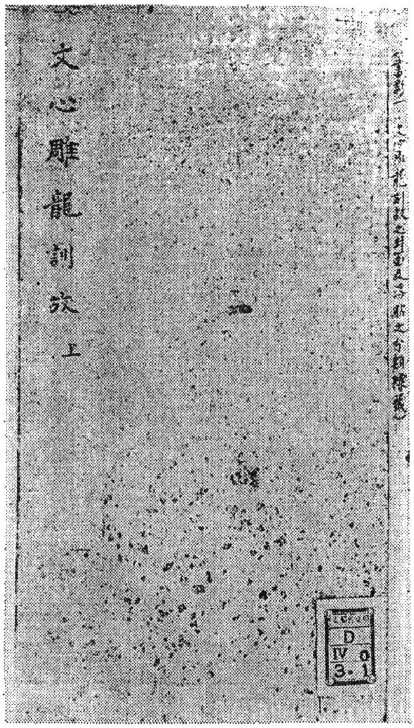
文心雕龍訓故　上

書影一：文心雕龍訓故之封面及浮貼之分類標籤

廠，暗嗾御史田景新劾奏之，從此落職賦閒。

惟儉天資敏悟，嗜書若渴。初被廢，肆力經史百家，文心雕龍訓故即成於此時（西元一六〇九）。又嘗苦宋史繁蕪，乃親手刪節，自成一編。並好書畫古玩，萬曆、天啓間，世所稱博物君子者，惟儉與董其昌齊名，而嘉興李日華居次，於此尚可以想見他的風流儒雅。

三、訓故本的眞象

惟儉在神宗萬曆三十年（一六〇二），因案株連，削籍歸家，三十七年（一六〇九）成文心雕龍訓故，依照書首自序，云：「反覆斯書，聿考本傳」之言看來，書非成於一時卽興，乃是蓄意造作。今按驗原刻，其眞象尚可得而言。

書分上下二冊，每冊封面有文心雕龍訓故簽條各一紙（見書影一），上冊封裏首頁刻有文心雕龍訓故序，序上端齊眉處，加蓋「京都帝國大學圖書」篆文藏書章一顆，序末署「萬曆已酉夏日王惟儉」字樣，次行空白處下方，有「惟儉之印」「小司馬」，上下縱列之陰文篆刻兩枚。次頁錄南史劉勰傳，及「凡例」七條。又次爲「文心雕龍訓故目錄」。再就是本書正文，正文首行頂格刻有「文心雕龍訓故卷之一」，次行書「明河南王惟儉訓」（見書影二）。每頁九行，行十八字。正文之後，接附「訓釋」，「訓釋」文字，一行雙訓，行十七字，體勢較正文稍細，每篇相間，分卷則別起。至於上下二冊的編次，其凡例五云：

上卷訓釋，視下卷倍之，以上卷詳諸文之體，事溢於詞；下卷詳撰述之規，詞溢於事，故訓有煩簡，非意有初終也。

上册包括文心雕龍卷一至卷四，另卷五至卷十，合爲下册，分卷合册之不同，構成本書的重要特色。於上册末行「文心雕龍訓故卷之四終」下偏左，刻有「堯都周綱寫」五個細字，明「堯都」今屬何地，不可確指；藉此可知此書之雕版付梓，確經「周綱」繕寫。下册於序志篇正文後，隔頁附刻「跋文」一通，文末另行低二格有王惟儉本人於書成之當年，六月二十三日手書「識語」四行（見書影三），書體渾圓，語氣殷勤。又該書封面浮貼日本京都大學藏書標籤，爲「支那哲文學 D IV03-1」，書裏編號「447663」。以下將文心雕龍訓故王惟儉自序及「凡例」「跋語」「題識」四種原文加以轉錄，以見損仲當日述作的態度、體例，與經營擘劃而後成書的苦心。

文心雕龍訓故序：

夫文章之道，蓋兩曜之麗天，綴文之術，則六轡之入握。不稟先民之矩，妄意絕麗之文，縱有駿才，將逸足之泛駕；豈無博學，終愚賈之操金，此彥和文心雕龍之所繇作也。爾其自詔敕之弘筆，建箋記之細文，繇碑賦之巨篇，曁箴贊之短什，網羅千秋；鑽神思於奧窔，牢籠羣彥，程品格於錙銖，體製精嚴，骨氣爽緊。觀其序志之篇，薄典論為不周，嗤文賦為煩碎，知自待之不輕，審斯語之不謬矣。固宜昭明之鑒裁，深被愛接，隱侯之名勝，時置几案者也。惟是引證之奇，等絳老之甲子；兼之字畫之誤，甚晉史之巳亥，爰因誦校，頗事箋釋；庶暢厥旨，用啓童蒙。余反覆斯書，聿考本傳，每怪彥和晚節，燔其鬢髮，更名慧地，是雖靈均之上客，實如來之高足也。乃篇什所及，僅般若之一語，援引雖博，罔祇陀之雜言；豈普通之津梁雖足移人，而洙泗之畔岸終難踰越者乎。且其持論深刻，摛詞藻繪，凡所撰著，必將含屈吐宋，陵顏蹈謝為者。而新論一書，類儒士之書抄，多老生之常談，何也？匪知之難，惟行之難，士衡言之矣。萬曆己酉夏日王惟儉序。

文心雕龍訓故凡例：

一是書之注，第討求故實，即有奧語偉字，如鳥跡、魚網之隱，玄駒、丹鳥之奇，既讀斯書，未應河漢，姑不置論。

一故實雖煩，以至舜禹周孔之聖，游夏僑肸之賢，世所共曉，無勞訓什。

一古稱善注，六經之外，無如裴松之之注三國志，劉孝標之注世說。然裴注發遺事於本史之外，劉注廣異聞於原說之餘，故理欲該贍，詞競繁縟，若此書世更九代，詞人罔遺，而人詳其事，事詳其篇，則殺青難竟，摛鉛益勞，故人止字里之槩，文止篇什之要，勢難備也。

一諸篇之中，或一人而再見，或一事而累出，止於首見注之。其或人雖已及，而事非前注者，方再為訓什。

一此書卷分上下，篇什相等，而上卷訓釋，視下倍之，以上卷詳諸文之體，事溢於詞；下卷詳撰述之規，詞溢於事。故訓有煩簡，非意有初終也。

一訓釋總居每篇之末，則原文便于讀誦。至於直載引證之書，而不復更題原文者，省詞也。

一是書凡借數本，凡校九百一字，標疑七十四處。其標疑者，卽墨圍本字，以俟善本，未敢臆改。

文心雕龍訓故跋：

滇本載楊升庵先生簡禺山云：「批點文心雕龍，頗謂得劉舍人精意。此本亦古，有一二誤字已正之。其用色或紅、或綠、或黃、或青、或白，自為一例，正不必說破，說破又宋人矣。蓋立意一定，時有出入者，是乖其例。人名用斜角，地名用長圈，亦有不然者，如董狐對司馬，有苗對無棣，雖繫人名地名，而儷偶之切，又當用青筆圈之，此其區區宋人之所能盡，高明必契鄙言耳。」

王惟儉題識：

林宗本載有此條，乃從南中一士大夫藏本錄之者。然林宗本亦多誤改，不知楊公原本今定落何處耳，安得快覩，一洗余之積疑乎？六月二十三日惟儉識。

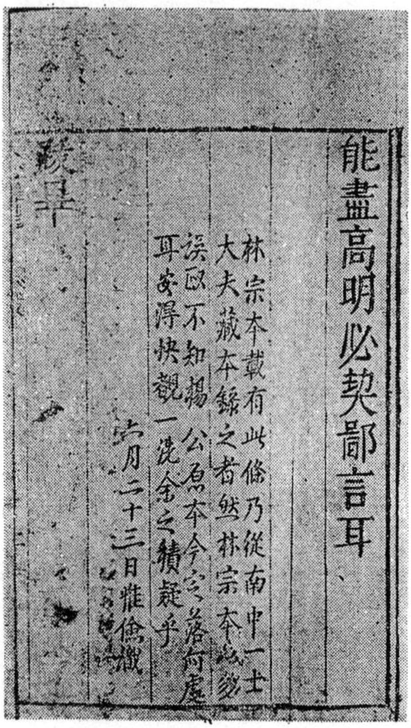
能盡高明必契鄙言耳、
林宗本載有此條乃從南中一士
大夫藏本錄之者然林宗本亦多
誤叩不知楊公息本今定落何處
耳安得快覩一洗余之積疑乎
六月二十三日惟儉識

書影三：文心雕龍訓故刻成後，王惟儉於明神宗萬曆三十七年六月二十三日，手書之識語

四、訓故本的價值

王惟儉「文心雕龍訓故」本之價值，居今而言，至少有以下三方面：

第一、板本方面：文心雕龍板本之存於今者，以唐人草書殘卷最早，屬莫高窟舊物，起原道篇贊「龜書呈貌，天文斯觀，民胥以效，」訖諧讔篇第十五篇題止，較之全書十卷五十篇之數，總共不及三分之一。民國四十年（一九五一）王利器著文心雕龍新書，其於新書序錄中，謂「校勘所據之本，已知確有其書而未得徵引，有前北京大學西北科學考察團團員某氏，私藏唐寫本，約長三尺」，但由民國四十年迄今，二十六年來始終未見王氏對此一殘葉之眞象，作進一步的公開報導。故所謂某氏私藏者，是否卽啣接於前述唐人草書殘卷之後，爲由諧讔篇至序志篇之部分，目前尙難逆料（註七）。唐寫本之全貌既不可得，退而求其次，則元至正乙未（西元一三五五）嘉興郡學刊本，今所謂傳校元本者是矣。淸朝黃蕘圃、孫詒讓，均曾先後據爲考校文心的底本，據說現藏大陸上海圖書館，在臺不可見（註八）。而在臺可見的重要板本，計有明弘治甲子（一五〇四）刻於吳門的楊鳳繕本，現藏國立故宮博物院。明嘉靖庚子（一五四〇）新安汪一元本，藏於國立中央圖書館。明嘉靖癸卯（一五四三）佘誨本，藏中央研究院傅斯年圖書館。以及商務印書館四部叢刊影印的明萬曆己卯（一五七九）張之象本。藝文印書館百部叢書中，明萬曆壬午（一五八二）勾餘胡氏刋行的兩京遺編本。臺灣新興書局，早期印行之明萬曆壬辰（一五九二），武林何允中廣漢魏叢書本。至於本書王惟儉文心雕龍訓故，在臺絕不可見。

根據訓故本凡例，惟儉校定文心時，曾借數本相比勘，凡校得九百零一字，標疑以俟善本者七十四處。經筆者將其與黃叔琳輯注本、范文瀾註本兩相覆按，則發現凡訓故本之不同於黃、范二家者，多從元刻；有異於元刻者，惟儉雖不言所從何本，但大要不外前述之弘治本、汪本、佘本、張本與兩京遺編本等。故王惟儉文心雕龍訓故在文字校勘上，乃直承元刻，並參互勘驗，集各本優點之大成。今元刻在臺既不可見（註九），則訓故本的價值，自不容忽視。至於張之象本，書末從錢功甫校本補錄的隱秀篇佚文四百一字，乃明末淺入妄加，非張本之舊，四庫提要已有定評。王惟儉訓故卽闕此文，足證日藏「訓故本」尚保有明刊的本來面目，未受張之象本淺人妄補的影響，誠可貴也。況此書一見於王漁洋，再見於黃崑圃後，即銷聲匿踪，息影學界。望風跂竦，久成絕響。今幸從東瀛引渡來歸，在文心雕龍的傳本上，固不足與唐人草書殘卷之價值，相提並論，但方之元明舊槧，亦勢必有其不朽之地位。

第二、注釋方面：按宋史藝文志載辛處信文心雕龍注十卷。文心雕龍之有注，辛氏可謂獨步。但辛注已史留空白，原書久已不見。其他元、明刻本，多屬白文，居今欲覓一系統完備之注本，莫尚於王惟儉文心雕龍訓故了。書既以「訓故」名，則「訓故」爲其獨具的特色，自無可疑。訓者，道也，道物之貌以告人也；詁者，古也，古今異言，道之使人知也。爾雅釋詁郭注：「釋古今之異言曰詁，道物之貌以告人曰訓。」王惟儉著文心雕龍訓故，正本此精神而爲之。據其凡例云：

> 文心世更九代，詞人罔遺，而人詳其事，事詳其篇，則殺青難竟；摘鉛益勞，故人止字里之槩，文止篇什之要。

但因

> 上卷詳諸文之體，事溢于詞，下卷詳撰述之規，詞溢于事。諸篇之中，或一人而再見，或一事而累出，止於首見注之。其或人雖已及，而事非前注者，方再為訓什。

故「訓有煩簡，非意有初終也。」綜理各說，王氏訓故文心，至少有下列三大特點：一、訓故的重點，在人止字里之槩，文止篇什之要，於彥和據事用典，僅詳出處，不爲引申。二、訓故的筆法，凡書中據事用典者，於首見注之，若非補偏救弊，例不重出。三、訓故的方式，上卷訓什詳於下卷，因上卷論諸文之體，下卷究撰述之規，意各偏長，故訓有煩簡。以此三點而論，可知王氏訓故之避繁從簡，實深得著述之體要。至於交通融會，抉微闡幽，以見彥和立說之本原者，固王氏訓故尚不及備，而吾輩亦不得以此苛責先賢。玆就常人習於誦讀的文心各篇，擇其文字特加簡練者，抄撮數條，供學者與後來黃、范各家之注釋，參互勘驗之需，信椎輪大輅，自有客觀的評價。如：

「夏后氏興，業峻鴻績，九序惟歌。」（原道篇文）

訓故：「書大禹謨，水火金木土穀惟明，正德利用厚生惟和，九功惟敍，九敍惟歌。」

「皇世三墳，帝代五典，重以八索，申以九丘。」（宗經篇文）

訓故：「書序：伏羲、神農、黃帝之書，謂之三墳，言大道也。少昊、顓頊、高辛、唐、虞之書，謂之五典，言常道也。八卦之說，謂之八索，求其義也。九州之志，謂之九丘，丘，聚也。」

「若乃應璩百一，獨立不懼，……」（明詩篇文）

訓故：「應璩乃作百一詩以諷，序云：時聞曹爽曰，公今聞周公巍巍之稱，安知百慮有一失乎。百一之名始此。」

「伊摯不能言鼎，輪扁不能語斤，其微矣乎。」（神思篇文）

訓故：「呂氏春秋，湯得伊尹，明日設朝而見之，說湯以至味曰：鼎中之變，精妙微纖，口弗能言，志弗能喻。」「莊子，輪扁謂桓公曰，以臣之事觀之，斲輪徐則甘而不固，疾則苦而不入，不疾不徐，得之于手而應之于心，口不能言，有數存焉于其間。」

「夫學業在勤，故有錐股自厲。」（養氣篇文）

訓故：「學業在勤段，一本作學業在勤，功庸弗怠，故有錐股自厲，和熊以苦之人，至于文也，舍氣無依，故有申寫鬱滯，玄解頓什之輩。」

「弘範翰林。」（序志篇文）

訓故：「晉書，李充字弘度，江夏人，歷官大著作郎，注尚書及周易旨六論，什莊論二篇，詩賦雜文二百四十首，行于世。傳中不言有翰林，而玉海引翰林論亦云弘範。」

綜上六例，其內容均在鈎稽彥和行文之所本，典實的出處。神思篇訓故伊摯、輪扁事，較范氏尤加詳確。養氣篇，訓故所謂「一本」，更不見於范注。范氏於此句下僅引盧文弨抱經堂文集十四文心雕龍注書後語：「養氣篇故有錐股自厲，和熊以苦之人，案下六字吳本無，當本脫四字，不學者妄增之，而忘其年代之不合也。」「至于文也」以下，概所不及。依楊明照文心雕龍校注拾遺，王利器文心雕新書的考訂，知此書之所謂「一本」，乃指勾餘胡氏刋行的兩京遺編。范注雜鈔成書，考訂是非，本非所長，王氏訓故又未及見，致不暇細審如此。序志篇：「弘範翰林」，訓故引晉書、玉海，疑翰林或非李充所造，范注援文鏡秘府論，與嚴可均全晉文以徵翰林確爲李充所製，並輯得其佚文八條，似較訓故加詳；然嚴氏書晚出，不得執此病訓故。由此觀之，王氏於文心雕龍五十篇，訓故數百條，雖無裨於文論之發明，仍以讀經之法讀文心。但就事論事，已確能見劉勰造語的本原，求之並世學界，至屬難能可貴。所以今日學者欲知劉勰持論的大體，或明代學者對文心雕龍研究的眞象，本書自有其高度的參考價值。

第三、校勘方面：訓故本對文心雕龍本文的考訂，乃承繼元本的菁華，博擷衆刻的優點，淸黃崑圃嘆其詳晐，日本鈴木氏惜未蒐採，而紀昀評文心雕龍輯注，則以「黃云宜從王惟儉本，而所從仍是梅本」，引爲黃氏述作的缺憾。足見其在文字校勘方面的效益，久爲中外學者所稱道。近人王利器以畢生之力，句讀勾勒，成文心雕龍新書，自以爲校勘所得，可上埒劉向。然而書缺有間，其中或不能質定者，尚所在多有。玆略擧數字，以見王氏訓故之勝概。如：

原道篇：「木鐸起而千里應」，句中「起」字，新書云：「『起』各本作『啓』，梅改。黃本、張松孫本俱從之。」范文瀾注本不校，以爲無誤。而訓故本適作「啓」。「啓」、「起」雙雙叠韵。「啓」，教也；「起」，立也。「啓」義較長，正可據改。

「旁通而無滯」，句中「滯」字，新書云：「各本作『涯』，黃本從御覽改。案今所見宋本、明鈔本、銅活字本、萬曆薛逢本、張本、鮑本、學海堂本、日本安政聚珍本、御覽皆作『涯』，不知所據何本。」范本不校，而訓故本適作「涯」，「無涯」與下文「不匱」，一是往來無窮，一作永不匱乏，對文成采，自較「滯」字爲長，亦可據改。

徵聖篇：「鄭伯入陳，以文辭爲功」句中「文」字，新書云：「各本文作『立』，黃本改。左襄二十五年傳：『仲尼稱子產……晉爲霸，鄭入陳，非文辭不爲功』」。范本不校，而訓故本作「立」，與唐寫本同，楊明照校注拾遺云：「其作『文』者，乃妄據左襄二十五年傳改，而昧與下『多文』之詞性不侔，且相複也。」足見訓故本之勝。

辨騷篇：「固知楚辭者體慢於三代」，句中「慢」字，范本云：「『體慢，應據唐寫本作體憲。』新書已據改，並云：「詔策篇『體憲風流』，正以『體憲』連文。」訓故本適作「憲」，與唐寫同。

詮賦篇：「分歧異派」，句中「歧」字，新書云：「唐寫本『分歧異派』，作『異流分派』」，范本不校，訓故本作「分枝異派」，義似較勝。

諸子篇：「其純粹者入矩，踳駁者出規」，句中「駁」字，新書與范本均不校，以爲無誤。訓故本作「駮」，說文：「駮，馬色不純」，「駮，駮獸，如馬，倨牙，食虎豹」，「駁」形容詞，「駮」名詞，從「駁」是。

詔策篇：「漢初定儀則則命有四品」，句中「則」字，新書云：「黃注云，疑衍一『則』字，以『定儀』爲讀。今案『則』字不衍，章表篇云：『漢定禮儀，則有四品：一曰章，二曰奏，三曰表，四曰議。』句法與此正同。」訓故本「則」字不重。

上述各字，僅包括「原道」至「詔策」中之六篇，經與王利器新書，范文瀾文心雕龍注，參互比照，已見其考訂精覈有如此者。若推至全書五十篇，其精言奧義，可供吾人參考取資處，諒不下數十百條。可謂爛采舒金，彌足寶愛了。昔人遍訪而不易得，或得之未能充分利用，發揮實效；今筆者既僥倖獲睹於瀛海之外，值茲文心雕龍的理論，又普受中外學界重視之時，則此一日藏王惟儉文心雕龍訓故之出現，或可予吾人帶來進一步研究發展之契機。

五、善本的寶愛與利用

日藏明刊本王惟儉文心雕龍訓故，除在板本、注釋、校勘三方面，提供吾人實際之參考外，最難能可貴的，還在此書的本身，能經久獨存，爲國內公私立圖書館無一庋藏。昔乾隆三十八年，紀曉嵐評黃叔琳文心雕龍輯注，特別在宗經、辨騷二篇之末，附錄己見。云：

> 癸巳三月，與武進劉青垣編修，在四庫全書館以永樂大典所載舊本校勘，正與梅本相同，知王本為明人臆改。

細究文義，紀氏似未經眼王書，僅以永樂大典所載舊本與梅本同，卽斷定王本有明人臆改之嫌，今時隔三百年，原所謂永樂大典所載舊本者，已散佚不可見，可見者如梅子庚音註本，尚斑斑可考。至於王本之存於大陸北京圖書館者，其中是否有經明人臆改處，不可得知，但依此日本京都大學藏本言之，並未如紀氏所謂「臆改」的跡象。所以姑不論其在學術上的利用價値如何，單從其原璧無瑕，仍存有四百年前原刻之眞而言，亦足以躋身善本之林，與唐寫、元刻並存不朽了。

王惟儉文心雕龍訓故本，既是我國學術界不可多得的瑰寶，校勘文心雕龍的寵物，所以王利器在民國四十年作「校勘記」，通計其校勘所得五百三十條。經證明訓故本不誤不脫者一百四十條。不言脫誤，展卷可知其較俗本爲長者，七十三條。確有脫誤可指者，僅四十四條。是非難可質定者，二百七十三條。由此觀之，王氏訓詁對文心雕龍本文的通讀，已爲學者竭盡最大的服務；至於其他是非難定之二百七十三條，可資商量者甚多：如詮賦篇：「明絢以雅贍」，「明絢」一詞，元刻作「朋約」，依御覽改，唐寫本作「明絢」，而訓故作「朗約」，不同衆本，但孰是孰非，實難決定。又史傳篇：「吹霜煦露」，「煦」字，原作「噴」，梅六次本改作「煦」，黃本從御覽改，記纂淵海七五亦作「煦」，史略作「照」，而訓故作「噴」，「噴」乎？「煦」乎？亦殊難的定。至於脫誤者，如風骨篇：「豈空結奇字，紕繆而成輕矣」，句中「輕」字，義不可解，他本作「經」，「經」「輕」形音俱近致誤。又麗辭篇：「自揚馬張蔡崇盛麗辭，如宋盡吳冶，刻形鏤法」，句中「宋盡」，不解何義，淮南子修務訓有「宋畫吳冶，刻刑鏤法」，彥和造語，正引此文，故「宋盡」當是「宋畫」，「刻形」當是「刻刑」之誤。類此情形，雖僅五百多條中之四十四條，但對讀者而言，過雖出於無心，如以訛傳訛，則患可貽於永久。天下有善學之人，而無盡善之書，王氏文心雕龍訓故，固有不可忽視的價值，要亦非完美之本，端視學者如何善用耳。書末惟儉題識說得好：「正不知楊公原本今定落何處耳，安得快覩，一洗余之積疑乎！」楊公原本者，卽楊升菴批點本也，王氏書已定稿殺青，尚以不見楊公原本，一洗積疑爲憾，足見其辨章學術的苦心，尤不以訓故之成就而自滿也。

至於王氏訓故本，何時離開中土，遠託異邦的問題，就此書本身而論，殊難逆料，但從清朝各公私書目，均不著錄之情形觀之，殆明末經荒歷亂，流落扶桑歟？抑由他故而至斯耶？不過，此點之考證並非重要，目前最重要者，是對此一歷盡滄桑，重歸故國之善本古籍，如何去寶愛利用，使其經久不彰的潛德幽光，得到高度發揚，無愧爲彥和劉氏的功臣，才是正途。

六、王惟儉訓故本校勘記

卷一

原道第一 以鋪理地之形（作理地不誤）爲五行之秀實天地之心（實上有人字，心下有生字）益稷陳謨（作謨不誤）振其徽烈（振作縟）木鐸起而千里應（起作啓）莫不原道心以敷章（以敷章作裁文章）發揮事業（作揮不誤）旁通而無滯（滯作涯）鼓天下之動者存乎辭（無者字）光采玄聖（作玄不誤）民胥以傚（作傚不作効）。

徵聖第二 以文辭爲功（文作立）以多文擧禮（作文不誤）然則志足而言文（作忠不誤）文章昭晰以効離（晰作哲，効作象）是以論文必徵於聖窺聖必宗於經（作是以□政論文必徵於聖，必宗於經）雖欲訾聖（訾誤此言二字）。

宗經第三 自夫子刪述（刪作刊）聖謨卓絕（謨作謀）譬萬鈞之洪鍾（鍾作鐘）夫易惟談天（無夫字）入神致用（入誤人）故繫稱旨遠辭文（作文不誤）書實記言（記作紀）而訓詁茫昧通乎爾雅則文意曉然（此三句十四字誤移於下文「溫柔在誦故最附深衷矣」之下）離離如星辰之行（如作若）訓詁同書（詁作義）藻辭譎喻（辭作詞）故最附深衷矣（無故字，最誤敢，無矣字）禮以立體（以作記，體下有弘用二字）執而後顯採掇片言莫非寶也（作觀辭立曉，而訪義方隱，二句九字）春秋辨理（辨理二字作則字）尚書則覽文如詭而尋理即暢春秋則觀辭立曉而訪義方隱（四句二十四字，無）。

正緯第四　孝論昭晢（晢作哲）黃銀紫玉之瑞（銀作金，瑞不誤）。

辨騷第五　小雅怨誹而不亂（誹作謗）駟虬乘鷖（作翳不誤）夷羿蹩日（蹩作彈）木夫九首（木誤一，夫不誤）土伯三目（目不誤）體憲於三代（憲不誤）招魂大招（作大招不誤）酌奇而不失其眞（眞作貞）。

卷二

明詩第六　聖謨所析（謨不誤）清典可味（典作曲）暨建安之初（無之字）唯取昭晣之能（晣作晢）唯嵇志清峻（志作旨）或析文以爲妙（析作析）則雅潤爲本（無則字）則清麗居宗（無則字）。

樂府第七　殷整思於西河（作整不誤）匹夫庶婦（匹作及）志不出於滔蕩（作滔不誤）至於軒岐鼓吹（軒岐不誤）。

詮賦第七　（詮作銓）昔邵公稱公卿獻詩（邵作召）師箴瞽賦（瞽作瞍）而拓宇於楚辭也（拓宇誤作招，二字並以墨圍之）遂客主以首引（主誤至）極聲貌以窮文（無聲字）皐朔已下（作朔不誤）旣履端於唱序（作唱不誤）亂以理篇（亂誤辭）庶品雜類（作庶不誤）枚乘菟園（作菟不誤）明絢以雅贍（明絢作朗約）迅發以宏富（發作拔）並辭賦之英傑也（英傑二字作流）故義必明雅（必作以）色雖糅而有本（本作儀）分歧異派（歧誤枝）。

頌讚第九　魯以公旦次編（魯下有人字）商以前王追錄（商下有人字）非讌饗之常詠也（讌饗作饗讌）晉輿之稱原田（輿田俱不誤）武仲之美顯宗（武仲誤仲武）史岑之述熹后（熹誤僖）或範駉那（駉作坰）雖淺深不同（淺深作深淺）至於班傅之北征西征（西征誤西逝）雖纖曲巧致（雖不誤）助也（二字無）伊陟讚於巫咸（讚作贊）

又紀傳後評（後誤侈，並以墨圍之）而仲治流別（治不誤）動植必讚（必讚作讚之）然本其爲義（無本字）促而不廣（廣作曠）。

祝盟第十 祀徧羣神（神不誤）昔伊耆始蜡（耆作祈）土反其宅（反不誤）舜之祠田（祠作祝）即郊禋之詞（詞作辭）所以寅虔於神祇（虔不誤）祝幣史辭（祝不誤）侲子毆疫（疫誤疾）禮失之漸也（禮作體）。

卷三

銘箴第十一 魏顆紀勳於景鐘（鐘不誤）秦昭刻博於華山（博不誤）吁可笑也（笑誤茂）戰代已來（代不誤）作卿尹州牧二十五篇（無作字）溫嶠侍臣（侍不誤）故文資确切（資誤質，确誤確）其取事也必覈以辨（覈不誤）罕施後代（後字無，以墨圍圍之）。

誄碑第十二 觀其序事如傳（無其事二字）始序致感（感誤惑）彌取於工矣（工作功，並以墨圍之）紀號封禪（紀作始）亦古碑之意也（古作石）詞無擇言（詞作句）。

哀弔第十三 哀者依也悲實依心（兩依字俱作哀）而霍嬗暴亡（霍嬗不誤）始變前式（式作戒，並以墨圍之）雖發其精華（精作情）及晉築虒臺（虒不誤）史趙蘇秦（史趙不誤）斷而能悲也（原注此句疑有誤字）。

雜文第十四 揚雄覃思文閣（閣字不誤）庾敳客咨（敳字不誤）意榮而文悴（悴字不誤）甘意搖骨髓（髓字不誤）豔辭動魂識（動作洞）里醜捧心（醜字不誤）。

諧讔第十五（讔字不誤）蠶蠏鄙諺（蠏誤解）昔齊威酣樂（威不誤）但本體不雅（雅作雜）而詆嫚媟弄（媟作娸）至魏文因俳說以著笑書（文作大，笑誤茂）豈非溺者之妄笑（笑不誤）昔還社求拯於楚師（社誤揚，拯不誤）自魏代以來（以作巳）而君子嘲隱（無嘲字，隱下空一字）纖巧以弄思（思誤忠）然文辭之有諧讔（讔作隱）。

卷四

史傳第十六　史者使也執筆左右（無此八字）使之記也（也作巳）古者左史記言右史書事（作「者左史記事者，右史記言者）自周命維新（自作洎）昔者（二字無）以授於後（於作其）及至從橫之世（無及字）子長繼志（志誤至）則文非玄聖（玄作元）博雅弘辯之才（辯作辨）班史立紀違經失實（作「史班立紀並違經實」）元平二后（平二作帝王）袁張所製（製作制）若司馬彪之詳實（無若字）記傳互出（記作紀）繁乎著作（繁作繫）至鄧璨晉紀（璨作粲）又擺落漢魏（擺落作撮略）必貫乎百氏（氏作姓）時同多詭（無時字）勳榮之家（榮作勞）吹霜煦露（煦作噴）可爲歎息者也（無爲字）故述遠則誣矯如彼（故作欲）唯素心乎（心不作臣）而贏是非之尤（贏字不誤）。

諸子第十七　昔風后力牧伊尹（昔風后作昔者）尸佼兼總於雜術（佼不誤）逮漢成留思（留作普）九流鱗萃（無九字，萃下有止字）然繁辭雖積（繁字有）是以世疾諸子混洞虛誕（諸下無字，洞字不誤）乃稱羿斃十日（斃作彈嫦娥奔月（嫦作姮）轘藥之禍（轘誤轅）每環奧義（奧作其）咸敍經典（咸作或）雖標論名（標作摽）體勢漫弱（漫作漫）雖明乎坦途（雖不誤，乎作于）標心於萬古之上（標作摽）丈夫處世（丈字不誤）懷寶挺秀（寶作實）。

論說第十八　聖哲彝訓曰經（哲作世）倫理無爽則聖意不墜（作倫理有無，聖意不墜）八名型分（型作區）而研精一理者也（無精字）白虎講聚述聖通經（作白虎通講聚，述聖言□□通經）然亦其美矣（無亦字）次及宋岱郭象（㒸象二字不誤）銳思於幾神之區（幾作機）言不持正論如其已（作才不持論，寧如其巳）窮于有數究于無形（作窮有數追無形）可爲式矣（爲作謂）敬通之說鮑鄧（無之說二字）所以歷騁而罕遇也（騁作聘，遇不誤）。

詔策第十九　故授官錫胤（官作管）並稱曰命命者使也（命俱作令）漢初定儀則（無則字）敕戒州部（部作邦）易稱君子以制數度（數度不誤）勸戒淵雅（勸作觀）責博於陳遂（作「責博士陳遂」）和安政弛（和安作安和，弛作弛）衞覬禪誥（覬誤凱）弗可加已（已作也）互管斯任（互誤牙）故引入中書（作故ロロ中書）體憲風流矣（憲誤慮）魏武稱作敕戒當指事而語（語作詰）在三罔極（罔誤同）。

檄移第二十　有文告之辭（句前不衍令字）董之以武師（武師誤師武）詰苞茅之闕（詰作告，苞作菁）則稱恭行天罰（恭作龔）亦且厲辭爲武（無且字）使聲如衝風所擊（衝作衡，擊作繫）徵其惡稔之時（徵不誤）布其三逆（布作有）陳琳之曒豫州（無豫州二字）誣過其虐（虐作虛）曒然露骨矣（作皎然露口固矣）又州郡徵吏（郡作邦）順命資移（順誤頒）堅同符契（同誤用）三驅弛網（網作綱）。

卷五

封禪第二十一　錄圖曰（錄作綠）是史遷八書（是下有以字）名號之祕祝祀天之壯觀矣（名作銘，無祝字，祀下作口）秦皇銘岱（秦作始）誦德銘勳（誦作請）固維新之作也（維作惟）則文自張純（自作字）敘離亂（亂作分）雖文理順序（順作頗）而日新其采者（采作來）。

章表第二十二　謂德見於儀（「言德見儀」）三辭從命（辭字不脫）曹公稱爲表不必三讓（必作止）故能緩急應節矣（無矣字）則張華爲儁（儁作僑）原夫章表之爲用也（之不誤）以文爲本者矣（無文字）然懇惻者辭

爲心使（惻作愊）浮侈者情爲文使（文作言）麗於黼黻文章（於作以）。

奏啓第二十三　昔唐虞之臣（臣作世）秦漢之輔（輔作朝）劾愆謬（愆作僣）言敷于下（無言字）晁錯之兵術（術作事）辭亦通暢（暢作明）溫嶠懇惻於費役（惻作切）若夫傅咸勁直（咸字不誤）禮疾無禮（疾作嫉）若能闢禮門以懸規（闢作闕）或云謹啓（作「或謹密啓」）必歛飭入規（飭作轍）矯正其偏（矯正作□□）皁囊封事（事作板）皁飾司直（飾作飭）。

議對第二十四　迄至有漢（至作今）程曉之駮校事（程字不誤）秦秀定賈充之謚（謚字不誤）而詮貫以敘（以字不誤）而腴辭弗翳（腴字不誤）戎事必練於兵（必作□）佃穀先曉於農（佃字作田）亦爲遊辭所理矣（理作埋，無矣字）從文衣之媵（媵下有者字）驗古明今（作考驗古今）及後漢魯丕（丕誤平）獨入高第（獨作以）並前代之明範也（前誤明）魏晉以來（以作已）而雜集乎堂（乎作于）斷理必剛（剛正作剛）治體高秉（治作洽）。

書記第二十五　總爲之書（之作尚）書之爲體（書上有尚字）君子小人見矣（見上有可字）取象於夬（於作乎）詭麗輻湊（湊字不誤）留意詞翰（詞作辭）趙至敘離（敘作贈）親疎得宜（親疎作疎密）故宜條暢以任氣（條字不誤）表識其情也（表識作識表）則有方術占式（式不誤）則有律令法制（令作命）九章積微（微誤徵）故稱爲術（稱字不誤）式者則也（者字不脫）五音以正（此句下不衍音以正三字）八刑克平（刑作形）管仲下命如流水（命作令）如匠之制器也（脫如字）符者孚也（孚字不誤）布置物類（類作情）關閉當審（當作由）〔公孫亶回聖相也（回字不誤）纖密者也（纖作籤）體貌本原（體字不誤）喪言亦不及文（文不誤）囊漏儲中（漏字不誤）太誓云（無云字）。

卷六

神思第二十六　馴致以繹辭（繹字不誤）疏則千里（疏作疎）阮瑀據鞌而制書（鞌字不誤）然則博見爲饋貧之糧（見作聞）心以理應（應誤勝）。

體性第二十七　並情性所鑠（鑠作爍）則輻輳相成（輳作湊）文體繁詭（體字不誤）。

風骨第二十八　索莫乏氣（作索課乏風）論劉楨則云有逸氣（有上有時字）夫翬翟備色而翾翥百步（無而字）鷹隼乏采而翰飛戾天（無而字）若夫融鑄經典之範（鑄作冶）然後能孚甲新意（孚字不誤）紕繆而成經矣（經誤輕）珪璋乃騁（騁字不誤）。

通變第二十九　臭味晞陽而異品矣（晞字不誤）志合文則（則誤財）則文於唐時（無則字）魏之篇製（篇字不誤）搉而論之（搉字不誤）故練青濯絳（絳作錦）固無端涯（固作因）象扶桑於濛汜（濛作蒙）光若長離之振翼（光作毛）。

定勢第三十　澗曲湍回（湍作文）效騷命篇者（效作効騷字不誤）是楚人鬻矛譽楯（循作盾）則準的乎典雅（典雅作雅頌）必顚倒文句（句作向）枉轡學步（枉作狂）力止壽陵（止誤心，壽誤襄）。

卷七

情采第三十一　木體實而花萼振（花作華）縟采名矣（采作彩）五情發而爲辭章（情作性）研味孝老（孝字不誤）將欲明理（理字不誤）舜英徒豔（舜作蕣）。

鎔裁第三十二　一意兩出（一字不誤）文之肬贅也（肬作疣）是以草創鴻筆（鴻誤鳴）獻替節文（替不誤）條貫

統序（統作始）隨分所好（隨作適）引而申之（申作伸）善敷者辭殊而意顯（意作義）張駿以為艾繁而不可刪（駿字不誤）乃情苦芟繁矣（芟作芨）。

聲律第三十三　良田外聽易為巧而內聽難為聰也（作良由外聽易為□而內聽難為聰也）響有雙疊（雙疊作僉散）逐新趣異（趣作趨）滋味流於下句（下字不誤）勢若轉圜（圜作圓）疎識闊略（疎識不誤）隨音所遇若長風之過籟南郭之吹竽耳（作隨音所遇□□□若長風之過籟流水之浮花□□□鄭人之買櫝南郭之吹竽耳）。

章句第三十四　追媵前句之旨（媵字不誤）若辭失其朋（朋字不誤）兩體之篇（作而體之□篇）尋兮字成句（成作承）辭忌失朋（失誤告）。

麗辭第三十五　率然對爾（爾作耳）則句句相銜（句句作八句）如宋畫吳冶（畫作盡冶作治）剖毫析釐（剖作割）長卿上林賦云（無賦字）徵人之學（徵作微）劉琨詩言（詩言不誤）跉踔而行也（跉作踸）理自見也（自作斯）。

卷八

比興第三十六　興則環譬以寄諷（寄作託）故夫人象義義取其貞（夫作淑，義俱作儀）至於麻衣如雪（於作如）諷刺道喪（諷字不誤）如慈父之畜子也（畜作愛）甕曳緒（曳作抽）資此効績（効作效）季鷹雜詩（雜誤春）若刻鵠類鶩（鵠字不誤）攢雜詠歌（雜作蘿）。

夸飾第三十七　孟軻所云（云作謂）飛廉與焦明俱獲（焦明字不誤）又子雲羽獵（羽作校）既非魑魅（魑魅字不誤）惟此水師（師作怪）亦非魍魎（魍魎作魑魅）

事類第三十八　陳政典之訓（政作正）及揚雄百官箴（百字不誤）華實布濩（濩不誤）有學飽而才餒（學飽作飽

學）戴籍浩瀚（瀚作汗）必列膏腴（列作裂）衆美輻輳（輳作湊）置於閒散（散作□）。

練字第三十九　鴻筆之徒（鴻作鳴）孔徒之所纂（纂字不誤）雅以淵源詁訓（詁作詰）三權重出（出字不誤）曹攄詩稱（攄字不誤）則齟齬爲瑕（齟齬作鉏鋙）詩騷適會（騷作驗）則黯黕而篇闇（黕作黑）姸媸異分（媸作蚩）。

隱秀第四十　義生文外（生字不誤）譬爻象之變互體（互作玄下同）而瀾表方圓（原注「以下有脫誤」）朔風動秋草（無朔字）非研慮之所課也（課作果）或有晦塞爲深雖奧非隱（無「晦塞為深雖奧非隱」八字）。

卷九

指瑕第四十一　雖寧僭無濫（僭誤降）然高厚之詩（厚作原）亦配義矣（矣作也）夫辯言而數首蹄（無首字）。

養氣第四十二　戰代枝詐（枝作技）叔通懷筆以專業（叔字不誤）志於文也（志作至）腠理無滯（腠字不誤）雖非胎息之邁術（邁作萬）。

附會第四十三　斯綴思之恆數也（恆作常）夫文變無方（無字不誤）或尺接寸附（作片接以寸附）夫能懸識腠理（腠字不誤）然後節文自會（節文作文節）昔張湯擬奏而再却（擬作疑）而詞旨之失調也（詞作辭）及倪寬更草（倪作兒）餘風不暢（餘上有而字）。

總術第四十四　今之常言（今不誤）還攻其楯矣（楯作盾）六經以典奧爲不刊（六作分，刊誤利）故知九變之貫匪窮（貫不誤，窮作躬）蕪者亦繁（蕪不誤）不必盡窕槬之中（槬字不誤）豈能控引情源（情不誤）棄術任心（棄作無）乃多少之並惑（並作非）。

時序第四十五　嚴於秦令（秦作奏）歎倪寬之擬奏（倪作兒，擬作疑）美玉屑之譚（美作笑，譚作諫）爰自漢室（室作宣）班彪參奏以補令（奏作表）賈逵給札於瑞頌（札瑞二字不誤）子叔德祖之侶（子字不誤，叔作俶）應傳三張之徒（徒字不誤）逮明帝秉哲（秉哲字不誤）函滿玄席（函作亟）澹思濃采（濃作醲）自明帝以下（帝字脫）亦不可勝也（勝下有□）文思光被（光作充）暖焉如面（暖字不誤）。

卷十

物色第四十六　兩字連形（連字不誤）。

才略第四十七　蘧敖擇楚國之令典（敖字不誤）趙衰以文勝從饗（衰字不誤）公孫揮善於辭令（揮作暈）議愜而賦清（愜作掘）能世厥風者矣（能字不誤）思洽識高（識作登）而絢采無力（采作綵）左思其才（奇作立）士龍朗練（練作陳）以識檢亂（亂作辭）並楨幹之實才（楨作杝）劉琨雅壯而多風（風作諷）孫盛干寶（干寶不誤）。

知音第四十八　醞藉者見密而高蹈（藉字不誤）觀文者披文以入情（披文作披辭）然而俗鑒之迷者（「鑒」正作「鑒」）其事浮淺（其下有□）譬春臺之照衆人（照作熙）洪鍾萬鈞（鍾作鐘）。

程器第四十九　而近代辭人（辭作詞）潘岳詭禱於愍懷（禱作禱，愍懷作愍懷）孫楚狠愎而訟府（狠作恨）散采以彪外（采不誤）負重必在任棟梁（負字不誤）。

序志第五十　夫文心者（無夫字）故用之焉（故上有夫字，焉字有）豈取騶奭之羣言雕龍也（騶作鄒，無之字）形同草木之脆（同作甚）予生七齡（予作余）迺怡然而喜（無迺字）大哉聖人之難見也（也字不誤）乃小子之垂夢歟（歟作與）莫若注經（注作註）至於魏文述典（於作如）仲治流別（治字不誤）流別精而少功（功字不誤）

原始以表末（末作時，又注云：一作來）至於割情析采（割作剖）苞會通（苞作包）崇替於時序（替誤贊）怊悵於知音（怊悵不誤）亦不勝數矣（不下有可字）及其品列成文（品列作評品）聖人所難（聖人作前聖）識在缾管（缾作瓶）眇眇來世（眇眇作渺渺）倘塵彼觀也（倘作諒）。

【附註】

註一　黃叔琳養素堂文心雕龍輯注一書之原刻，現藏於臺北外雙溪國立故宮博物院。

註二　梅子庚音註，楊升菴批點木文心雕龍，原刊於明萬曆四十年（西元一六一二）豫章梅氏刊刻，現藏於臺北國立中央圖書館。

註三　王惟儉文心雕龍訓故本校勘記，爲王利器作，原載於文心雕龍新書第一七〇至一七七頁，今特根據「訓故本」再比對王氏原校，刪其不必要者，正其筆誤者若干條後，附列於本文之末，卽第㈥王惟儉訓故本校勘記是也。

註四　文心雕龍板本考略一文，原載於民國六十三年(一九七四)三月中央圖書館館刊新七卷第一期與第二期，以後作者收入六十八年（一九七九）由臺北文史哲出版社印行的重修增訂本文心雕龍研究中。

註五　祥符：地名，今在河南開封。

註六　光宗卽位，卽泰昌元年（西元一六二〇）。

註七　關於王利器於「文心雕龍新書序錄中，所謂「前北京大學西北科學考察團員某藏唐寫本，約長三尺」一事，王元化於民國七十一年（一九八二）七月著日本研究文心雕龍論文集序中曾云：「去歲，筆者承中國社會科學院文學研究所敏澤同志見告他查訪經過。據他說，此三尺殘卷確爲『隱秀篇』解放初，有幾位學者曾親眼見到，但經十年內亂，現已下落不明云云。」

註八　文心雕龍元至正乙未（西元一三五五）嘉興郡學刊本，民國以來，研究文心雕龍的學者都沒有見過。民國七十三年（一九八四）十月，上海古籍出版社已按原刻影印行世。

註九　所謂元刻，卽指元至正乙未（一三五五），刊於嘉興郡學之本。此本目前已影印行世，詳情參閱本文附註八。

拾壹　范文瀾文心雕龍註駁議

一、前　言

文心雕龍註的作者范文瀾，以六年的苦心經營，參考三百五十種左右的資料，寫成百餘萬言的論著，這部著作當時確曾譽滿士林，爲不可多得之作。然居今看來，尚不免有誤。特董理歸納，約爲下列三事。至於校勘的失誤，註解的錯訛，出處的不明，還不包括在內（註一）。

二、資料採輯未備

資料爲著述的首事，若資料採輯未備，不僅不可以著書，尤不可以淑世。所以欲著書淑世，對於有關資料的博搜約取，至屬刻不容緩。過去司馬遷紬金匱石室之書，周覽四海名山大川，與燕趙豪傑交遊，然後始成所謂究天人之際，通古今之變，成一家之言（註二）。班固爲蘭臺令史，繼父親班彪之業，該萬方，緯六經，函雅故，通古今，潛精積思二十餘年，將有漢十二世，二百三十年的歷史，作爲紀、表、志、傳凡百篇曰漢書（註三）。就是司馬光修通鑑，也是從宋英宗治平二年（一〇六五）受詔，到神宗元豐七年（一〇八四）成書，其間歷時十有九年。經他曾經採用的書籍，統計起來，除正史以外，雜史凡三百二十二種。書成後，其殘稿之留在洛陽者，尚積屋盈篋（註四）。足見資料之採輯，爲著述之首事。今觀范氏文心雕龍註，於有關資料多闕而未備。玆舉其特別顯著者。如

甲、年　譜

知人必先論世，而論世又莫善於紀傳和編年。文心雕龍作者劉勰，於梁書、南史皆有傳，但二傳多僅記姓名、籍貫、略歷而已。對其生卒、行事，却簡而欠詳。考范註，首錄梁書劉勰傳，序志篇註㈥列有清朝劉毓崧書文心雕龍後，繼而又詳加考訂，附綴於劉文之末，以補其未備。於此可見范氏對此一問題有相當重視。過去楊明照作文心雕龍校注拾遺，開宗明義就把他作的梁書劉勰傳箋注列於卷端。並且很懇切的說：

> 劉舍人的身世，梁書，南史皆語焉不詳，文集既佚，考索愈難，雖多方涉獵，而弋釣者仍不足成篇。爰就梁書本傳為之箋註，或可稍知其人。

可是，事實上，關於劉彥和生平資料，居今可見的，並不局限於梁書、南史劉勰傳，以及劉毓崧的讀文心雕龍書後。其他如：史記高祖本紀，齊悼惠王世家，漢興以來諸侯年表；漢書高帝紀、高五王傳、諸侯王表、王子侯表，宋書卷八十一劉秀之傳，卷四十二劉穆之傳，南齊書劉祥傳，南史劉穆之傳，南宋釋祖琇的隆興通論，釋志磐的佛祖統紀，釋本覺的釋氏通鑑，元釋念常的佛祖歷代通載，釋覺岸的釋氏紀古略等，由此足以考見其家庭世系生平行事之大略。而文心雕龍的序志、程器、原道、

徵聖、宗經、正緯、辨騷等篇，更可由其中的行文措辭，得窺劉勰著書立說的旨趣與體例。至若南齊書高僧傳中的臧榮緒傳，梁書武帝本紀、昭明太子傳、諸葛璩傳，以及釋慧皎高僧傳中的釋僧祐傳、釋僧護傳、釋僧柔傳、釋超辨傳，唐釋道宣撰的續高僧傳中的釋僧旻傳等，由此可略知其受前代或當代人事、環境上的遭遇和影響。還有像南齊書王儉傳、十七王傳、竟陵文宣王子良傳、陸厥傳、孔稚圭傳、王融傳、梁書梁元帝本紀，簡文帝本紀、劉孝綽傳、王筠傳、蕭子顯傳、庾肩吾傳、范雲傳、謝朓傳、江淹傳、丘遲傳、徐勉傳等，從這裏更可以看出他和同代或前後期的學術界人士，彼此交往過從，相激相盪的關係。至於可資佐證的相關史料，如出三藏記、法苑記、世界記、釋迦譜、弘明集、孔延之的會稽掇英總集、歐陽詢的藝文類聚、張溥的漢魏六朝百三家集、嚴可均的全梁文，都可以做爲研究劉勰生平事迹的旁證。以如此的資料，對這位距今一千五百年前的作家來說，已不能算少。如果我們必欲求其毫無遺憾而後再譜劉氏的一生，恐怕永世不能竟其業。故注釋文心雕龍首應博蒐資料，爲劉勰作一年譜或年表，錄於書前。俾學者感應興發，收到觀摩勸善的效果。然而范氏注文心，不此之作，竟因陋就簡，便宜行事，於書前底頁，附一梁書本傳，本傳之中，於原引序志篇文，還以「文有書在，玆不復錄」爲由，加以刪除。殊不知唐初魏徵撰梁書，他當時所見的文心雕龍，和今本大有出入。今范氏既不錄原文，復不爲彥和編年，令讀者有「望史傳而安仰」的遺憾。此我所謂文心雕龍註採輯未備者一也。

乙、板　本

讀書有二要，學者不可不知。一爲「知人」的事，一爲「知書」的事。知人的事，即編年紀傳。使學者由其生平行事之迹，逆考作者原始著述時的心路歷程。此對於瞭解本書的內容、作意，甚而持論立說的傾向，幫助很大。知書的事，卽板本翻刻。書須讀善本，尤其讀中國書更需如此。因爲古人著書，多爲手抄，唐、宋以後，雕版始見。手抄尙不免筆下之誤，雕版尤易被手民所誤植，而發生魯魚亥豕的現象。如果再經拙人失校，則原書於幾經翻刻之後，其中誤奪、誤衍、顚倒、錯簡、缺佚、漏落的地方，勢必倍增，甚而到了不忍卒睹的地步。所以校書貴得善本，而讀書尤貴善本，道理就在乎此。劉勰文心雕龍自齊和帝中興元、二年（五〇一）間成書後，經唐歷宋，由元至明，而淸、而民國，已一千四百七十餘年。自淸末王道士揭開敦煌密藏的序幕以來，唐人草書文心雕龍殘卷，卽被發現於西陲。將之和俗本文心相較，兩者歧互之烈，簡直叫人咋舌。而「殘卷」的內容，只是上起原道篇贊「龜書呈貌。天文斯觀，民胥以効。」下訖諧讔篇第十五篇題，還不及全書的三分之一。另外三分之二的篇目，可以說到目前爲止，還沒有與殘卷同時，或更早的文獻相參校。宋本今無一存，元板之存於今日者，是至正乙未（一三五五）嘉禾本。所以居今而言校勘文心雕龍，如果能以元至正乙未嘉禾本爲底本，再參以明、淸各家精心校勘的本子，應該可以使紛矗之文，盡還舊觀，訛奪之處，咸秩無紊，整理出一個定本來。這當然是從事文心雕龍研究者，所一致努力的目標。

通計在文心雕龍手抄本方面，可以看到的共有九種，九種之中，莫古於唐寫本文心雕龍殘卷。其次爲明永樂大典本，根據四庫全書文心雕龍提要，似淸初尙存內府；但核對今本世界書局影印的永樂大典殘卷，則原抄已不可見。其他四庫全書本文心雕龍，係由明嘉靖庚子（一五四〇）歙邑汪一元校刻本而來。淸謹軒本文心雕龍，出自何允中重編漢魏叢書本。至於四庫全書黃叔琳輯註本，又是就明楊升菴批點，梅慶生音註，和王惟儉訓故增益而成。其他季振宜、瞿子雍、張誕嘉、陳琰四家所藏的手抄本，散聚存佚，多不可知。在單刻本方面：自阮華山宋本，到淸末崇文書局本，共得十八種。其中原刻之在臺可見者，有明弘治甲子（一五〇四）吳門本，明嘉靖庚子（一五四〇）歙邑汪一元本，明萬曆壬午（一五八二）兩京遺編本，明何允中廣漢魏叢書本（一五九二），明說海彙編本，淸王謨增訂漢魏叢書本（一七九一）。陷入大陸者，有元至正乙未（一三五五）嘉禾本（註五），明嘉靖癸卯（一五四三）佘誨本，明萬曆己卯（一五七九）張之象本，淸光緒三年（一八七七）湖北崇文書局本。（註六）其中如阮華山宋本，胡夏客宋本，或傳聞異辭，或秘藏私家，皆史留空目，詳情不可知。在評註本方面：有十三種。以宋朝辛處信文心雕龍註爲濫觴，其次是明萬曆己酉（一六〇九）王惟儉訓故本，萬曆四十年（一六一二）楊升菴批點，梅慶生音註本，萬曆壬子（一六一二）吳興凌雲刋五色套印本，金閶擁萬堂鍾惺秘書九種本，天啓二年（一六二二）梅氏第六次校定本，以及合刻五家言文言本。至淸，又有康熙三十四年（一六九五）抱青閣本，乾隆六年（一七四一）姚刻黃註養素堂本，乾隆五十六年（一七九一）張松孫輯註本，道光十三年（一八三三）兩廣節署本。民國以來，以木刻方式印行的，有六年（一九一七）的龍谿精舍叢書本。以石印方式問世的，有十三年（一九二四）的掃葉山房本。至於校本方面：約二十種。如謝兆申校本，徐𤊹校本，錢允治校本，馮舒校本，何焯校本，葉石君校本，沈岩校本，吳翌鳳校本，張青芝校本，張紹仁、吳翌鳳合校本，吳騫校本，吳枚菴校本，孫樹枃校本，黃丕烈校本，顧廣圻傳校本，徐渭仁校本，顧黃合校本，譚獻校本，孫詒讓校本，傅增湘校本。這些爲數不少的校本，眞能在國內見到的並不多。另外在選本方面：如梁書、南史之見於百衲本二十四史，王逸楚辭章句，廣文選，文體明辨，續文選，古論大觀，諸子彙函，尺牘新鈔，莒州志，古今圖書集成，陳仁錫諸子奇賞等十二種，都是非常難得的本子。以上所述關於文心雕龍傳世以來的手抄本、單刻本、評註本、校本和選本，共七十二種，居今皆斑斑可考。文心雕龍註作者正宜詳列文心雕龍古今相傳的板本於書前，使讀者不但藉此可知文心傳本流變之大略，更可以按圖索驥，作爲自我研究的依據。而今文心雕龍註竟一無所考，更遑論著錄，此我所謂文心雕龍註採輯未備者二也。

丙、敍　錄

文心雕龍體大慮周，籠罩羣言，古來學術界人士，都共尊它是藝苑的秘寶，文壇的奇葩。所以後人著述，與文心學理可以互相發明者，如稍事留意，是又不限於各家札記或文集。尤其自宋、元以迄於今的各種刻本的序跋，史志的著錄，更涵藏着有關這方面的大批資料。想作者於廣羅異本，覓工鋟版之餘，又瀝辭鐫思，將個人研讀的心得，校讎的經過，對讀者的期望，藉著序文、跋語加以表達。如果我們眞能精理密會，卽令是片言隻字，亦足以發人深思。所以過去明朝梅慶生註文心，便曾經列舉了十七種以上的資料。此種資料，大多數是屬於板本的敍錄。可見梅氏於當時，早就具備了這種構想。刻本敍跋之居今可數者甚多，如：元錢惟善至正乙未嘉禾本文心雕龍序、明王惟儉萬曆己酉本文心雕龍訓故序、曹學佺萬曆壬子梅慶生音註本文心雕龍序、都穆、馮允中弘治甲子吳門楊鳳繕本文心雕龍序、方元禎嘉靖庚子本文心雕龍序、程寬嘉靖辛丑建陽本文心雕龍序、佘誨嘉靖癸卯本文心雕龍序、葉聯芳、樂應奎嘉靖乙巳沙陽本文心雕龍序、載璽信父嘉靖丙寅本文心雕龍序、張之象萬曆己卯本文心雕龍序、伍讓萬曆辛卯本文心雕龍序、朱謀瑋萬曆癸巳本文心雕龍跋、顧起元萬曆己酉梅慶生音註本文心雕龍序、閔繩初楊升菴批點本文心雕龍引、胡維新、原一魁兩京遺編序、後序、王謨漢魏叢書本文心雕龍跋、張松孫淸乾隆五十六年文心雕龍刻本序言、張澍代盧厚山制軍刻紀文達公批文心雕龍序、吳蘭修兩廣節署本文心雕龍跋、姚培謙黃叔琳養素堂本文心雕龍跋、顧廣圻文心雕龍校本跋、傅增湘徐與公校文心雕龍跋等。此外，歷代名家的評語，更是字字精萃，胸臆獨出，堪資注意的地方很多。例如：楊愼、曹學佺、鍾惺、黃叔琳以及紀昀諸人的文心雕龍評便是。其次史志著錄，也是可供考訂或了解文心的重要依據。由於前代史學家、目錄學家和藏書家，對文心雕龍類聚羣分的不同，他們有時更用另外的角度，來考索文心雕龍的內蘊。所以精言奧語，往往流露於脣脗，呈現於筆墨。如將文心雕龍納於總集類的，有隋書經籍志、舊唐書經籍志、江南圖書館善本書目。歸入別集類的，有袁州本郡齋讀書志。入於集部的，有重編紅雨樓題跋、天祿琳琅書目續編、雙鑑樓善本書目、四庫全書薈要目、善本書室藏書志等。屬於文集類的，有文淵閣書目。古文類的，有行人司書目。屬於子雜類的，有菉竹堂書目。入於諸家詩文名選類的，有世善堂書目。屬文說類的，有衢州本郡齋讀書志、絳雲樓書目。文史類的，有唐書藝文志、崇文總目、通志藝文略、遂初堂書目、直齋書錄解題、文獻通考經籍考、宋史藝文志、百川書志等。屬於詩文評類的，有國史經籍志，述古堂藏書目、四庫全書總目、四庫全書簡明目錄、鐵琴銅劉樓藏書目、八千卷樓書目、江蘇省立圖書館現存書目等。甚而還有不著類別的，如平津館鑑藏書記、莚圃善本書目、曝書雜記等。綜覽各史志的著錄分類，忽集忽史，忽子雜，忽古文，幾乎可說是隨性所好，任意安排（註七）。以上所謂「板本序跋」「文心評語」「史志著錄」，就文心本文而言，雖屬瑣細末節，但有關前人研究文心之成果、方法、態度，又往往藉此給讀者莫大的暗示或啓發。對提振「文心雕龍學」的研究層面而言，實具有高度的參考價值，應該鉅細靡遺，集結成編，俾讀者對照見義，以免翻檢之勞。但文心雕龍註，却置此不顧。所以幾十年來，研究者還只好牢守着文心雕龍本文，去校勘註釋。對於動態性的資料，只好面臨茫茫學海，望羣書而興嘆了。此我所謂文心雕龍註採輯未備者三也。

丁、遺　著

梁書劉勰傳稱彥和有「文集行於世」。可是隋書經籍志沒有著錄，南史劉勰傳刪去此句。看情形，此一文集，在唐朝初年的時候，已經亡佚不存了。餘如釋僧祐出三藏記卷十二法集雜記目錄，列有彥和所製的碑銘數篇，如鍾山定林上寺碑銘、建初寺初創碑銘、僧柔法師碑銘等。慧皎高僧傳又言其作有釋超辨碑文、釋僧祐碑文。以上各文，居今只能見到它們的篇目，本文一篇也看不到。至若連篇目也看不到的，更不知道有多少了。這對於一位窮年著述，孜孜不倦的學者而言，實在令人言之傷心！所以有關彥和遺著，允宜盡力搜求。過去唐歐陽詢纂藝文類聚，卷七十六曾節引劉勰作的梁建安王造剡山石城寺石像碑文，淸嚴可均輯全梁文，據南史本傳，轉錄文心雕龍序志篇，據弘明集卷八，轉錄滅惑論，又據藝文類聚迻錄梁建安王造剡山石城寺石像碑文，似不知孔延之的會稽掇英總集卷十六，尙保有碑文的全篇。其中序志已見文心書中，滅惑論及石像碑文亦應附錄，以見彥和劉氏藝文之一斑。或將「論」附論說篇，「碑文」附誄碑篇或銘箴篇，用資啓發，俾觀彥和的文論與實際著作。如此，豈不更愈於其例言中自云「古來賢哲，至多善言，隨宜錄入，可資發明」乎？此我所謂文心雕龍註採輯未備者四也。

三、體例書寫不當

凡一部獨立成家的著述，欲傳遠流長，必須具有獨立的觀點，堅定的立場，統一的體例。不僅行文要前後一致，始終不變，結構尤應設計周延，無懈可擊。始能讓讀之者，有首尾圓合，條貫統序的感覺。以下由文心雕龍註中所持的觀點、篇旨、行文、稱謂、篇卷等五方面，分別言之。

甲、觀　點

觀點不獨立，不僅不能做人做事，尤不能著書立說。以之做人，則如牆頭之草，隨風搖擺，永難立穩脚跟，看不出自家特有的面目。以之著書，如盲人瞎馬，既不知何所爲而云然，尤不知何所爲而不云然。是非既無標準，眞理自然難明，徒病支離，莫益勸戒。做人不能立定脚跟，只是害己，著書若無原則，最是害人。害己關係事小，害人關係事大，故述作不可不愼。式觀文心雕龍註，書首例言後，列有日本鈴木虎雄黃叔琳本文心雕龍校勘記之第一章緒言，第二章校勘所用書目。鈴文完稿於民國十七年，即昭和三年，西元一九二八年；文心雕龍註始印於民國十四年（西元一九二五），等到上海開明書店刋行文心雕龍註七冊一函時，已經是二十五年（一九三六）的事了。據文心雕龍註例言的說法，他認爲黃叔琳校本最善，所以他校釋文心，除了依據黃本外，再參以孫仲容手錄「顧千里、黃蕘圃合校本」，「譚復堂校本」，「鈴木校勘記」，「趙萬里校唐人殘寫本」等，似此，則鈴木校勘記不過是其參考的五種資料之一而已，沒有必要在參考其校勘記外，又迻錄這位日本學者的緒言，與校勘所用書目」；卽令是轉錄，緒言之後，亦不必再附其所用書目。所以文心雕龍註將鈴木先生之校勘記所用書目，一字不易的載於書首。目的很可能是在瑜揚鈴木先生的見多識廣，超邁前人。不然，在當時李詳補註，黃季剛札記均梓行可觀的情形下，而李補在書前固隻字未提，就是黃札亦僅散置註間。尤其是李補的前言，黃札的題詞及略例，在文心雕龍註中絕不可睹。這是作者的刻意安排呢？或是本無所見呢？不過，不管作者是出於那一種不得已的情形，這種疏漏，總給讀者產生不可思議的感覺。同時，由於作者對前人作品著錄的缺乏原則性，尤其只錄日本學者，不錄國內學者之事實，證明了作者從事著述的觀點，至少在當時，其獨立意識和民族思想，有了偏差的傾向。再說校勘所用書目，是鈴木校勘黃本所用者，與文心雕龍註何預？既無關係，而竟連篇累牘，詳細開列其書目，來裝點自己的門面，這種不倫不類的情形，實在最是不合著述的體例。

乙、篇　旨

文心雕龍註對於各篇篇旨有釋有不釋，絕無題例可循。檢文心雕龍註五十篇的篇題，原道、徵聖有註，宗經無註。正緯、辨騷有註，明詩、樂府、詮賦不註。頌讚、祝盟有註，銘箴、誄碑、哀弔、諧讔又不註。史傳、諸子有註，而論說、詔策、檄移無註。封禪有註，章表、奏啓、議對、書記無註。神思復有註，而體性不註。風骨引黃氏札記爲註，通變引紀評黃札爲註，定勢有註，鎔裁、情采又引黃札爲註，聲律有註，章句、麗辭有註，比興又無註。夸飾有註，事類引黃札爲註。練字有註，隱秀又缺註。指瑕引黃札爲註，養氣、附會、總術、時序更不加註。物色有註，而才略又註，知音、程器失註。書末序志篇復援紀評爲註。總計全書篇題之有註者二十有三，其他二十七篇無註。誠因彥和之文心雕龍，分上下二篇。而各篇均以二字命題，各題均含有特殊的意義。現在卽以下篇二十五爲例：神思、風骨、通變、定勢、情采、鎔裁、聲律、章句、麗辭、夸飾、事類、練字、指瑕、物色、才略、序志各篇皆有釋文，而沒有釋文的，有體性、比興、養氣、附會、總術、時序、知音、程器等，均須透過解釋，讀者始能了解全篇的旨趣。例如體性篇之言文章風格。比興篇之言修辭技巧，是比顯與隱，比附與起，以及與義銷亡，比體雲構之理。養氣篇之言慮明氣靜之法。附會篇之言附辭會義，卽如時下所謂的「布局」「結構」。總術篇之言文筆兩分，並强調文術的重要性。時序篇之言文學與時代背景的關係。知音篇之言文學與讀者鑑賞的關係。程器篇之言文學與道德修爲的關係。可以說各篇篇題無不是言近指遠，如不細心推敲，光從文字表面去顧名思義，不但容易發生誤解，尤難觀瀾索源，參透彥和立案的本根。而范氏文心雕龍註，竟有釋有不釋，自是失之不檢。但衡諸著述的常規，豈非刺謬乎？

丙、行　文

讀文心雕龍，須首事校勘。而校勘行文又須有一定的體例。或隨文刊正，再加說明；或校附註中，不另單行；或先校後註，望文可見。總而言之，如何能達到展卷清晰，朗若列眉，先使書受我之益，而後讀者始能受書之益，這才是校勘的準繩。觀文心雕龍註，他的校勘方式，例言中既沒有明確的交代，我們便很難看出他行文的程序。所以有時候他隨文刊正，有時候又校附註中，有時校而不註，有時又別目單行，可謂五花八門，毫無體例可循。玆以原道篇爲例：如「至於林籟結響，調如竽瑟」句下雙行細字，引「孫云御覽五八一引作竹琴，明抄本御覽作竽琴」。「幽贊神明」句下，引「孫云御覽五八引太作泰，贊作讚」。「洛書蘊乎九疇」句的「洛」字下，引「黃云案馮本洛作雒」。「玉版金鏤之實」句下，引「鈴木云御覽作寶」。「唐虞文章，則煥乎始盛」的「始」字下，引「馮本作爲，鈴木云御覽亦作爲」。又「鼓天下之動者」句下，云：「者字從御覽增」。其中引「黃云」指的是「黃叔琳」，「鈴木云」，是指日人「鈴木虎雄」。「馮本」，指「明弘治甲子（西元一五〇四）吳中刊本的馮允中」。這些都是一望其姓，便馬上可以推知其人的。至於「孫云」觀文心雕龍註第三頁，所附「元校姓氏」三十四位校勘家中，以「孫」爲姓的有二，卽「孫汝澄字無撓」，「孫良蔚字文若」。此處所謂的「孫云」，究竟指的是「孫汝澄」呢？或「孫良蔚」呢？又近人孫詒讓也有文心雕龍札迻之撰，這個「孫云」，指的是「孫詒讓」嗎？實在令人費解。再如校「鼓天下之動者」句，云「者字從御覽增」，到底所增者又是何人？可以說沒有明確的交代。不僅如此，同篇第二段首行「幽贊神明」，本已引「孫云御覽五八引太作泰，贊作讚」，以校上句「太極」的「太」，和本句的「贊」字，不意註（十七）在引完易說卦，以及韓康伯注，說明本句出處，和解釋「幽」「贊」二詞後，復援「顧千里曰：『幽贊神明，舊本作讚是也。易釋文云：幽贊本或作讚。孔龢碑幽讚神明，白石君碑幽讚天地，漢人正用讚字。』」「孫詒讓札迻十二：『彥和用經語，多從別本，如幽讚神明，本易釋文別本。』」兩家的說法，來校「贊」字，到底「贊」「讚」爲用，以那一個字最恰當，范氏根本不作定論。然而在同篇末段「贊曰」，註（三六）引易經說卦及韓康伯注，與註（一七）全同外，最後下以己意，云：「說文無讚字，自以贊字爲是。」若照其說，說文無「讚」字，以作「贊」爲是，則前註（一七）引顧校又當何說？尤其文心雕龍之用字，嚴格的說起來，並沒有統一性。例如用「讚」造成的句子共二十有一，用「贊」造句的，除每篇文末「贊曰」不計外，約有五次。如果依「贊」字的詞性而言，據韓康伯易經說卦傳注：「贊，明也」，則頌讚篇彥和也自言：「讚者，明也」，「贊」「讚」詞性亦無不同。而作者不援文心雕龍本書文例相證，竟以說文著錄之有無，斷定文心用字的是非，未免思之不善。何況一字之校，或在正文當字之下：或雜於文末附註之中；或前無定論，而後決是非；或不顧文例，而誤引他書，令人展卷之下，瞀瞀然不知所從，皆由於不嚴定校書之體例害之也。

丁、稱謂

文心雕龍註例言第九條云：「註中所稱黃先生，卽蘄春季剛師，陳先生卽象山伯弢師。其餘友人則稱某君，前輩則稱某先生，著其姓字，以識不忘。」所言「稱謂」之例，方法至爲妥恰。惟遍檢全書，不按成規而自陷矛盾的地方，亦俯拾卽是。如「黃先生」，原道篇註（二〇）、（二七）、（二八），辨騷篇註（一八），均稱「黃先生曰」，不明出處，明詩篇註（一九），於「黃先生」下，突加詩品講疏或講疏字樣。可是於同篇註（三三）、（三四），卻只列出處詩品講疏云，又略去「黃先生」。同篇註（三七），則只引「黃先生曰」。他如樂府篇註（二六）、（三二）、（三八），書記篇註（二）、（五五）、（五八）、（六〇），復以「黃先生曰」爲稱。以此再觀神思以下各篇，於神思篇註（三）云：「黃先生文心雕龍札記（以下簡稱札記）」，不但人、書兩引，又附「簡稱」，與書記篇以前「稱謂」之例斷然不同。似乎以前稱「黃先生曰」，以後改稱「札記曰」了。然而在風骨篇註（四），竟出現「黃先生論之詳矣」，此「黃先生」依例應指「季剛先生」，但「論之詳矣」，究指何書所論？是詩品講疏或文心雕龍札記？殊費猜疑。且既云「以下簡稱札記」，又爲何一反往例，復用「黃先生」？這些都是與「稱謂」之例大相乖違的地方。其次，再以范氏註文心，所據黃叔琳本而言，全書「稱謂」更是彼此歧互，逕庭最烈。如正緯篇註（二四）稱「黃叔琳曰」，宗經篇註（三一）稱「黃注」，明詩篇註（三一）亦稱「黃注」，而樂府篇註（二三）作「黃注云」，多「云」字，以下各篇多稱「黃注」，而不「云」；但神思篇註（二六），卻直稱「黃叔琳曰」。自此以下，似又委心逐辭，隨意安排。茲再根據其所謂「前輩稱某先生」之例來說，太炎章氏可謂范氏的前輩了，據林師景伊的「章太炎先生傳」，知「先生諱炳麟，字太炎。」則「炳麟」乃先生之名，「太炎」實先生之字，甚是明晰；而其註文心原道篇却引「章炳麟國故論衡文學總略篇曰」，此不僅無「先生」之稱，且直呼其名。頌讚篇註（二三），引黃叔琳曰，釋「其大體所底，如斯而已」後，繼而錄章氏的辨詩一節，却又改稱「章太炎」，前後不一，矛盾自陷，自是不可原諒的缺失。又李詳亦可說是該書作者的前輩了，在清宣統元年（一九〇九）三月，著文心雕龍注補正，分期刊行於國粹學報，作者註文心也時相徵引，不但稱謂直呼其名，不加「先生」或「審言」的字號，就是「書名」也前後不符。如原道篇註（三一），釋「剬詩緝頌，斧藻羣言」，引李詳補正以校「剬」字時，稱「李詳文心雕龍黃注補正，」本無可議；可是辨騷篇註（一），釋篇旨，復錄「李詳文心雕龍黃注補正」之說，但書名後的括號內，又有「見己酉年國粹學報文篇」。此說明不見於首引，而置之於此，自是本末倒置，不合著述的體例。尤有甚者，同篇註（二四）引李文時，則爲「李詳黃注補正（見己酉年國粹學報文篇）」，除書名不同外，其他重出。至若總術篇附錄引李文，則既不曰「李詳文心雕龍黃注補正」，也不書「李詳黃注補正」，改稱爲「李詳云」。這和他在前後各註稱謂的常例，更是斷然不同。類似此等情形，除以上所述各點，一望可知其誤外，其他名號不應，稱謂乖舛的，不能盡擇。事雖屬細微末節，但關係著作者的態度甚大。特將其覼縷記存，盼學者擇善而從可也。

戊、篇　卷

人之對古書從事註釋，窮年點校，疏通證明的目的，就在便利後進，俾能一卷在手，萬事畢羅。

因此凡引書、引文、引說，不僅要註明出處，就連其篇名卷帙，也要一併錄入。此不但表示作者對本書負責認眞的態度，更可以讓讀者有藉着引書、引文、引說，去按圖索驥，對照原始資料的便利。今按文心雕龍註則不盡然。如原道篇註（一）引顧千里云，註（七）引孫君蜀丞曰，註（一四）引孫君蜀丞云，註（二〇）、（二七）、（二八）引黃先生曰，徵聖篇註（二四）引黃叔琳曰、（二五）引趙君萬里曰，宗經篇註（一五）引陳先生曰，明詩篇註（一四）引郝懿行曰，諸子篇註（五二）引李君雁晴曰，聲律篇註（二二）引劉氏云、元氏云。以上所謂「云」，所謂「曰」者，究竟是據何書而云然？據何書而爲說？令人讀來有如入荒山，榛莽塞途，四顧茫茫，莫知所從之感。而文心雕龍註例言第四條却强調說：「凡有徵引者，必詳記著書人姓氏及書名卷數」，觀乎前述各例，是又大謬不然者矣！至於全書各註引許愼說文，多不標明部首，引堯典，不說是出於尙書，用文選注佐證彥和文論，間或不出「李善」之名。援困學記聞以立說，而不錄「王應麟」，皆不合旣定的體例。

四、立說態度乖謬

文心雕龍集往古文論的大成，古代的菁華盡萃乎此。加以彥和行文用駢儷，內容奧博，辭采華茂，讀時，如稍不經意，便很容易得言忘意，而落入邊際。所以研究文心雕龍，必先破除「文字」障，然後進一步直探本源，才能突破「理」障。而我們攻堅的重要關鍵，應該放在「序志」一篇上。劉彥和不云乎：「長懷序志，以馭羣篇」，旣然序志是控馭全書四十九篇的管鑰，所以要想打開這座文論實典的密藏，如不從序志入手，便是捨本逐末，不辨是非。文心雕龍註仍然不能完全擺脫傳統圈點評校的積習，並沒有運用到近代西方治學的方法，作通盤性的整理與歸納，以至於文心雕龍經過他的註解後，還是局限於平面而靜態資料的整理。現在姑且以其註原道、神思兩篇首註，所列的兩份圖表爲例，看一看他對文心雕龍眞正瞭解到甚麼程度。

原道篇註（二）云：「文心上篇凡二十五篇，排比至有倫序，列表如下。」

文心雕龍全書五十篇，按照序志篇的說法，最有倫序，其組織的嚴密，條理的完備，盱衡古今名著，罕有其匹。彥和云：

> 蓋文心之作也，本乎道，師乎聖，體乎經，酌乎緯，變乎騷，文之樞紐，亦云極矣。若乃論文敍筆，則囿別區分，原始以表末，釋名以章義，選文以定篇，敷理以舉統，上篇以上，綱領明矣。至於剖情析采，籠圈條貫，摛神性，圖風勢，苞會通，閱聲字，崇替於時序，褒貶於才略，怊悵於知音，耿介於程器，長懷序志，以馭羣篇，下篇以下，毛目顯矣。位理定名，彰乎大衍之數。其為文用，四十九篇而已。

根據這個說法來看該註上篇二十五篇的組織表，我覺得至少有三個地方値得商量。

甲、組織體系毫無根據

我們要想明瞭文心雕龍全書的組織體系，必須根據作者劉彥和自己的說法，才是追根究柢，正本清源。從前面所引的序志篇文分析，全書應該分爲「文原論」、「文體論」、「文術論」、「文評論」、

（一）原道—（二）徵聖—（三）宗經—（四）正緯

（道沿聖以垂文，聖因文而明道，文體繁變，皆出於經。）

（十七）諸子（鬻惟文友，李實孔師，聖賢並世，經子異流。）

（四）正緯（配經曰緯。）

文類

- （五）辨騷（詩）軒翥詩人之後，奮飛辭家之前，故為文類之首。
- （六）明詩（詩）詩原上古，體備兩漢，故次於騷。
- （七）樂府（詩）詩為樂心，聲為樂體，故與詩並。
- （八）詮賦（詩）拓宇楚辭，盛於漢代，故次於詩。
- （九）頌贊（詩）詩之流裔。
- （十）祝盟（禮）告於鬼神，禮之大者。
- （十一）銘箴（禮）銘勒功德，箴禦過失，生人之事，故次祝盟。
- （十二）誄碑（禮）樹碑述亡，死人之事，故次銘箴。
- （十三）哀弔（禮）哀夭橫，弔災亡，故次誄碑。

文筆雜

- （十四）雜文
- （十五）諧隱

—雜文諧隱，筆文雜用，故列在文筆二類之間。

筆類

- （十六）史傳（春秋）史肇軒黃，體備周孔，記事載言，六經皆史，故為筆類之首。
- （十八）論說（易）述經敍理曰論。又博明萬事為子，適辨一理為論，故次諸子。
- （十九）詔策（書）帝王號令，衍自尚書。
- （二十）檄移（春秋）國之大事，惟戎與祭，事出非常，故次詔策。
- （二十一）封禪（禮）登岱祀天，祭之大者。
- （二十二）章表（書）
- （二十三）奏啓（書）
- （二十四）議對（書）

—章表奏議，經國樞機，章以謝恩，表以陳情，奏以按劾，議以執異，事有重輕，故三者相次。

- （二十五）書記（書）雜記庶事，故次於末。

「緒論」五部分。「文原論」包括卷一原道至辨騷五篇，所謂「文之樞紐」是也。「文體論」應包括卷二到卷五，也就是由明詩至書記二十篇，所謂「論文敍筆，囿別區分」是也。「文術論」應包括卷六到卷九，就是由神思至總術十九篇，所謂「剖情析采，籠圈條貫」是也。「文評論」應包括由「時序」至程器五篇，所謂「崇替、褒貶、怊悵、耿介」是也。「緒論」即序志一篇，所謂「長懷序志，以馭羣篇」是也。用此以繩其上篇的組織表，顯然看得出范氏所製的「圖表」，其組織體系是毫無依據的。

乙、排列順序錯誤

由於順序排列錯誤，致上篇二十五篇中的「文原論」與「文體論」不分。實際上，不分並不構成嚴重的錯誤，其所以發生嚴重錯誤者，端在次序顛倒，嚴重違背了劉彥和的自爲法。如「文體論」中的「諸子篇」，與「文原論」中的「宗經篇」並列，「文原論」中的「正緯篇」，錯置於「諸子篇」下，「辨騷篇」改入「文體論」。其次，劉勰自謂是「論文敍筆，囿別區分」，所以「文體論」應該「文筆」兩分，才算事與理合。而范氏不察，竟以今人之心，度古人之腹，將「文體論」三分爲「文類」「文筆雜類」「筆類」。如果依照成規，注解必須忠於本文的原則，則其所犯的錯誤，可說已到了不可原諒的地步。其所以將「諸子篇」與「宗經篇」並列，以及把「正緯篇」置於「諸子篇」下，這完全是受了傳統經生的影響，以爲應將羣經和諸子相提並論。殊不知劉勰之著文心，其基本態度，在跨越馬、鄭的舊觀，肯定文學的價值。他不但用文學的觀點去看經學，更甚而把史學、子學、讖緯之學，都兼收並蓄，一起納入文學領域裏來，然後才能別具慧眼，成其博大精深。關於這一點，我們可以從諸子篇中，劉勰循宗經的觀點，分述了各家的思想，歸納為「純粹」和「踳駁」兩類之後，他又說：「洽聞之士，宜撮綱要，覽華而食實，棄邪而採正，極睇參差，亦學家之壯觀也。」正緯篇也說：「事豐奇偉，辭富膏腴，無益經典而有助文章。」這種「翫華而不墜其實，酌奇而不失其貞」。不分經典與緯書，史學或子學，只要有益文章，便把它看成是秘寶，是奇葩。試想這是何等的胸襟！何等的氣魄！然而范氏誤墮傳統經生的窠臼，不能自拔。將經、子並列，緯書置於諸子之下，此誠不合排列的順序，且尤無視於彥和搦筆和墨的初衷。相信人若死而有知，我不知彥和將如何瞑目於九泉也。

丙、不辨是非

辨騷篇之入「文原論」，為劉彥和的文學基本原理，殆不可疑。因為序志篇所謂的「文之樞紐，亦云極矣」，就曾經特別强調「變乎騷」。「變乎騷」之「變」，與「辨騷」之「辨」，其中一字之別，我們就可以看出彥和設篇的精義，和楚辭在中國文學上承先啓後的地位了。不僅如此，而辨騷篇」之絕非「文體論」，又可以從行文體例上加以證明。凡「文體論」各篇，彥和在「論文敘筆」時，無不是循着「原始以表末，釋名以章義，選文以定篇，敷理以舉統」四大綱領去說明的。以此分析辨騷篇的結構布局，首敍騷辭之興起，與各家評述之非。是先給「辨」字作一地步，重點當然放在騷辭與經典的異同上。繼而各舉四個實例，證明「經」「騷」的區別，並以「楚辭者，體憲於三代，而風雜於戰國。乃雅頌之博徒，而詞賦之英傑」，「觀其骨鯁所樹，肌膚所附，雖取鎔經旨，亦自鑄偉辭」，作檢討的結論。在此他把屈宋的騷賦，看成是「雅頌之博徒，詞賦之英傑」，「

取鎔經旨，自鑄偉辭」。其行文方式與「正緯篇」相同，起初都是貼着五經立說，到最後再由經學拓展到文學。他一方面是祖述經典，一方面又突破經典，把屈原秉賦沈滯鬱伊的理智，狷介不阿的個性，炙熱奔放的情感，以及靈活生動的語言，不但氣勢邁往，有凌駕古人的成就；而且辭開來世，適合今天寫作的需要。尤其他那驚人的辭藻，絕代的風華，實不愧爲兩漢辭賦的開山。所以「辨騷」一篇，是上承經典，下開漢賦的轉關。爲中國文學發展史上的大關捩，大經絡。百代以下，文學的變遷，如追究其來龍去脈的話，也必以此爲基因，才能在渾渾無涯的文學思潮裏，找出它的眞面目。辨騷篇之屬「文原論」，不管從任何角度上看，都是無庸置疑的。而作者竟入辨騷篇於「文體論」之首，此不但昧於楚辭在中國文學流變中，承先啓後的地位，尤不了解彥和設篇分類的心路歷程。

神思篇註（一）云：

> 文心上篇剖析文體，為辨章體製之論；下篇商榷文術，為提挈綱維之言。上篇分區別囿，恢宏而明約；下篇探幽索隱，精微而朗暢。孫梅四六叢話謂彥和此書，總括大凡，妙抉其心，五十篇之內，百代之精華備矣，知言哉！茲將下篇二十篇，列表於次，可以知其組織之靡密。

此表爲了適應「剖情析采」的對稱性，致「體性」分途，「風骨」異轍，「通變」「定勢」尤不知所安，竟散置於衆篇之下，忽視了它們在文學創作上，無分軒輊的地位。至於「附會」「物色」，又何以此疆彼界，斷分「情」「采」，使兩者望異路而爭驅呢？在這方面，均缺乏詳細的說明。筆者認爲彥和對「創作論」的鋪敘方法，較諸「文體論」迴然不同。如序志篇言「創作論」是

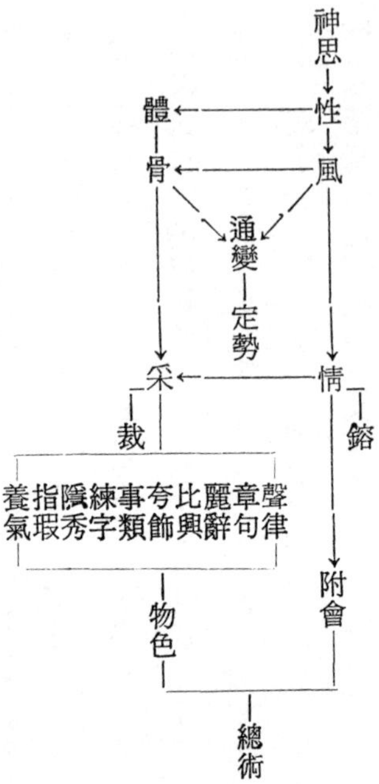

剖情析采，則籠圈條貫，摛神性，圖風勢，苞會通，閱聲字。

言「文體論」是

論文敘筆，則囿別區分，原始以表末，釋名以章義，選文以定篇，敷理以舉統。

所謂「文」「筆」，指文章的體類，體類可以「囿別區分」。因此由「原始以表末」，而「釋名以章義」，而「選文以定篇」，而「敷理以舉統」，採層次遞進法，所以結語有「綱舉目張，明白可見」的話。至於「情采」，指文學創作的整體。文學創作的理論多屬抽象，是不可能「囿別區分」的，因而改用「籠圈條貫」的方式。就其範圍籠而圈之，因其情采條以貫之，取衆星拱月法，或摛、或圖、或苞、或閱，用四條主線加以說明。所以最後有「粗舉毛目，顯然可知」的結語。其次，從創作論十九篇的內容上諦觀，雖各篇義有偏重，但皆情采相宜；既不單獨言情，也不絕對言采。神思、體性、風骨、通變、定勢五篇。姑無論矣；他如情采篇「文不滅質，博不溺心」，鎔裁篇「萬趣會文，不離辭情」，聲律篇「聲含宮商，肇自血氣」，章句篇「外文綺交，內義脈注」，麗辭篇「必使理圓事密，聯璧其章」，比興篇「比類雖繁，以切至爲貴」，夸飾篇「夸過其理，則名實兩乖」，都折中至當，無過與不及之弊。基於以上兩點認識，我們再來看他編的這張文心雕龍下篇二十篇的組織表，便覺得在「籠圈條貫」中，不能彰顯「創作論」情采密備的功能。他所以會造成不可收拾的錯誤，原因蓋由於不知道彥和的文學創作論，是首尾一貫，前呼後應的整體。何況「創作論」爲彥和自道寫作的苦心，其間必有他自家的血脈經絡，如果我們眞能批隙導窾，找到這個脈絡的話，正所謂「衆理雖繁，而無倒置之乖；羣言雖多，而無棼絲之亂」，整個的創作體系，便如網在綱，一目了然了。過去該書作者曾發明文心行文之例：是「文心各篇前後相銜，必於前篇之末，預告後篇之將論者」（註八），足證創作論二十篇之結構，如長江大河，其來也有自，其去也有歸。只可惜他自己沒能充分運用而已。

吾人欲觀彥和創作論的成規定例，還應該向統攝全論的總術篇裏去尋繹。「總術者，總括神思以至附會之旨，而丁寧鄭重以言之也。」故云：

> 才之能通，必資曉術，自非圓鑒區域，大判條例，豈能控引情源，制勝文苑哉。

所謂「圓鑒區域」，即序志篇之「囿別區分」，指上篇「文體論」而言，「大判條例」，即序志篇之「籠圈條貫」，指下篇「創作論」而言。黃季剛總術篇札記云：「彥和之撰斯文，意在提挈綱維，指陳樞要。」職是之故，筆者依照總術篇爲統貫文學創作的基本架構，把彥和在文學創作方面的所謂「

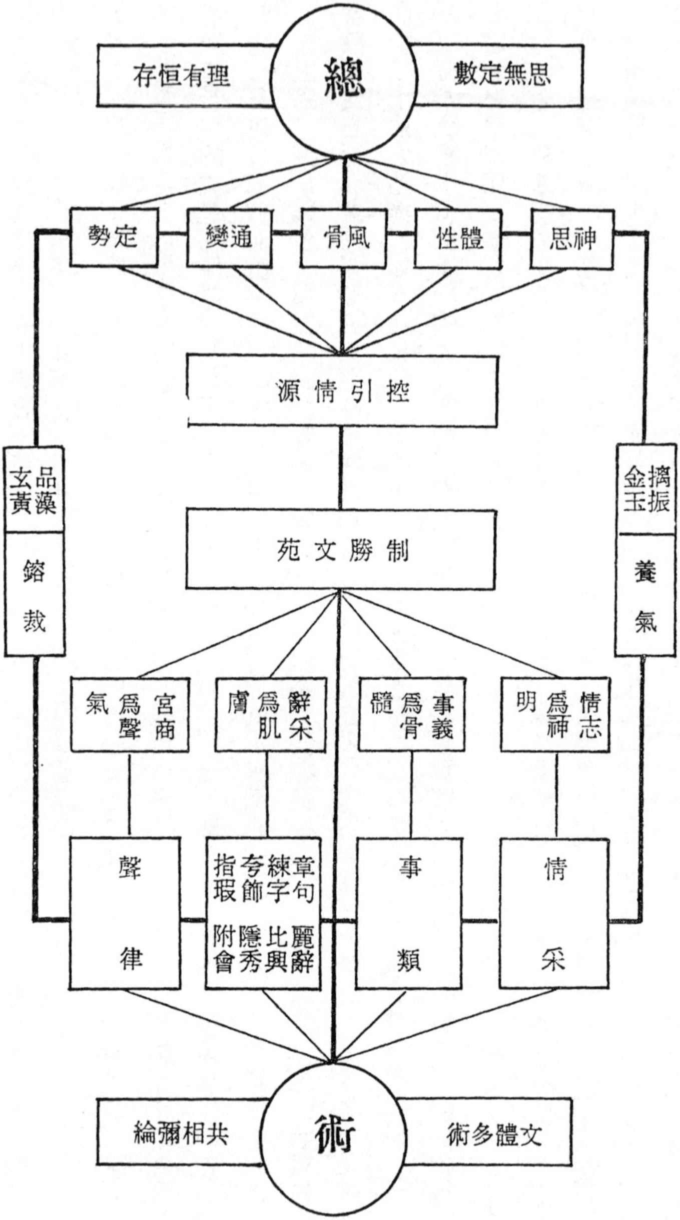
總
理有恒存
思無定數
定勢
通變
風骨
體性
神思
控引情源
制勝文苑
品藻玄黃
鎔裁
摛振金玉
養氣
宮商為聲氣
辭采為肌膚
事義為骨髓
情志為神明
聲律
章句練字夸飾指瑕
麗辭比興隱秀附會
事類
情采
術
共相彌綸
文體多術

定法」，重新製作一幅組織系統圖。化片段爲整體，務期原始要終，首尾一貫。

蓋文能成章，不外兩個元素的適當配合，即「情」「采」是已。爲文的首要方法，在「控引情源」。情源既經控馭，則靈感自可呼之卽來，揮之卽去，得心應手，無往不利。寫作的眞正目的，是「制勝文苑」，所謂「采如宛虹之奮鬐，光若長離之振翼」，成「穎脫」的傑作。本表卽循此兩大核心，上標「總論」，下題「修辭」。

「總論」，論創作的原理原則。由神思、體性、風骨、通變、而定勢，皆行文運思的犖犖大端，是情感之源，馭文之本，謀篇之端，缺一不可。可謂組織體系的五綱。「思無定數，理有恒存」，卽指此而言。「修辭」，論創作的方法技巧，其中可分四部分：有論情志者，有論事義者，有論辭采者，有論宮商者，聚則成文，散則無章，可謂組織體系的四目。「文體多術，共相彌綸」，就是這個意思。另外「養氣」爲「神思」的餘義，補作者情志的不足。「鎔裁」爲鎔義裁辭，乃「藝術」的加工，並貫串五綱四目之間，以見上下關係。用粗線勾勒者，表示創作論二十篇的統屬情形；用細線聯綴者，表示彼此前後的交互影響。而「總」與「術」分嵌兩極，蓋擧此以觀彥和文學創作理論的全體大用。所謂「驅萬塗於同歸，貞百慮於一致」者，或能彌補文心雕龍註作者所編的表的罅漏，符合乎彥和創作體系的理想了。

其他，如於原道篇釋彥和所稱之「道」，指「聖賢之大道」而言，雖究其大體，似與徵聖、宗經之理不背，但已落入第二義，和「自然」大有偏差。

徵聖篇釋所徵之「聖」，指「周公、孔子」而言，事實上徧檢此篇引說用事，與孔子無一不相關，而與周公又無一相關。作者望文生義，可能是認爲周公制禮作樂，而彥和行文有「陪襯」一法之故。宗經篇以爲「訓經爲常，或是後起之義」，又云：「疑六經之經，本呼爲金。古人凡巨典、寶訓，或鑄鐘鼎，或書金策，口曰金口，聲曰金聲。孔門弟子尊夫子刪完之書，稱之曰金。其後假經爲金，而本義遂湮沒不著。」但毛傳云：「經，常也。」則訓經爲常，雖屬轉注，可是由來已久。作者僅摘取耳食之言，別無佐證，自謂「妄說」，也可以算是不打自招了。

風骨篇篇首，一準黃季剛札記，別無創見。而事實上，「風骨」一辭的異說，多達十餘種，後人爲他著文立說的，尤不下二十萬言，他却一切置之不理，這可說是學術上的「閉鎖政策」，是不足爲訓的。

序志篇釋文心雕龍之命名，既有創見矣；但却漫引釋慧遠阿毗曇心序，謂「彥和精湛佛理，文心之作，科條分明，往古所無。自書記以上，卽所謂界品也；神思以下，卽所謂問論也。蓋採取釋書法式而爲之。」事實上，文心雕龍之所以以「心」名書，彥和開宗明義便說：「夫文心者，言爲文之用心也」，並擧「涓子琴心，王孫巧心」，明「心」之所本。援證十分確鑿，自不必多加臆測。今他竟附會及之，誠所謂「蔑視古作者之用心」。今人張立齋先生著文心雕龍註訂，斥其「饒舌」，不謂無因。

五、結　論

綜上所述，從資料方面言，若年譜、若板本、若敍錄、若遺著，皆應附而未附，此所謂「資斜採輯未備」者一也。從體例方面言，若觀點、若篇旨、若行文、若稱謂、若篇卷，粗觀似博大精深，諦審則雜亂無章，多乏條理，此所謂「體例書寫不當」者二也。從立說方面言，若原道篇所附圖表，事在剖析上篇二十五的組織體系；神思篇所附圖表。旨在說明下篇文學創作的基本架構；其他如釋「原道」的定義，「經典」的語源，「風骨」的要旨，「文心」的命名，均事關重大，而持論偏頗，此所謂「立說態度乖謬」者三也。就此三事，已足爲世詬病。若再併「校勘的失誤」、「註釋的錯訛」、「出處的不明」，更是千孔百瘡，瑕疵尤多。孟子說：「盡信書，不如無書。」劉子玄史通也說：「寧習本書，怠規新錄。」善讀者若能愼取文心雕龍註，去其糟粕，取其精醇，如此，雖瑜中有瑕，又何害乎學。

【附　註】

註　一　關於范文瀾先生的文心雕龍註，自民國十四年（西元一九二五）經由天津新懋印書館印行以來，迄今已超過了半個世紀。該書缺點，除本文所說的資料採輯未備、體例書寫不當、立說態度乖謬以外，他如校勘的失誤、註釋的錯訛、出處的不明等，請讀者參閱本文作者所著的文心雕龍范註駁正一書。書由臺北華正書局於民國六十八年（一九七九）十一月出版。

註二　西漢太史公司馬遷周遊名 川，著書立說事，請參閱史記太史公自序以及北宋蘇轍的上樞密韓太尉書。

註三　說見班固漢書卷一百敍傳第七十。所謂「凡漢書，敍帝皇。列官司，建侯王。準天地，經陰陽。闡元極，步三光。分州域，物土疆。窮人理，該萬方。緯六經，綴道綱。總百氏，贊篇章。函雅故，通古今。正文字，惟學林。述敍傳第七十。」

註四　事見李巽岩集。巽岩李氏云：「溫公與范太史議修唐史，初約爲八十卷。此帖云，已及百卷，既而卒爲八十卷，刪削之功盛矣。卷數細事，前輩相與平章，猶嚴若此，則其他肯輕下筆哉。吁，可畏也。」又說：「先公曰，張新叟言：洛陽有資治通鑑草藁盈兩屋，黃魯直閱數百卷，訖無一字草書。」

註五　元至正乙未（西元一三五五）嘉禾本文心雕龍，已於民國七十三年（一九八四）十月，經上海古籍出版社依原刻影印行世，目前在臺可見。

註六　清光緒三年（西元一八七七）湖北崇文書局本文心雕龍，民國元年(西元一九一一)鄂官書局有重刊本。白文，無序跋。根據詹鍈文心雕龍板本敍錄的記載，知此本爲三十三種叢書本，該叢書前署「光緒紀元夏月湖北崇文書局開雕。此本無序跋及刊刻人姓名，先目錄，後正文，每半頁十二行，行二十四字。」並說：「此本和黃叔琳本多有出入，似出於漢魏叢書本」云云。

註七　參閱本書捌文心雕龍史志著錄得失評議，及本人著，由臺北華正書局印行的重修增訂文心雕龍導讀二、文心雕龍是本怎樣的書，文中有詳細的析論。

註八　范文瀾此說，見於文心雕龍註原道篇註(二)云：「文心上篇凡二十五篇，排比至爲倫序。」又神思篇註(三)條下云：「文心各篇前後於銜，又於前篇之末，預告後篇之時論者，特爲發凡於此」云。

拾貳　文心雕龍在國文教學上的適應性

一、前　言

民國開元後，各中學講「中國文學源流」時，總少不了文心雕龍的介紹，但都是曇花一現，不爲人所注意。各大學中（國）文系、所，也多選用文心雕龍作爲講授的專書之一。近四十多年來，臺灣學風日盛，研究文心雕龍而卓然有成者，更不乏其人。有人說它是「中國文學理論專著」，有人說它是「中國文學批評專著」，又有人說它是一本「講文法修辭的書」，到底它是一本甚麼樣的書？還眞有點「不識廬山眞面目」。所以我們在沒有談到本文的主題之前，首先揭開蓋頭上的面紗，一看究竟，是有必要的。

根據「文心雕龍」的序志篇，我們可以得知本書的內容組織情形。他說：

> 蓋文心之作也：本乎道、師乎聖、體乎經、酌乎緯、變乎騷，文之樞紐，亦云極矣；若乃論文敍筆，則囿別區分，原始以表末，釋名以章義，選文以定篇，敷理以舉統，上篇以上，綱理明矣。至於剖情析采，籠圈條貫，摛神性，圖風勢，苞會通，閱聲字；崇替於時序，褒貶才略，

怊悵於知音，耿介於程器；長懷序志，以馭羣篇，下篇以下，毛目顯矣。

依照劉勰自己的說法，則文心雕龍原分上、下兩篇。上篇由卷一到卷五，共二十五篇，下篇由卷六到卷十，也是二十五篇。上篇分兩部分，所謂「文之樞紐」，與「論文敍筆」。下篇分三部分，所謂「剖情析采」，與「崇替、褒貶，怊悵、耿介」，以及「長懷序志」。

如果我們把全書上下篇五部分，換成時下通行的名詞，則「文之樞紐」即指「文學的中心思想」，或「文學的基本原理」；「論文敍筆」即指「文學的體類」，或叫「文學體裁論」；「剖情析采」即指「文章的作法」，或稱「文學創作論」；「崇替、褒貶、怊悵、耿介」，顧名思義，即「文學鑑賞」，又名「文學批評論」；「長懷序志」，依照古人著作的習慣，「自序」多放在書末的成例，以及從「駕馭羣篇」的功能上來看，它可以說是全書的「緒論」。

因此，我們根據以上的分析說明，將文心雕龍全書五十篇，落實在這個架構上，現在列一個簡表如下（註一）：

由「文學思想」而「文學體裁」，而「文學創作」，「文學鑑賞」，舉凡有關「文學」或「文章」之事，文心雕龍不但都涉及到了，而且還構成一個有機的整體。試想在距今一千五百年前，中國學術界，祇有這樣一部「籠罩羣言」，「體大慮周」的作品。

觀察上表，如果你尊它是「中國文學理論專著」，或「中國文學批評專著」，不但低估了它的價值，更貶抑了劉彥和的學術人格，那麼，它到底是一本怎樣的書呢？我可以肯定地說，它是一本中國

文心雕龍組織系統圖

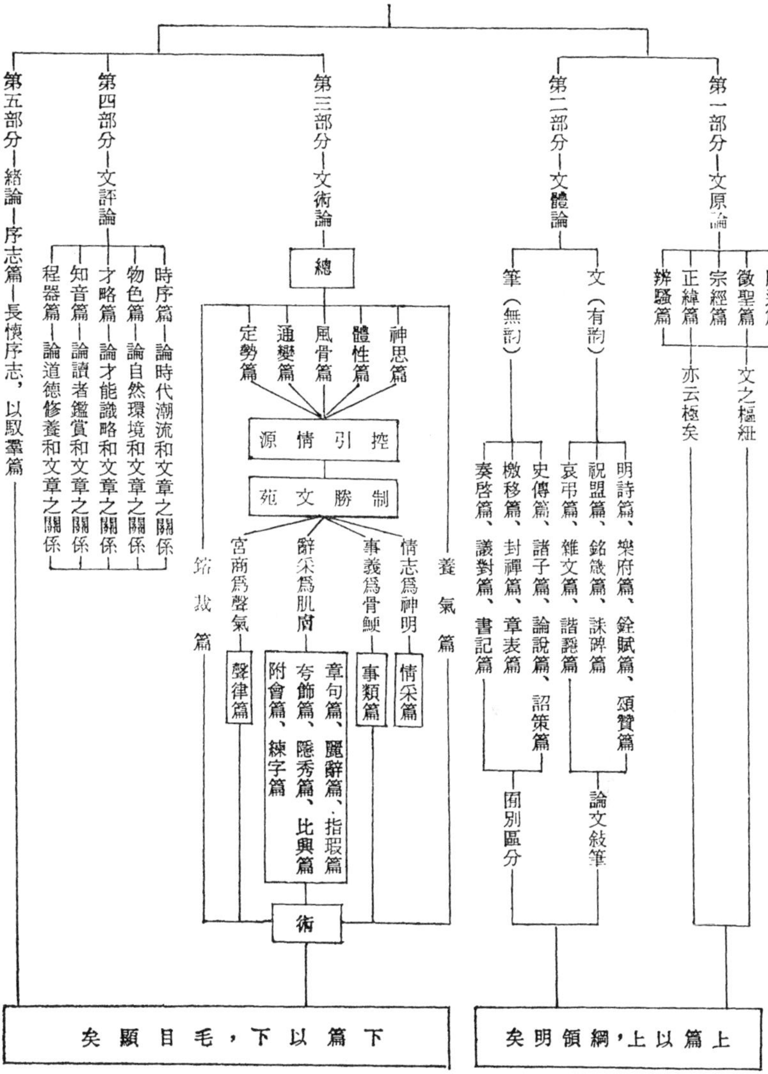
第一部分—文原論
原道篇
徵聖篇
宗經篇
正緯篇
辨騷篇
文之樞紐
亦云極矣
第二部分—文體論
文（有韻）
明詩篇、樂府篇、銓賦篇、頌贊篇
祝盟篇、銘箴篇、誄碑篇
哀弔篇、雜文篇、諧讔篇
論文敍筆
筆（無韻）
史傳篇、諸子篇、論說篇、詔策篇
檄移篇、封禪篇、章表篇
奏啓篇、議對篇、書記篇
囿別區分
第三部分—文術論
總
神思篇
體性篇
風骨篇
通變篇
定勢篇
控引情源
制勝文苑
情志爲神明
事義爲骨鯁
辭采爲肌膚
宮商爲聲氣
情采篇
事類篇
章句篇、麗辭篇、指瑕篇
夸飾篇、隱秀篇、比興篇
附會篇、練字篇
聲律篇
養氣篇
鎔裁篇
術
第四部分—文評論
時序篇—論時代潮流和文章之關係
物色篇—論自然環境和文章之關係
才略篇—論才能識略和文章之關係
知音篇—論讀者鑑賞和文章之關係
程器篇—論道德修養和文章之關係
第五部分—緒論—序志篇—長懷序志，以馭羣篇
上篇以上，綱領明矣
下篇以下，毛目顯矣

人研讀本國文學的專門著作，外國人研究中國文學的入門之階。顧亭林日知錄上說：「古人所不及就，後世所不可無，此謂之創見。」文心雕龍正是劉彥和鈎深窮高，探賾索隱所得的千古創見。他繼承傳統的成規，別開文學的新運，從事文學創作的人，固然離開不了它，擔任國文教學的老師，更必須對它有相當的認識。

二、兩點可以連成一直線

文心雕龍的完成，距今已一千四百七十多年；而「國文」一詞，乃清末光緒三十三年（西元一九〇七），頒布女子學堂章程時，首次出現的名詞（註二）。至於「國文教學」之研究，雖無可靠的紀載作依據，但從有關著述推測，時間不會早於民國八年（一九一九）「五四」新文化運動（註三）。由此觀之，「文心雕龍」與「國文教學」，在時間上有一千四百五十年的差距，在政治和社會層面上，更是兩個前後迥異的背景。同時文心雕龍裏，根本不曾出現過「國文教學」一詞，而近代從事「國文教學」研究的專家學者們，也絕少徵引文心雕龍中的理論，去印證教學的方法（註四）。現在本人把此兩點連接而成一直線來相提並論，說不定讓人覺得有點兒強爲牽合！

事實上，文心雕龍與「國文教學」，時代背景固有不同，但目標毫無二致。同時把舊理論融入新學科，新教學參考舊經驗，與孔子「溫故知新」以及「日知其所亡，月無忘其所能」的遺訓完全符合。

何況眞理更無新舊之分。例如民國三至八年（一九一四——一九一九），黃季剛先生講學北大，就曾經拿文心雕龍作材料，教授「文章作法」課程（註五）。姚仲實先生往歲主講國立法政學校，先著國文學（註六）四卷，繼而仿效文心雕龍體例，成「文學研究法」（註七）二十五篇。最明顯的是夏丏尊，在民國三十年前後，寫了本指導學生如何作文章的書，他不叫文章作法，題曰文心（註八）。後來蔣祖怡編著文章學纂要，書中更是以文心雕龍作爲立言的準據（註九）。其他專門探討文心雕龍內容理論的中外學者，更是擴而大之，從美學、經學、史學、子學、哲學、宗教、文藝、文體、風格、修辭、文學批評、文學理論等各種角度，去探原究委，希望能有突破性的發現。

本人運用文心雕龍的理論，印證到「國文教學」方面來，就是想嘗試著從傳統範疇中加以突破，邁向理論與實際整合的新領域。以下分五方面，來說明文心雕龍與「國文教學」的關係。

三、從國文教學內涵方面看

根據現行國高中國文課程標準，國文教學的內涵，至少包括四大類：卽範文教學，課外閱讀教學，習作教學，書法教學（註一〇）。而範文教學中更包含語體文教學，文言文教學，應用文教學，語文常識教學，國學常識教學，中國文化基本教材等。可謂經緯萬端，無所不備。

國民中學國文課程標準目標第一條說「指導學生由國文學習中，養成倫理觀念、民主風度及科學精神，激發愛國思想，並宏揚中華民族文化」。這樣看來，語文訓練的目的，固在訓練學生能夠高度運用本國語文的能力，去講述、寫作、發表自己的思想情意；而尤應藉此激勵其民族精神，提升人格境界，改善生活品質，完成心理建設的使命。所以「精神陶冶」較諸「語文訓練」尤加重要。

我們以此來看劉彥和的文心雕龍，他講文學，總是追根究柢，講到文學的本原。學問中爲甚麼要有文學？文學對整個學術有甚麼樣的貢獻？以及中國文學具有怎麼樣的特色？文學的最高境界何在？他把文學分爲通性，別性兩類，「自然」就是世界各國文學起源的通性，但「經典」却是中國文學起源的別性。所以他從經學講到文學，把中國「文學」和「經學」作了本末源流上的結合，這就是他能見其原，能見其大，大本大源他已把握住，顯然的他已不是一個純粹的文人或文學批評家，而是一個不折不扣的地文學思想家了。

讀文心雕龍，從文原論而文體論，而文術論，而文評論，不僅有一貫的系統，更有强烈地民族思想，尤其他那「徵聖」「宗經」的文學觀，充分表現了對傳統學術的衞道精神，和對國家民族的使命感。本來劉彥和的文學思想，就是建立在六朝文弊的條件上的，爲了挽狂扶傾，他才「望今制奇，參古定法」，肯定「文章之用，實經典枝條」。所以從文心雕龍的內容，以及劉彥和的文學觀與衞道精神來看，這和目前國高中國文課程標準中，所反映的「國文教學內涵」基本要求，頗有異曲同工的本質。

四、從知人論世方面看

「教學」一詞，首見「禮記」「學記」：所謂「玉不琢，不成器，人不學，不知道。是故古之王者，建國君民，教學爲先」。又說：「學然後知不足，教然後知困，知不足然後能自反也，知困然後能自强也。故曰教學相長也」。依照許愼說文解字的解釋，教：「上所施，下所效也」。「上」指教師，「下」指學生，「所施」、「所效」者，指「教材」。教師、學生爲「施」與「受」的主體，教材乃兩個主體之間的橋樑。教師如欲達成施教的目的，對這座通往學生的橋樑——教材，便不能不精心研究。

「教材」既是教師傳道、授業、解惑的憑藉，現在的中學國文教材，國、高中六年內，除了選用二百篇左右的範文以外，又加授所謂語法、修辭、文章作法、文字構造、書法、工具書及標點符號的使用，演說辯論術、中國文化基本教材、國學概論等。如教師由國、高中一年級到三年級，至少說要教兩百篇以上的文章，和數十位不同的作者（註一一）。蓋不同的作者，有不同的作品，不同的作品，自有不同的風格和結構，亦必然的出於不同的性情和學養。所以講授一篇文章，教師如不預知本文的作者，在聯章、綴句前的心路歷程，便很難進一步理解其練字、遣詞的精義。孟子對萬章說：「頌其詩，讀其書，不知其人可乎，是以論其世也，是尚友也」。所謂「尚友」「論世」，就是探求作者的生平思想，與其歷史的、社會的、時代環境的諸種關係，更旁徵他所受前人與時人的影響，以及家庭的薰陶，作爲論斷其作品本身的參考。

國文中的「作者生平」一項，雖不是課文的本身，但對課文內容精義的理解，卻有直接的幫助。更何況透過作者生平的體認，激發學生的思想情操，端正學生立身處世的態度，也正與國文教學中精神陶冶的價值相脗合。

文心雕龍卷一「原道」、「徵聖」、「宗經」、「正緯」、「辨騷」是劉彥和的文學基本原理，他管這五篇叫「文之樞紐」。雖然這套基本原理，來自孔子的思想，但究其爲用，頗能經緯萬端，辨章百氏，對國文教學也極具啓發性。大凡作者從事創作，在辭句未成之先，而意已預立，既立之後，於是乎始，於是乎終，於是乎前，於是乎後，萬變不離其宗。如賈誼「過秦論」，只重「仁義不施」四字。柳宗元「梓人傳」，只言「體要」二字。大家的作品，儘管波瀾起伏，變化無端，但衆綜大意，要不外乎思想之有中心。教者如能由作者生平的考訂，逆溯其附辭會義的寫作心態，立說之大本大源，其他謀篇安章，就不啻如成屋之木，成裘之腋，便容易理解了。

文心雕龍之經學思想，是從文學觀點出發的。這和前期的兩漢經生，像馬融、鄭玄；後期的宋明理學家，如濂洛關閩，他們坐而論道的面目，十分不類。劉勰說：

文能宗經，體有五義：一則情深而不詭，二則風清而不雜，三則事信而不誕，四則義貞而不回，五則體約而不蕪，六則文麗而不淫。

情深、義貞是內容方面，風清、事信、體約、文麗是形式方面。他從內容和形式兩方面，去透視經典和作品的關係，這和韓愈進學解中所謂之上規下逮（註一二），柳宗元答韋中立論師道書內所說的取原旁推（註一三），兩相較論，自然可以給從事「國文教學」的同工們，在探索作者與作品的中心思想上，一個重大的啓示。所以文心雕龍的文學基本原理，固然是劉勰本人進行鑑賞作品時的理論根據，

中國古今文章體類分合對照表

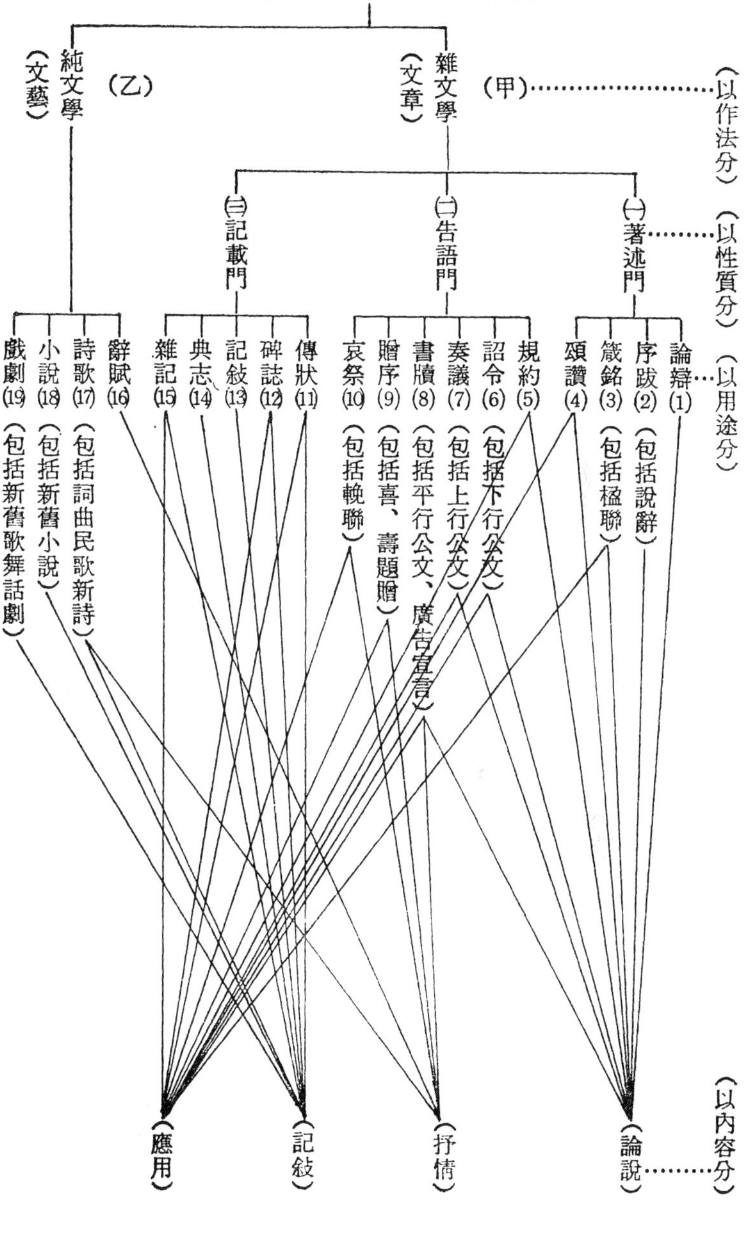

但如擴而大之，對國文教學又何嘗不可以發揮它的指導功能。

五、從解釋題文方面看

凡教師講授一篇文章，必先從解釋題文開始，題文原是作者用以標擧中心思想，統攝全文而用的。經過分解、剖析的手段，而後加以綜合闡釋，從題義上去了解它所統攝的全文義旨。同時更要注意到本篇題目，是作者自己標的，還是後人所加，是有義的，還是無義。並盡可能指述本文的原始出處，及其背景、本事（註一四）。

文章體類，古今區分不同，古人以用途分，今人以內容分。古人以應用爲標準來分文章體類，較爲複雜。過去魏文帝曹丕作典論，列奏議、書論、銘誄、詩賦四體八類。陸機造文賦，擧詩賦、碑誄、箴銘、頌論、奏說五體十類。劉勰文心雕龍，論文敍筆，更集前人的大成，析明詩、樂府、詮賦、頌贊、祝盟、銘箴、誄碑、哀弔、雜文、諧讔等屬有韵的文；史傳、諸子、論說、詔策、檄移、封禪、章表、奏啓、議對、書記等屬無韵的筆，共二十篇，如將其各篇的附論，以併計算在內的話，含有一百七十九種體類之多，眞是洋洋大觀，猗歟盛哉（註一五）！明賀復徵本吳訥的文章辨體著文章辨體彙選，分類比前人尤加密備。清朝姚鼐編古文辭類纂，以簡馭繁，分文體爲十三類，曾國藩經史百家雜鈔，又就姚書略作調整，分爲三門十一類，現在筆者根據上述今古分化的不同，成古今文章體類對照表一種（註一六）。

按照正常的教學過程，教師講授每篇文章，首先要辨體。而辨析文章的體類，認識此一體類的由來，然後再知其所流變。有的名異而實同，有的名同而實異。或古有而今無，或古無而今有者。我們都應一一考鏡源流，溯其派別。這樣教師便可以隨體闡發，不僅自己可以得心應手，學生也能收到「尋根討葉，思轉自圓」的效果。

文心雕龍由卷二到卷五，二十篇，是劉勰的文體論，劉勰之於文體，是按照「原始以表末，釋名以章義，選文以定篇，敷理以舉統」四大條例鋪陳的。其中「原始以表末」，主要在論敘此一文體之源流和變遷。「釋名以章義」，在論文體之命名和由來。「選文以定篇」，是開示領袖作家及其作品。「敷理以舉統」，是說明各種文體之風格及寫作原理與避忌。可以說從此一文體的起源，到它寫作的方法，中間又列舉了若干代表性的作家和作品，加以印證。一方面加強持論的證據，另一方面也擴大了學者參考討論的視野。現在我們假定教師講的是諸葛亮出師表，你只要打開文心雕龍章表篇，馬上就可以知道「章表」一體的名義、源流、作法，以及劉勰對本文的鑑賞態度與評價。如果你講的是司馬遷報任安書，或楊惲報孫會宗書，可以翻檢書記篇，於書牋的名理、變遷、作法、和劉勰對他們兩家的批評，均垂手可得。假使你能就篇中相關的三言兩語，去體會密察的話，說不定會給教師們帶來意外的感受，而打開智慧之門。文心雕龍定勢篇說：

> 章表奏議，則準的乎典雅；賦頌歌詩，則羽儀乎清麗；符檄書移，則楷式於明斷；史論序注，則師範於覈要；箴銘碑誄，則體制於弘深；連珠七辭，則從事於巧豔。此循體而成勢，隨變而

立功者也。

這就是本文前面說過的每一種文體，必各有每一文體的寫作成法。假使讀者能和他文體論二十篇，參互對照。卽可發現文心雕龍之論文，理到優華，先後映輝的價値。過去劉大杰著「「中國文學發達史」」，批評「文體論」是文心雕龍價値最低的部分，可是如從「國文教學」方面去看，我倒認爲這是目前價値最高，最切實用的部分。

六、從文章作法方面看

劉勰言創作藝巧，足以與「國文教學」中的「習作教學」相表裏（註一七）。「習作教學」的內涵可分兩部分：一是積極的指引，一是消極的批改。在進行指引時，其指引的要點至少要包括審題、立意、運材、布局、行文、剪裁五個步驟。其目的，一方面是啓導學生所命題目的寫作方法，一方面也是拿所命題目作中心，來整理學生曾從課文內逐次零星獲得的寫作方法和知識，期其能積久熟而生藝巧，下筆時收左右逢源，得心應手之效。

文心雕龍之言文章作法，多半集中說明於由卷六神思到卷九總術等十九篇裏。這十九篇可以分成三個單元：㈠、是前言，卽總術篇，篇中在綜論作文之有術，以及强調文術對寫作的重要性。㈡、是控引情源，卽神思、體性、風骨、通變、定勢等五篇。劉彥和認爲這五篇是思想情感之源，必須加以控制，才能思如泉湧，辭暢理達。所以他說：「此蓋馭文之有術，謀篇之大端。」又說：「文之司南，用此道也。」他更說：「若能確乎正式，使文明以健，則風清骨峻，篇體光華，能研諸慮，何遠之有哉！」由此可見他對這一部分的重視。㈢、是制勝文苑，即情采、鎔裁、聲律、章句、麗辭等以下十三篇。這十三篇由情采並重，講到材料搜集，聲調和諧，以及修辭技巧，尤其對字法、句法、章法、篇法、色彩、聲調等更是講得獨到。附會篇說：

才童學文，宜正體製，必以情志為神明，事義為骨鯁，辭采為肌膚，宮商為聲氣，然後品藻玄黃，摛振金玉，獻可替否，以裁厥中。斯綴思之恒數也。

根據這裏的說法，他把一篇文章比成一個人，人有精神、骨骼、肌膚、聲氣，文章也有感情、材料、辭采、聲音。這樣的人，只能說是「活人」，不能說是「雅士」；這樣的文章，也只能說是「文章」，不能說是「好文章」，「人要衣裳，佛要金裝」，所以一篇「好文章」，必須於「文章」之外，加以裝點，也就是所謂「修辭」的工夫。修辭上講「消極修辭」和「積極修辭」，消極修辭是基本，積極修辭爲輔助（註一八）。基本條件與輔助條件相配合，才是一篇明確、通順、平穩、純正、思想高潔、情趣動人的作品。文心雕龍「文術論」十九篇，無論教師自己寫作，或指導學生寫作，都可以奉爲「含章之玉牒，秉文之金科」（註一九），堪資注意的。所以劉彥和說：

情者，文之經；辭者，理之緯；經正而後緯成，理定而後辭暢，此立文之本源也。

這是他强調修辭時，情采並重的名言讜論。以下我們把前面所引的附會篇文，泐成下表：

文章體製表

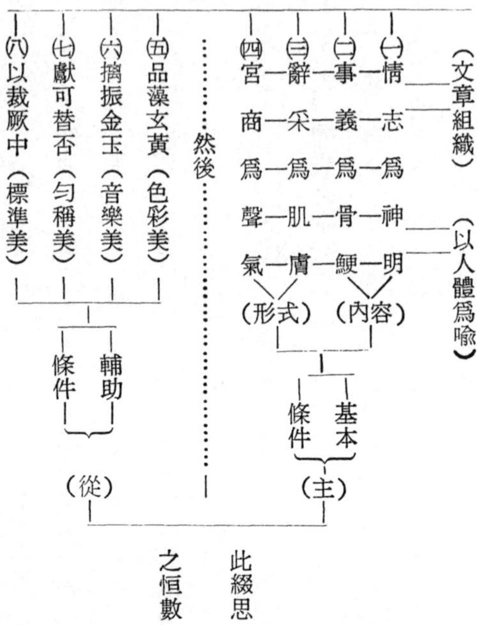

鎔裁篇說：「百節成體，共資榮衞，萬趣會文，不離辭情」，意思是指天之生人，以數百骨節組織而成的身體，必須借助於血液的滋養；同理，會合萬種情趣，寫成的文章，總離不開「文辭」與「感情」。既然「感情」與「文辭」是寫作的重要因素，而兩者如何配合得天衣無縫，在文心雕龍「創作論」裏，講起來眞是變化萬千。連劉彥和自己就說：「伊摯不能言鼎，輪扁不能語斤，其微矣乎（註二〇）」！筆者限於篇幅的關係，勢必不能將劉勰所講的創作藝巧，逐項闡明，現在姑且撇開審題、立意、布局不談，僅抽繹其中專門講「修辭」的部分，以見一斑。

甲、文章修辭的强調：

文心雕龍特別强調修辭的重要性。例如徵聖篇說：「易稱辨物正言，斷辭則備」，「斷辭」就是「修辭」。此一術語又見於定勢篇：「斷辭辯約者，率乖繁縟」，比興篇：「擬容取心，斷辭必敢」。另外在風骨篇，他又變通說法，云「練於骨者，析辭必精」，析辭也是「修辭」的意思。至於他明言「修辭」的地方，如宗經篇「建言修辭，鮮克宗經」，祝盟篇：「修辭立誠，在於無媿」，又說「立誠在肅，修辭必甘」，才略篇云：「春秋大夫，修辭聘會」，又云「趙衰以文勝從饗，國僑以修辭扞鄭。」玩索這幾句話的含意，有的是講「修辭」原則，有的是言「修辭」功用。各從不同的方向，闡明「修辭」這個主題。而修辭的目的，固在求文章形式上的完美，而它實質的作用，還是希望能透過「修辭」的工夫，完成表情達意的使命。

乙、修辭與鎔意並重：

文心雕龍講「修辭」，是和「鎔意」並重的，這主要出之於劉彥和「內容決定形式」之一念。「內容決定形式」的思想，散見於文心全書各篇。而鎔裁篇却對它發揮得特別詳盡。例如一開始，他就說：「情理設位，文采行乎其中」。接着再解釋「鎔裁」的定義、作用，和鋪陳行文構思的三原則。這三原則就是所謂的：

履端於始，則設情以位體；舉正於中，則酌事以取類；歸餘於終，則撮辭以舉要。

繼而又確立修辭的兩個要領：是「善删除者字去而意留，善敷者辭殊而義顯」。一個是增繁，一個是刪簡。所以劉彥和講修辭，不專門局限於「辭格」，他特別强調「鎔意」爲「修辭」之本，大本既立，爲文自能成章。這也就是他說的「心術既形，英華乃贍」的意思。

丙、修辭要由練字開始：

文章的形式是由字、句、章、篇四個單元組織的，由不同的字詞，結成句子；積不同的詞句，綴成段落，聯屬不同的段落，完成一篇首尾圓合的文章。所以篇章之光采煥發，要靠段落的結構完美；段落之明潔無疵，端賴詞句的安排妥貼；詞句之清新雋永，胥賴練字的精當與否以爲斷。這樣看來，字、句、章、篇四者的關係，正像幾何圖形上的點、線、面、體一樣。點、線在整個幾個幾何圖形上，雖如滄海一粟，可是它確爲構成整體的基礎。試問行文如不重視字、詞的鍛鍊，那就如同練字篇上說的：「一字詭異，則羣句震驚，三人弗識，而成字妖」了。所以文心雕龍設練字篇，標明四種練字的理則，與今日修辭學上某些修辭手法確有暗相吻合之處。日本戶田浩曉教授，於民國三十一年（昭和十七年，西元一九四二），和民國四十七年（昭和三十三年，西元一九五八），先後發表文心雕龍練字篇之現代意義，以及練字篇之修辭學之考察，均推崇本篇講的綴文練字，是中國修辭學上一篇劃時代的文獻。近年國人研究文心雕龍的，也有類似的看法（註二二）。

丁、比興的表情手法：

在所謂積極的修辭方面，有比喻一格。比喻者，假情以託物，因方以借巧，對作者表情達意的幫助很大。按文心雕龍比興篇的內容，不僅講屬於附理象徵的「比體」，同時也注意到環譬託諷的「興體」。他認為「比興」是詩人表情的兩張王牌，必須相互運用。不過自兩漢以後，「興義銷亡，比體雲構」，所以為了適應文藝思潮的需要，於「比」的特質，頗有明確的分析。從比的表現上看，他分為「比義」「比類」兩種。所謂「比義」，就是「以具體比抽象」，所謂「比類」，是指「以具體比具體」。比義者，如「金錫以喻明德，珪璋以譬秀民，螟蛉以類教誨，蜩螗以寫號呼，澣衣以擬心憂，席卷以方志固」等。比類者，如「麻衣如雪，兩驂如舞」等。從比的方式上看；如宋玉高唐賦：「纖條悲鳴，聲似竽籟」，此以聲相比之例。枚乘菟園賦：「猋猋紛紛，若塵埃之間白雲」，此以貌相比之例。賈誼鵩鳥賦：「禍之與福，何異糾纆」，此以物相比之例。王褒洞簫賦：「並包吐含，如慈父之畜子也」，此以心比聲之例。馬融長笛賦：「繁縟絡繹，范蔡之說也」，此以辯比響之例。張衡南都賦：「起鄭舞，蠒曳緒」，此以物比容之例。如果綜理彥和關於比的取材範圍，「或喻於聲，或方於貌，或擬於心，或譬於事」，我們很可以歸納成如下的一個簡表，以見其有條不紊：

比之為用
取類不常 ── 或 ──（喻／方／擬／譬）── 於 ──（聲／貌／心／事）── 以 ──（心／物／辯／貌／物）── 比 ──（聲／理／響／貌／容）──（比類雖繁，以切至為貴。苦刻鵠類鶩，則無所取。）── 比喻的方式

今人言修辭，講到比喻，多半止分「擬人」「擬物」兩類，觀文心雕龍比興篇的分類細密，取譬確鑿，我們不能說毫無瑕疵，但以一部一千五百年前後的作品，其所說已如此詳備，不由得不令人嘆

爲觀止。

戊、夸飾的適度運用：

「夸飾」是修辭的另一手法，其目的雖同在將抽象不易表達之感情，藉具體易曉的事物表現之；但從表出方式言，夸飾著重表出的程度。從事物的質地言，夸飾著重事物的數量。從比況的形態言，夸飾著重比況的擴大或收斂。如果我們適度運用夸飾的手法，自可增强原有事物的感性。所以「詩書雅言，夸飾恒存」。例如「言峻則嵩高極天，論狹則河不舠，說多則子孫千億，稱少則民靡孑遺，襄陵擧滔天之目，倒戈立漂杵之論」，「辭雖已甚」，而「其義無害」。此即孟子萬章篇所謂：「說詩者不以文害辭，不以辭害意的意思。可是自從宋玉九辯，以抒情之騷，推狀物之賦以後，司馬相如作上林，即以瑰麗之辭，摹形容之美。因爲他堆砌過甚，抹煞了作者的個性，所以劉彥和指責他們「詭濫」、「窮飾」。又說：「楚艷漢侈，流弊不還。」爲此他特別提出夸飾的基本原則，在「酌詩、書之曠旨，剪揚、馬之甚泰；使夸而有節，飾而不誣」。這樣，才可以讓外界客觀存在之事物，透過作者主觀意思的渲染，合理表現其「披瞽發聵」的感情。

自比興篇以下，皆論文家修辭之法，誠因文字之功用有限，文人的情感無窮。修辭的目的，就在運用有限的文字，成無窮的妙用，亦即所以達無盡地情意也。故文意必待修辭而益明，而修辭也以止能使意明爲限度，過此極限，即所謂「飾窮其要，夸過其理」，造成「名實兩乖」的傾向，便不是「文筆之鳴鳳」了。

作文的方法很多，修辭不過一斑而已。從事「國文教學」的同工們，如果以文心雕龍創作論十九篇，作爲教授學生作文的參考，必能收到長轡遠馭，從容按節，有逸步萬里之快。

七、從深究鑑賞方面看

國文教學離不開「深究鑑賞」；深究又分內容的深究，和形式的深究，鑑賞又須從全文或逐段的聲情、色彩、旨趣、功力，各方面細加玩味。至於習作的批指，無疑地是精讀教學的反哺，也勢須從作者書法、詞語、章句、陶煉工夫，格調氣味上去旁敲側擊。章師銳初「中學國文教學法」一一二頁曾云：

> 作文的批指，就意義上言，分批評和指正兩方面。批評是對文章的形式和內容，全部或局部，提點其為優劣、拙巧；指正是對文章的形式和內容，全部或局部，有錯誤失當，不妥不善，以至腐敗惡劣之處，予以指示糾正。就作用言，有消極作用和積極作用兩種。對文辭章句本身的拙劣錯誤，或作者見解態度不當，功力不盡，分別予以指摘批評的，是消極作用的批評。對本身的優良善美，或作者努力進步的表現加以讚賞、獎勵，而於其不妥不善，不正不當之部分，指示其如何才是妥善、正當，以至怎樣才能益見精進的，是積極作用的批指（註一二二）。

據此可知，國文教學方面的「精讀」和「習作」是密切不容割裂的。

文心雕龍卷十，除序志篇外，其他若時序、物色、才略、知音、程器五篇爲批評論。時序篇，總論十代文運升降之故，既論其世，亦論其勢。物色篇，論述文家體物的流變，以及作品與自然環境的關係。才略篇，在比較歷代作品的優劣，作家的同異，既論其人，亦論其文。知音篇，在論讀者賞會的精粗，其間差異，如同天壤。程器篇，論文士之才、行、遭遇，與夫君子所守之宜。以上皆屬劉彥和批評論的重要環節。尤其知音篇，因為文章之事，作者以外，就是讀者。作者的述造，端賴讀者的精理密察。如讀者眞能默契於寸心，自可神遇於千古。固然作者無求名身後之念，但其學術思想，亦將託其文以自見。可惜的是古來賞會之士，多賤同而思古，或貴古而賤今，或信僞而迷眞；以至於造成音實難知，知實難逢，「逢其知音，千載其一」的後果。劉彥和認為知音之所以難遇，實由於缺乏客觀的評鑑標準。讀者如能持有客觀的標準，作為深究鑑賞的據依，不僅文章的優劣可見，即讀者之與作者，更如電光石火，可以共鳴於千載了。於是他提出「六觀」之法。

「六觀」者：㈠觀位體，看文章的布局結構是否平穩，因為有體大思精的架構，才能有宏偉的氣象，經得起考驗。㈡觀置辭，作品除具有充實的內容以外，再看其遣詞造句是否精當。㈢觀通變，文學是向前發展，光景常新的，所以此條在觀察作者運思構詞，能否通古今之變，而推陳出新。㈣觀奇正，這是看作者的表情和語態，是否新奇而又不失雅正，有雅俗共賞之美。㈤觀事義，文章離不開材料的組織經營，所以本條是看作者對材料之選用，是否精當。㈥觀宮商，辭采之外，又有聲調，觀文章音節的是否和諧，也是衡文之士不可或缺的要件。「六觀」全屬形式問題。在這裏，劉勰很明顯的是希望讀者能藉著作品外在的藝術形式，去透視作者涵藏在字裏行間的眞情實性。他認為「綴文者情動而辭發，觀文者披文以入情」，所以讀者必須「沿波討源（註二三）」，才能以心觀心，領會作品的精蘊。

如果教師借用文心雕龍鑑賞作品的六個標準，來從事「國文教學」中的深究鑑賞，必然因具有此一客觀合理的方法，而獲致理想的收穫。同時出言有據，託情有因，可一掃望風撲影的猜測，消除郢書燕說的錯誤。至於對作文的批指，有了「六觀」作爲裁判的準繩，更能使教師「平理如衡，照辭若鏡」，由消極的批駁，化爲積極的指引了。

八、結　論

在國文教學的園地裏，沒有一成不變的方法，更沒有什麼專家學者可言。誰在課前準備得最充分，誰就是專家。方法只是教人規矩，規矩要久熟而後才能產生藝巧。誰能因材施教，誰就是會心有得的學者。至於國文的內容，涵蓋廣泛，一談作者，由先秦到民國，上下數千年，其中作者之多，如同恒河沙數，屈指不盡。一言作品，又是文體雜陳，風格各具，令人眼花撩亂，千言萬語不知由何說起。一講性質，不僅經、史、子、集，無不具備；就是動植礦藏，天文地理，音樂美術，亭臺建築，樣樣皆有。我深深感覺，做一位夠資格的教師很難，而做一位表率羣倫的國文教師爲尤難。有時候，一篇文章到手，想要透徹理解原作的精義，眞是晝思夜夢，恬誦密吟，還不得其解。更爲了搜輯某種資料，甚至「上窮碧落下黃泉」，最後，說不定還弄得「四處茫茫」一無所獲。所以對一位夠資格的國文教師來說，不僅中規中矩的教學方法重要，而實際上的教學能力，充分的課前準備，尤爲重要。

文心雕龍向稱我國古典文論的瑰寶，一般研究者，僅僅拿它來作爲文學批評的依據。殊不知，如果我們將書中文學原理、文學體裁、文學創作、文學鑑賞四部分，斟酌損益，權衡時需，不見得這部一千四百七十多年前中國文論巨著中的學理，就不能作爲今日實際從事國文教學的借鑑。

本文雖然已給這兩種懸隔千載以上的學術產物，試探性的架起了一座互相融通的橋樑，不過在實際的交流上，是否保證絕無問題，或有了問題，應該如何去破除成見，合理解決。這還要看我們今後努力的程度以爲斷。

【附　註】

註一　本組織系統圖，係根據文心雕龍序志篇，劉勰自己的說法所謂：「蓋文心之作也，本乎道，師乎聖。……其爲文用，四十九篇而已。」加以整編合製，而不是劉勰的思想體系圖。又本組織系統圖將物色篇納入第四部分文評論中，是與衆不同處。按范文瀾文心雕龍注說：「本篇當移在附會篇之下，總術篇之上。蓋物色猶言聲色，即聲律篇以下諸篇之總名，與附會篇相對而統於總術篇，今在十卷之首，疑有誤也。」後來劉永濟作校釋，移此篇於練字篇後，並謂「皆論修辭之事也。今本乃淺人改編，蓋誤認時序爲時會，故以物色相次。」郭晉稀作注譯，又將它移在夸飾篇後，隱秀篇前。以爲「范劉二家之說均未必愜當，因物色兼指風物與聲色也。」李師曰剛作斠詮又認爲前說均有可議，再把物色篇置於隱秀篇之後，其理由是「蓋物色篇首所謂物色之動，心亦搖焉，蓋陽氣萌而玄駒步，陰律凝而丹鳥羞，微蟲猶或入感，四時之動物深矣。」與隱秀篇首「夫心術之動遠矣，文情之變深矣。」及篇中「朔風動秋草，邊馬有歸心，氣寒而事傷，此羇旅之怨曲也」相呼應。各家處理之方式雖有不同，但雷同一響者無二，事實上，皆望風捕影，毫無依據。我們從各種板本（最早的元至正乙未嘉禾本迄今）去觀察，是不容輕信的。同時味乎劉勰所說的「剖情析采，籠圈條貫」之言，以及其引下篇篇名尚不及二分之一的情形來看，再說物色篇所言屬風物景色，旨在由自然環境的運用，看作品的優劣，置之文評論，並無不當。

註二　我國新制學校所謂的教育學科中之有「國文」一科，蓋起於清光緒三十三年（西元一九〇七）頒布女子學堂章程時。其中規定設女子小學及女子師範，女子小學分初高二等，課程凡五科，其中有「國文」一科。女子師範學堂課程凡十三科，其中亦有「國文」一科。自此以後，如民國初年所謂的壬子癸丑學制，民國十一年的新學制，各級學校課程中，均有「國文」一科的設置。詳細情形，請參閱國立編譯館出版，正中書局印行，王鳳喈先生編著的中國教育史第四編近代教育部分。

註三　在民國八年（一九一九）「五四」新文化運動期間，各方學術界人士發表許多名言讜論，但綜其大凡，其內容不過以下七端，即：一、新文學建設運動。二、對舊作家的文白之爭。三、學衡派的論爭。四、整理國故問題。五、對甲寅派的論爭。六、各文學社團的意見。七、革命文學的理論等。對如何落實到國文教學的問題，很少有人以此爲主題進行討論。朱自清與葉聖陶在民國三十四年（一九四五）四月始合著國文教學一書，由開明書店出版。是以本文將國文教學之研究，推斷其時間不會早於「五四」新文化運動，理由就在於此。

註四　觀目前在臺可見的國文教學方面的專著如蔣伯潛先生的中學國文教學法，章微穎老師的中學國文教材教法，其內容很少講到文心雕龍的理論在國文教學上的適應性。

註　五　此說請讀者參閱民國五十一年（一九六二）十二月香港新亞書院中國文學系出版的黃侃文心雕龍札記，書末二三二頁所附潘重規先生的文心雕龍札記跋，可得其詳。

註　六　姚仲實著國文學四卷一事，見其門人固始張瑋於民國三年（一九一四）五月一日寫的文學研究法前言。所謂：「先生往歲主講國立法政學校，著有國文學四卷，翔瞻而簡易，典顯而精鑿，學者便之」云。此書臺北廣文書局出版。

註　七　姚仲實文學研究法一書，由文學起源到結論共二十五篇，其門人固始張瑋於前言中說：「右文學研究法二十五篇，桐城姚仲實先生撰，先生論文大旨，本之薑塢、惜抱兩先哲。然自周秦以迄近代達人之論，莫不考其全而擬其精，故雖謹守家法，而無門戶之見存」云。

註　八　夏丏尊的文心，是早期出版的一本談文章作法的書，曾風靡教壇，盛行海內。書前序言稱讚此書內容所論是「正而不奇，平而不倚，無畸新畸舊之嫌，最宜於年輕人」閱讀。臺北開明書店印行。

註　九　蔣祖怡編的文章學纂要，原開版於民國三十一年（一九四二）四川重慶，以後正中書局又重新發行，列入國學彙纂之一。內容自緒說至文章流變，共分二十章，是目前臺灣學術界，談文章作法方面最具系統而深入淺出的一部書。

註一〇　關於國文教學的內涵，請讀者參閱現行國民中學國文課程標準，和高級中學國文課程標準。

註一一　目前國、高中學生在校選讀的範文，其詳細情形請讀者參閱本人於民國七十一年（一九八二）四月由臺北明文書局出版的國文教學新論一書中的代序知本明法論作文——當前國文教學的重點工作。

註一二　韓愈於進學解中，自道爲學的根柢時說：「上規姚姒，渾渾無涯；周誥殷盤，詰屈聱牙；春秋謹嚴，左氏浮誇；易奇而法，詩正而葩；下逮莊騷，太史所錄，子雲相如，同工異曲……」

註一三　柳宗元於答韋中立論師道書中，自道爲文根柢所在時說：「本之詩以求其恒，本之禮以求其宜，本之春秋以求其斷，本之易以求其動。此吾所以取道之原也。參之穀梁氏以厲其氣，參之孟荀以暢其支，參之莊老以肆其端，參之國語以博其趣，參之離騷以致其幽，參之太史公以著其潔。此吾所以旁推交通而以爲之文也。」

註一四　解釋每篇文章的「題文」，門類相當的多，請讀者參閱本人於民國七十一年（一九八二）四月，由臺北明文書局出版的國文教學新論一書，其中第三章範文教學題文與作者生平介紹之研究第二、三節。（四十三頁至五十四頁）

註一五　關於劉勰對文學體裁的分類情形，請讀者參閱本書貳劉勰文體分類學的基據，和本人著由臺北文史哲出版社於民國六十八年（一九七九）五月印行的重修增訂文心雕龍研究第八章文心雕龍文體論。

註一六　請讀者閱讀對照表時，特別注意兩方面，一是本表橫向的分類，即「以作法分」「以性質分」「以用途分」「以內容分」，和縱向的歸納，將古代文體完全納入「論說」「抒情」「記敍」「應用」四者之中。說雖勉強，但有時不得不如此也。

註一七　所謂「習作教學」，即「作文教學」，詳情請讀者參閱本人著，由臺北明文書局於民國七十一年（一九八二）五月印行的國文教學新論一書。其中第八章作文教學習作指引之研究（該書一六九頁至一九七頁）。

註一八　關於消極的修辭與積極的修辭，兩者互動的關係問題，請參閱黃慶萱著，由臺北三民書局印行的修辭學。書中「前言」部分，對此有所發明。（該書的一頁至二十三頁）

註一九　引說出於劉勰文心雕龍徵聖篇。

註二〇　引說見於劉勰文心雕龍神思篇。

註二一　近年國人對於文心雕龍練字篇的推崇，如杜若於民國六十八年（一九七九）五至六月在臺肥月刊發表的文心雕龍的修辭論。徐麗霞於民國六十六年（一九七七）八至九月在鵝湖月刊發表的文心雕龍練字篇之修辭學考察，便是顯例。

註二二　章師銳初著的中學國文教學法，於民國六十二年（一九七三）十月由臺北蘭臺書局出版。此說專門在討論習作批指問題，是他「國文習作教學之實施」的重點所在。

註二三　此處引說出自劉勰文心雕龍知音篇。

拾叁　臺灣「文心雕龍學」的研究與展望

一、前　言

「文心雕龍學」在中國傳統學術裏，佔有重要地位。尤其當中西文化大量交流的今天，凡論文學思想、文學體裁、文學創作、文學鑑賞，屬於文學理論之事者，無不借重劉勰的文心雕龍，作爲立說的依據。

臺灣自民國三十八年（西元一九四九）迄今（一九八八），整整四十年來，在「文心雕龍學」的研究上，有爲數甚多的人士，投下他們大量的智慧與精力；同時又在極端特殊的環境下，披荆斬棘，從荒漠中掘出一道甘泉，滋潤了這塊寂寞的樂土。當此之時，回顧以往，展望未來，搦筆和墨，寫這篇論文，獻給志同道合的朋友作參考，覺得饒富意義。

本文寫作的目的，一方面對「文心雕龍學」以往研究的概況，從發展的過程和定點的成就上作分析檢討，另一方面企圖根據分析檢討所得，爲未來的走向，作一前瞻性的規劃和建議。文末結論對「文心雕龍學」在當前所呈現的內在隱憂，也一本忠於學術的立場，毫不諱言的加以扼要提點。

在這四十年漫長的時光裏，數以百計的學者，和難以估量的專門著作與單篇論文，不僅情況錯綜複雜，難以掌握，就是把手邊現成的資料，參伍比較，想從中取得持平的結論，已經大感不易。更何況有些專門著作，動輒數百頁，長達數萬或十數萬言；一個單篇論文有時短者千語，長者萬言，個人困於有限的時間和精力，也很難探驪得珠，略無遺漏。所以作者在寫作本文時，雖然力求客觀中肯，但囿於總總條件，仍難隨心所欲，希望同道先進能諒解我不得已的疏忽而賜予指正。

二、「文心雕龍學」的成長過程

臺灣以往在日本皇民化的教育制度下，有心人士雖然想掙脫殖民地的枷鎖，對我大漢民族的傳統力圖維護，但在救亡圖存之惟恐不暇，於學術研究更是侈談。尤其在日本統治了五十年以後，政府三十八年播遷來臺的當時，第一件重要施政就是大力推行國語。語言是溝通情感的橋樑，語言不通，其他一切等於空談。在這種特殊的政治背景下，「文心雕龍學」於臺灣原有的文獻中，還很少看到這一類的論文。所以現在來談「文心雕龍學」的成長過程，必定要從三十八年（一九四九）作開始的上限，卽令是這樣，如果容我們回顧三十八年當時臺灣的學術研究環境，眞可說是滿目瘡痍，不堪回首！

假使學術研究能按照發展狀況分期的話，臺灣「文心雕龍學」的研究，可以十年為單元，把它分成初期、中期、近期、晚期四個梯次。以下筆者對這四個梯次的內容眞象，逐一說明。

甲、初期開拓的艱辛

所謂「初期」是指民國三十八年（一九四九）到四十九年（一九六〇）。此時臺灣光復未久，各級教育內容還沒有完全蛻盡日本皇民化教育的色彩，整個臺灣的大學不多，而具有大學規模的除國立臺灣大學外，更屬少見。譬如今天的師範大學，初期祇是國語專修學校，以後改制爲省立師範學院，中興大學的前身是臺中農學院，成功大學的前身爲臺南工學院。目前臺灣大專院校林林總總，不下百所，以彈丸之地，設立百所以上的專校，這種盛況，在四十年以前，連做夢也沒有想到。而當時的大學院校眞正設有中文系的，又僅限於臺灣大學和師範學院兩所而已，這兩所學校當時正鬧學潮，學生旣無心讀書，老師又甫自大陸來臺，待遇菲薄，師資不足，教科書缺乏，參考資料沒有。在這種滿目蒼涼，風雨飄搖的情況下，想要爲中文系建基立業，其實際的困難，直如陸地行舟。

民國三十九年，先總統復行視事，纔算穩住陣脚，有了新興氣象。當時講授文心雕龍於上庠的，在臺大中文系是廖蔚卿，師院國文系是潘重規先生。以後潘先生遠赴香江，又改由高仲華先生講授，他們給臺灣初期「文心雕龍學」的研究，孕育了一線生機。同時師範學院在高仲華先生的規畫下，民國四十二年以後，陸續開辦國文研究所碩士班和博士班，爲國學研究奠定堅實基礎。至於民國五十三年（一九六四）五月李宗慬先生提出文心雕龍文學批評研究，就是經由李漁叔先生指導完成的第一篇碩士論文。這篇學位論文，較之香港建文書局影印大陸學者郭晉稀的大作文心雕龍譯注十八篇的時間還早三個月（註一）。

乙、中期發展的猛進

民國五十年（一九六一）到五十九年（一九七〇）是「文心雕龍學」研究的中期，臺灣社會局面在政府安定中求進步的政策下，由原先以農業培植工業，走向以工業促進農業的新導向。外貿迅速發展，國民所得直線上升，社會安定，經濟繁榮，均富理想的實現，給臺灣帶來富而後教的可能。各級學校在升學的激烈競爭下，不但私立大專院校紛紛設立，就是原有的公立大專院校，也都或改制、或新增，年有數起。如改制的有省立師範學院改爲國立師範大學，臺中農學院改爲中興大學，臺南工學院改爲成功大學，新增的有高雄師範學院、政治大學、淸華大學、交通大學、中央大學理學院、海洋學院。這裏除交大、海洋學院限於性質特殊，未設中文系外，其他大多有中文系或中文研究所。尤其在民國五十四年（一九六五），爲了配合工業升級，培養中下級專技人才的需要，在鼓勵私人興學的號召下，同期成立了數十所五年制專科學校，招收初中畢業生。所以「文心雕龍學」的研究到了中期，跟著教育制度的改革，各方面也發生了很大的變化。除了廖蔚卿仍在臺大中文系講授文心雕龍外，師大的高仲華先生應香港聯合書院聘，遠赴國外後，文心雕龍已改由方遠堯、李曰剛二位先生分別擔任。在政大中文系講授此科的張立齋，高雄師院鍾京鐸、淡江黃錦鋐先生、東吳華仲麐先生、輔仁曹昇等，皆爲一時之選。經他們栽成而能獨立研究的青年學人，其中比較特殊的，如臺大的齊益壽，師大的王更生、黃春貴、沈謙，輔仁的王金凌，淡江的龍良棟等。因爲彼此切磋，相激相盪，頗能收鼓動風氣之效，爲文心雕龍研究帶來突飛猛進的契機。

以下幾種重要著作，爲中期「文心雕龍學」的發展作出了偉大貢獻。如李景濚在五十六年（一九六七）十二月經臺南翰林出版社印行了文心雕龍詳解，次年（一九六八）四月又賡續出版了文心雕龍新解，政大教授張立齋由臺北正中書局發行了他的文心雕龍註訂，對早期范文瀾著的文心雕龍註作了全面性的訂正。爲「文心雕龍學」基礎性研究，奠定穩固的根基。臺南成功大學中文系的張嚴，也在五十八年（一九六九）二月經臺北商務印書館出版了他的文心雕龍通識。至於因研究文心雕龍而榮獲學位的，繼五十三年五月師大碩士李宗慬之後，私立文化學院中文研究所劉振國因劉勰明詩篇研究一文得到碩士學位。美國西雅圖華盛頓大學華裔教授施友忠中英對照本文心雕龍，也於此時交由臺北中華書局發行。對中西文學理論之交流得到正面肯定。淡江在黃錦鋐先生的領導下，集結該系同仁的研究心得，於五十九年（一九七〇）出版了第一部集體創作文心龍雕研究論文集。以上各著，雖然他們的內容不同，但對「文心雕龍學」的推動，都盡了時代的使命。

丙、近期成果的輝煌

民國六十年（一九七一）到六十九年（一九八〇）是所謂之「近期」。這十年中，臺灣不僅在政治上、社會上呈現空前的安定，經濟上更突顯了海島型經濟特色。因外貿的大量出超，而躍居亞洲四小龍地位。也由於經貿的成就，帶動了國民的收入增加、社會的繁榮。當此之時，臺灣全島居民無不豐衣足食，過著堯天舜日的太平生活。學術研究來自社會安定，尤其自經國先生擔任行政院長後，主動調整大中小學教師待遇，大學教授始有餘力購置圖書，致力於學術研究工作而心不旁騖。

「文心雕龍學」在這一時期，臺大除廖蔚卿外，齊益壽也加入了教學陣營，在該校夜間部中文系講授文心雕龍，師大方遠堯、李曰剛兩位先生的屆齡退休，王更生便在義不容辭的情況下，接下了這個學術研究的棒子。以後他又先後在中央大學、東吳大學兼任。政大方面因張立齋赴加拿大依親，所遺文心雕龍課程由舒衷正講授。其他各大學中文系對文心一科或設或不設，較之以往，沒有太多變化。

「文心雕龍學」的研究，在各校師生推動下，有很多志同道合的青年朋友認爲「文心雕龍」的作者劉勰，其持論之周延、態度之客觀，留下很多研究的空間，等待今人去發揮、去結合、去充實，甚至去改進。尤其談到中國文學，更把文心雕龍尊爲文論的經典，所謂「體大慮周，籠罩羣言」。在實際成就上，中文研究所學生因研究文心而榮獲碩士、博士的爲數較前更多，譬如民國六十一年（一九七二）輔仁大學陳端端，以劉勰鍾嶸論詩歧見析論獲得碩士後，次年王金凌也因爲有劉勰年譜之撰，繼陳端端後也得到文學碩士學位。師大的黃春貴、沈謙，更分別以文心雕龍之創作論和文心雕龍批評論發微，於六十二年、六十三年先後得到碩士學位，沈謙更在六十九年，以原來的碩士論文爲基礎，擴大堂廡，調整格局，別撰文心雕龍之文學理論與批評，由王夢鷗、李辰冬兩位指導，獲得了文學博士學位。同年文化大學的陳坤祥，以文心雕龍指瑕之研究通過碩士論文口試，至於臺灣大學中文研究所，雖然向以運用新方法研究舊文化爲號召，但在「文心雕龍學」劇烈發展的六〇年代，還看不出他們在這方面有甚麼獨創性的著作！

研究文心雕龍而擲地有聲的專門著作，在此期次第印行的，譬如在校勘方面：有張立齋的文心雕龍考異（註二），王叔珉的文心雕龍綴補（註三）。在注釋方面：有王久烈等合註的語譯詳註文心雕龍（註四）。在論文集方面，出版的有三種：一、是陳新雄、于大成主編，由木鐸出版社發行的文心雕龍論文集，書中結集的大多是民國三十八年以前的作品（註五）；二、是黃錦鋐先生編譯，由學海出版社發行的文心雕龍論文集，此書所輯偏重於日本學者的論著（註六）；三、是王更生編，經由育民出版社發行的文心雕龍研究論文選粹，內容共分八類三十八篇，所選論文遍及臺灣、大陸、香港、美國、韓國各地區，具有相當的代表性。在綜合研究方面：有王更生的「文心雕龍研究」，於六十五年（一九七六）三月由文史哲出版社發行，三年後，也就是六十八年（一九七九）五月又重修增訂，仍由文史哲出版社發行面世。同年王氏以范氏文心雕龍註出版既久，平心而論，不無可議之處，遂作文心雕龍范註駁正，由華正書局出版（註七）。六十六年（一九七七）三月，王氏又以文心體大思精，運詞艱深，更著文心雕龍導讀（註八），以發揮推廣普及之效，造福讀者匪尟。

這是臺灣「文心雕龍學」研究，成果最輝煌，風氣最鼎盛的一段蜜月時光，無論是單篇論文或專門著作，無不蓬勃發展，欣欣向榮。

丁、晚期趨於平緩

民國七十年（一九八一）以後，屬於晚期。晚期「文心雕龍學」已邁入發展的高原，不但研究的熱度銳減，就是早先以研究文心而榮獲碩士、博士的青年朋友們，有的幾乎很多年都不發表同性質的論文，有的雖有論文發表，又大多不以「文心雕龍學」的研究爲主流，甚或講授文心雕龍的學者，三、五年內也難得看到一篇像樣的論文公諸於世。所以從民國七十年算起到現在，在這八年不到的時光裏，如果單從論文發表的數量上來評估，「初期」十一年有十一篇，「中期」十年已多達五十篇，「近期」十年則高達一百七十五篇，「晚期」差不多八年了，僅有五十九篇，這個成績還不及中期之半，從這個角度觀察，我們要說「文心雕龍學」的研究，已走到發展的高原並不爲過。今後如果不能突破此一瓶頸，恐怕便很難再有風光的時刻了。

臺灣由於經濟過度繁榮，近年更有財富迅速集中的現象，金錢使人腐化，所以一切學術活動無不受工商企業的影響而唯利是圖。雖然如此，但仍然不乏守先待後的人士，從事固本培元的播種工作。

從專門著作方面看，李曰剛先生的「文心雕龍斠詮」上下册，共二五八〇頁，於民國七十一年（一九八二）五月由國立編譯館中華叢書編審委員會發行。書中對材料的選用，雖不無可議，但大體而言，尚可供學者參考。同年六月，臺北商專的龔菱著文心雕龍研究，文津出版社印行，此書較之三年前師範大學王更生的「重修增訂本文心雕龍研究」，雖非創新，但亦不無變化。七十三年（一九八四）三月，王更生委由文史哲出版社印行了他的「文心雕龍讀本」上下篇，上篇四八八頁，下篇四四三頁，共九三一頁，爲初學入門或有意進修的學子提供了研讀基礎。中興大學的王禮卿，疏通知遠，淹貫古今，有文心雕龍通解之作，九二七頁，黎明文化公司出版。七十七年（一九八八）三月，王更生又重修增訂了他在十年以前出版的文心雕龍導讀，仍由華正書局發行，該書並由原來的九十八頁，增加到一七一頁，幾乎是先前的一倍。書中附錄㈡有最近（一九七四～一九八七）國內外研究文心雕龍概況一文，對「文心雕龍學」研究，在世界百科全書中的地位，和在臺灣、在大陸、在日本、在韓國、在歐美、在蘇俄最新研究實況，均有相當詳盡的報導。學者想要了解目前「文心雕龍學」研究的走向，王氏的這本書當可做入門之階。其他像王金凌的文心雕龍文論術語析論（註九）、方元珍的文心雕龍與佛教關係之考辨（註一〇），雖然學涉專門，但都能深入淺出，極具參考價值。至於單篇性的論文，由於人多辭煩，在此恕不詳贅。

三、「文心雕龍學」研究的具體成就

臺灣近四十年對「文心雕龍學」研究的具體的成就，大致可從兩方面加以探討，一、形式，二、內容。從形式上看，可以得知研究的表象；從內容上看，可以了解研究的特質。以下就先談形式，再論內容。

甲、在研究的形式方面

臺灣近四十年對「文心雕龍學」的研究，如果把他們曾經發表的單篇論文和專門著作加以統計後，立即可以發現在研究形式上，大別可以分成三種不同的類型：即單篇性的研究、比較性的研究，和綜合性的研究。

所謂「單篇研究」：蓋文心雕龍全書係合十卷五十篇而成。明原一魁序兩京遺編時說：

陶冶萬彙，組織千秋，則勰亦六朝之高品也。

可見文心雕龍的任何一篇，在中國文學中，涉及的都是一個專門課題，無論是理論、是方法，其牽涉的資料，無不具有相當的深度和廣度，極具研究價值。若干年來，在這方面發表過不少專精的作品，如李曰剛先生的原道篇題述、序志篇題述、論說篇題述、養氣篇題述、總術篇題述（註一一），頌讚篇斠詮、詔策篇斠詮、奏啓篇斠詮（註一二）。王禮卿的詮賦篇析惜、頌讚、祝盟析惜、時序篇通釋（註一三），廉永英的原道會箋、辨騷會箋、樂府會箋、祝盟會箋（註一四）陳拱的神思篇疏釋、體性篇疏釋、聲律篇疏釋、養氣篇疏釋（註一五）。以上各單篇研究的作品，其標題儘管不同，但內容性質均偏重於校注。至於像王夢鷗的從辨騷篇看文心雕龍論文的重點（註一六）、陳槃珠的文心雕龍樂府篇研究（註一七）、王更生的文心雕龍史傳篇的考察（註一八）、王讚源的文心雕龍知音篇探究（註一九）、張淑香的由辨騷篇看文心雕龍論文的重點（註二〇），又是以不同的標題，從事單篇性研究的另一類型。「單篇研究」是「綜合研究」的基礎，尤其像文心雕龍這種經典之作，按理應該先作單篇研究，然後再集腋成裘，結合而成全面，但深感遺憾者，是從事校注的，已無餘力再鈎深窮高，作進一步推陳出新的工作，從事單篇研究的，又不一定總覽全書，從原典入手，然後再針對問題所在，去精理密會，提出足資借鏡的看法。正因爲如此，我們發現有不少的作品，都呈現游談無根的現象。

所謂「比較研究」，是說文心雕龍體大慮周，籠罩羣言，其中某單篇或某相關各篇，與文心前期、同期或晚期的作品，因爲性質相近，足資比較，故爲學者們所樂爲。這一類的論文如以文心雕龍明詩篇和鍾嶸詩品作比較研究的，有陳端端的劉勰鍾嶸論詩歧見析論（註二一）、馮吉權的文心雕龍與詩品之詩論比較（註二二），方介的文心、詩品論詩標準之比較（註二三）。有拿劉勰對文章體裁的分類方式，和昭明文選的分體不同，作比較研究的，如：舒衷正的文心雕龍與蕭選分體之比較研究（註二四）、鄭蕤的試論文心雕龍與昭明文選在文學體類上的區別（註二五）、齊益壽的文心雕龍與文選在選文定篇及評文標準上的比較（註二六）。又有拿文心雕龍和陸機文賦作比較研究的，如：鄭蕤的試論陸機的文賦與文心雕龍（註二七）、齊益壽的劉勰的創作論與陸機文賦之比較（註二八）。還有拿文心雕龍和日本弘法大師的文鏡秘府論作比較研究的，如：黃錦鋐先生的空海的文鏡秘府論與文心雕龍的關係（註二九）。就以上各文加以類推，可資參互較論的著作還不止於以上數種，如與文心雕龍時代相近的王充論衡、魏文帝典論論文、葛洪抱朴子、蕭繹金樓子、裴子野雕蟲論、顏之推家訓、王通中說、李諤論文體輕薄書、甚而稍後的如司空圖詩品、劉知幾史通、陳騤文則、李塗文章精義等，如果我們能以文心雕龍爲定點，將古今與其相關的文論專著，作一有計劃地系聯、比較、研究，從其大本大源處，找到彼此相似、相近、相同或相異之點，爲中國文學理論建立一套完整的體系，應該是不難的事。十分遺憾的是我們在這方面做的工夫太少，投下的關注也不成氣候。

所謂「綜合研究」，是作者根據文心雕龍全書五十篇的有關架構，從思想上、組織上、理論上，找到劉勰立說謀篇的本源，從而分門別類，運用現在系統分析的觀點，替他建立一套完整的理論體系，以後再透過此一理論體系，上考下求，旁推交通，使劉勰文心雕龍五十篇，先由合而分，再由分而合，經過統計、比較、歸納的手法，使文心雕龍能以嶄新的面貌，活躍於現代中國文學理論之林。更由於作品的深入淺出，很容易化艱澀為平易，達到古為今用的治學目的。這一類作品有專書、有單論。在專書方面如：張嚴的文心雕龍通識，雖然不是一部系統完具的作品，但作者能從「劉勰的文學觀」而談到「文心雕龍五十篇的編次」、「隱秀篇眞僞」、「板本考」等十個不同的項目，當臺灣「文心雕龍學」研究起步不久之時，能有這種水平的著作，可以說是鳳毛麟角了。李中成的文心雕龍析論，是民國六〇年（一九七一）代初期的著作。書分十三章，三百五十七頁，在二七三頁前為理論部分，二七九頁後附文心原書。在理論都分李氏牽涉的方面極廣，觀念極新，可惜對文字運用的能力略差，不易令人接受。黃春貴的文心雕龍之創作論，和沈謙的文心雕龍批評論發微，張雁棠的文心雕龍之文學本原論、李再添的文心雕龍之文類論（註三〇），各從不同的角度，對文心雕龍的理論作深化的探索。同時也為文心雕龍綜合研究的走向，做出先驅的貢獻。六十五年（一九七六）三月王更生集結其歷年發表的論文，並參新酌舊，去蕪存青，成文心雕龍研究（註三一），事後作者又以為該書內容不愜於心，三年後，也就是六十八年（一九七九）五月重修增訂，此次修訂，除書中的板本、書影，研究例略，序言仍然保留外，由緒論，而年譜，而板本考，而文心雕龍之美學、史學、子學、文原論、文體論、文術論、文評論，然後結論，可以說從「文心雕龍研究的回顧與前瞻」，到「文心雕龍在中國文學史上的地位」，凡當前亟待探討的問題，固不能說應有盡有，但重要的課題已經大致具備。何況本書對問題的處理和寫作的態度，都預存極大的伸縮性，來日如能擴而充之，定有很多活動的餘地和發展。

在單論方面，如王夢鷗的劉勰宗經六義試詮（註三二）、鄭明娳的劉勰的宗經論（註三三）、周弘然的文心雕龍的宗經論（註三四）。以上三篇論文，都是從劉勰的宗經觀點出發，以卷一的「原道、徵聖、宗經、正緯、辨騷」五篇爲中心，探索劉勰的文學思想。徐復觀的文心雕龍的文體論（註三五）、周弘然的文心雕龍的文體論（註三六）、彭慶環的文心雕龍的文體論（註三七）。以上三篇論文大致是根據文心雕龍卷二到卷五，這二十篇專論文體的作品，作廣泛而深入的探究，期能求得劉勰在文體方面立說的眞象。創作論又稱文術論，這方面綜合性研究的論文不多，勉强可以列入的如廖蔚卿的劉勰的創作論（註三八）、周弘然的文心雕龍的文術論（註三九）、黃忠愼的文心雕龍的文質並重理論（註四〇）。廖氏的大作以後收入臺北聯經出版社發行的六朝文論，黃忠愼論劉勰的文術，集中於他的「文質並重」，稍嫌偏狹；蓋「文質並重」固然是劉勰創作論的重點，但只是他的重點之一，嚴格地說起來，黃文還不夠全面。

乙、在研究的內容方面

臺灣學者大多循著兩個方向發展，一、是劉勰本身的史傳，二、是文心雕龍全書。此外在資料的彙整方面，臺灣學者也作了不少努力。至於對某種單一性的主題類似神思、風格、風骨、定勢等作深化的探索，雖然也有人從事，但限於地狹人少，從未引起過熾烈的討論。術語方面的研究大有人在，不過術語研究是「文心雕龍學」的紮根工作，非淺嘗輒止者可辦，所以直到目前，還看不到接近理想的論文。以下根據上述再作進一步的觀察。

在資料彙整方面：臺灣學者很早就注意到資料的彙整問題，以爲學術研究必須以完備的資料作後盾，才有可能推陳出新。民國五十九年（一九七〇）十一月，由黃錦鋐先生主編，經淡江文理學院中文研究室發行了第一本文心雕龍研究論文集，集中選錄了該校中文系八位教授的作品。如施淑女的玄學與神思，韓耀隆的文心雕龍五十篇贊語用韻考，黃錦鋐的空海的文鏡秘府論與文心雕龍的關係，王仁鈞的文心雕龍用易考，胡傳安的文心雕龍論詩，傅錫壬的劉勰對辭賦作家及其作品的觀點，王甦的文心雕龍的文學審美，唐亦璋的從文心雕龍看傳統與文學創作的關係，當時由於黃氏的主持和推動，將八篇論文集結推出，給寂寞的學壇帶來了一付興奮劑；以後黃氏返師範大學任教，而這幾位早期從事研究文心雕龍的學者們，便很少再發表性質與文心相近的作品了。六十四年（一九七五）十二月，由陳新雄、于大成主編，經木鐸出版社發行的文心雕龍論文集，這本集子專門搜集早期發表而居今難見的資料，如劉節的劉勰評傳，李笠的讀文心雕龍講疏，陳延傑的讀文心雕龍，陳準的顧黃合校文心雕龍序，趙萬里的唐寫本文心雕龍殘卷校記，李詳的文心雕龍黃注補正，闌珊的讀中大藏明本文心雕龍，絕大部分都是民國十五年至三十八年之間的作品，像國粹學報、東方雜誌、國學月報等，在一般人不容易看到的情況下，這本論文集適時出版，給「文心雕龍學」的研究帶來不少幫助。民國六十八年（一九七九）一月，學海出版社印行了黃錦鋐先生編譯的另一種文心雕龍論文集，書中一共選輯了三篇文章，其中有一篇就是黃氏在淡江文理學院寫的空海的文鏡秘府論與文心雕龍的關係，另兩篇是楊明照的文心雕龍范注擧正和日人斯波六郎的文心雕龍范注補正。六十九年（一九八〇）九月，師範大學王更生編纂，由育民出版社發行了一部文心雕龍研究論文選粹，根據該書序例，知道本選粹自民國五十八年開始蒐集，至六十八年夏定稿付梓，其間十越寒暑，從二十六種不同的雜誌和學報中，選錄了三十八篇論文，三十五位作者，五個不同的地區。據說王氏正擬出版續編，以容納六十九年（一九八〇）以後各方面研究文心雕龍的代表作。

在劉勰史傳方面：劉勰史傳在梁書劉勰傳和南史劉勰傳裏記載簡略，有人想爬梳叢殘，整紛理蠹，替他編年製譜，但關於其世系、家庭、生卒、行誼等，直到今天還半屬臆測。臺灣學者在這方面的研究成果，計有王更生的梁劉彥和年譜稿（註四一），以後經過他重新增删後，收入了六十八年出版的「重修增訂文心雕龍研究」第二章，並改名爲梁劉彥和先生年譜。本文大致分譜前、年譜、譜後三部分。譜前爲東莞劉氏世系之考訂，年譜爲譜主劉勰之生平行誼，譜後爲劉勰史傳及後人研考文字的節錄。本文最特殊之點有二：一、是將劉勰生平推定爲宋孝武帝大明八年（四六四），與范文瀾、華仲譽先生、張嚴、王金凌、譚家定、黃公偉和日本學者興膳宏之說，互有同異。二、是不採楊明照梁書劉勰傳箋注，和李慶甲劉勰卒年考二家的新說。以爲他們「用後說推證前論」，不僅危險，且犯了不考之過。和王譜幾乎同時發表的是輔仁大學王金凌的劉勰年譜，他將劉勰生年延到宋明帝泰始元年（四六五），其他多與王譜無大出入。只是劉勰在普通三年（五二二）五十八歲辭世後，作者附列了很多和劉勰年譜無關的資料，似非譜牒的常規，應當全部删去。民國七十一年（一九八二）九月和七十二年（一九八三）三月，李曰剛先生在中華文化復興月刊發表梁劉勰世系年譜，以後這篇文章收入他的文心雕龍斠詮下册，李譜大量運用楊明照於一九七八年新作梁書劉勰傳箋注，將劉勰生年延至宋明帝泰始六年（四七〇），卒年又延到梁武帝大同五年（五三九）。至於劉彥和世系部分，其內容資料全部和王譜雷同，這種情形諒非巧合。

在注釋校勘方面：文心雕龍以五十篇三萬七千多字涵蓋了劉勰以前二千年左右的文學理論資料，這種納須彌於芥子的法力，如果文不精深，詞不典奧，根本是無法做到的。所以自北宋辛處信作文心雕龍注後，歷代學者或校或注，頗不乏人。臺灣「文心雕龍學」的研究者堅信完善的校注是通往文心的捷徑，於是在民國五十七年（一九六八）——正當臺灣「文心雕龍學」起步的時候，李景濚出版了他的文心雕龍新解。此書是當年四月份初版，十一月再版，前後不到半年時光，初版就搶購一空，可見當時受學術界歡迎的程度。我在近六十年來「文心雕龍」研究概觀（註四二）一文中曾說：

> 雖然文心雕龍新解在校勘、譯白、注釋各方面需要討論商量的地方很多，但在文心雕龍的普及性著述萬分缺乏的情形下，本書總算給這個蕭索的園地，平添了一段勝景。

幾乎是和李著文心雕龍新解同時，政治大學張立齋，經由正中書局發行了他的文心雕龍註訂。他自以爲這本書可「正諸本之失，與補其所未備」。六十三年（一九七四）張氏又在正中書局發行了他的第二本研究專著——文心雕龍考異。據作者自稱：

> 此稿始於編註訂時，原僅據嘉靖及坊間黃本，客夏再度來美，所獲善本不一，乃勉為完稿。

當時作者因年屆七十，精力多感不足，書中無論是原書正文或作者校語，文字錯誤百出，難可指數。王叔岷於六十四年（一九七五）由藝文印書館出版了他的文心雕龍綴補一書。師範大學李曰剛先生，集二十年教學心得，目校手鈔，苦心經營，成文心雕龍斠詮上下册二千五百多頁，洋洋一百八十萬言，眞是文心雕龍校註的巨觀。本書雖然雜鈔古今，以多取勝，但在叢脞之中，讀者如能去其繁蕪，取其菁醇，定有意外收穫的。王更生的文心雕龍讀本，是七十四年（一九八五）三月經文史哲出版社印行的，這是繼大陸周振甫文心雕龍注釋、李曰剛先生文心雕龍斠詮，以及日本戶田浩曉文心雕龍譯註後的一本新作。王氏博採他們的優點，尤其周振甫文心雕龍注釋中的「評」和「說明」兩部分，李曰剛先生斠詮中的直解，其中菁華部分，王氏均作了適當吸收。他在序言中說：

> 承前哲今賢之輝光，明儕故舊之切磋，殫思竭慮，成此一部文心雕龍讀本上下篇。

這大致是持平之論。較王氏晚半年，由黎明文化公司出版了王禮卿著的文心雕龍通解上下册，九百多頁。此書除序言、提要外，正文以下，各篇著述的體例，是首釋題義，次篇旨，又次節次，前後呼應，上下一體，頗有過人的識解。且行文簡要，深契辭成辯立之義。唯長江大河，亦不無俱下的泥沙，譬如作者惑於范文瀾的新奇，認爲「彥和爲文蓋採釋書法式爲之」，忽視了學貴有徵，無徵不信的原則；作者又明列黃叔琳輯注爲釋義的依據，捐一切後起新疏於不顧，雖謙言「不作博異之矜炫」，然其厚古薄今的態度，嚴重違犯了劉勰所謂「貴古賤今」的大忌。

在基本原理方面：所謂「基本原理」，是指劉勰的文學思想，又稱「文原論」，「龍無頭不行」，這一部分正是「龍學」的大頭腦、大關鍵，千萬不可等閒視之。文心雕龍卷一包括原道、徵聖、宗經、正緯、辨騷五篇，顧名思義，好像在談五個不同的問題，而實際上是以「宗經」爲主軸，然後上推文學的本原來自自然，所謂「道沿聖以垂文，聖因文而明道。」繼言中國文學必以經典爲宗祖。所謂「論文必徵於聖，窺聖必宗於經。」又次言經正緯奇，緯書「無益經典，有助文章」。最後辨屈宋騷賦是「雅頌之博徒，而詞賦之英傑」。原道、徵聖兩篇之作在宗經，正緯、辨騷更是宗經。所以我說卷一的五篇，看似談五個問題，實際上只有一個，那就是「宗經」，如果研究文心雕龍不能理會此等關鍵所在，則劉勰從事著述和散見全書的性情、精神，將如鏡花水月，一切都化爲泡影了。換一個層面來看，從文學的角度說，它是中國文學的本源，從劉勰本身說，它是作者的文學思想。所以我們可以這樣說，劉勰不是一般人所謂單純的文學理論家，而是中國的文學思想家。根據以上的詮釋，再來觀察臺灣「文心雕龍學」界，四十年在這方面發表的論著，計其重要者有張雁棠的文心雕龍之文學本原論（註四三）、莊雅洲的劉勰的文原論（註四四）、周弘然的文心雕龍的宗經論（註四五）、華仲麐先生的宗經徵聖與劉勰（註四六）、鄭明娳的劉勰的宗經論（註四七）、王更生的徵聖宗經的文學論（註四八）。

其中最具條理的是張雁棠的作品，這篇文章從文原論的歷史背景，講到道原自然，文原於道；徵聖立言，則文有師；經體廣大，尊經爲本；緯說詭誕，酌采質文；接軌風詩，騷體始變。文末引梁繩禕和紀昀兩家之說作結，以爲「劉氏的文原論，乃其文學觀的基礎，確爲樞紐所在，誠實重要」作結。讀了張氏的大作，發覺他對文心這五篇的整體關係，尚未能充分掌握，只見其分，未見其合，是立論的一失。

在文章體裁方面：文心雕龍卷二到卷五的二十篇，的確是文體分類的重點所在。我們如果單從文學理論方面看，它是「中國的文學體裁論」，如從作者本身來說，那又何嘗不可以說是「劉勰的文體分類學」呢！二十篇幾乎是文心雕龍全書的二分之一，可見劉勰對這一部分重視的程度爲如何了。研究劉勰的文章分類，至少有以下幾個重點必須掌握。首先，要注意劉勰文章分類產生的背景，其次，是劉勰文章分類的範疇與內容，三、是劉勰文章分類的基本原則，四、是劉勰在文章分類上的創見，五、不容忽視的是劉勰的文章分類在文心雕龍中的地位，最後，更要進一步探究劉勰文章分類的現代價值。以這樣的幾個重點來反顧臺灣四十年來「文心雕龍學」研究的成果，老實說，在這方面還提不出比較成熟的論文。早期徐復觀以深厚的西方文學修養，默察文心雕龍的精蘊，以爲文心雕龍即我國的文體論，於是著文心雕龍的文體論（註四九），其目的在使讀者能進窺古今文學發展之跡，通中西文學理論之郵，爲建立中國文體論作一奠基嘗試。徐氏雖然能見其遠，能見其大，但事實上他却犯了「以今臆古」和「好奇反經」的毛病。要知道西方學術重分析，中國學術重綜合，不同的文化體系，自有不同的學術上的術語，不必强求其同。所謂唐宋以來「文體」與「文類」混而不分，固是一弊，但如果是合既無害，那麼分又何益乎？稱文心雕龍全書爲「文體論」可，稱明詩以下，至書記爲「文體論」亦無不可。不必只在術語上大做文章，不然，爲正其名，而遺其實，是很不值得的。民國七十一年（一九八二）十月，新埔工專學報刊出了李再添的文心雕龍之文類論，內容分爲緒論、本論、結論三部，緒論言劉勰著述文心雕龍的背景及文論體系，本論首先釐淸文類與文體之界義，然後分析文類論之基本架構，並依其名義、體性、流別、義用加以敘述。最後在結論方面，作者又就劉勰文類論的學術成就詳加說明。這是一篇相當完整而統合有成的學術論文。惟作者於第四章第三節「文類與文體界線之釐淸」中，大部分引用徐復觀的說法，來樹立自己的理論。其實讀古人書應還原到古人的立場，始可免除古人所難，自己爲是之病。例如體式、體例、體制、體性、體指、體統、體勢、體製、體要、體物、體貌、體國等，把劉勰在文心雕龍中常用的這些詞彙，從詞源上、詞性上、詞義上加以分析，或引申、或假借，旁推交通，索求其眞正意義時，往往讓人有模稜兩可之感。所以古今講文體論的人很多，有此識解的比較少。

在創作方法方面：尙書僞畢命篇云：「政貴有恆，辭尙體要，不惟好異。」論語憲問亦云：「爲命，裨諶草創之，世叔討論之，行人子羽修飾之，東里子產潤色之。」綜觀所謂「體要」、「草創」、「討論」、「修飾」、「潤色」，指的正是創作方法。以後西晉陸機作文賦，對創作方法更有系統性的歸納，至劉勰文心雕龍出，籠罩羣言，組織千秋，以將近二十個篇幅，爲創作方法擬定了具體可行的規範，並謂「文場筆苑，有術有門。」又說：「思無定契，理有恒存。」「不截盤根，無以驗利器，不剖爻奧，無以驗通才，才之能通，必資曉術。」十分强調作法的重要。這二十篇有通論、有細目、有前言，所謂「剖情析釆，籠圈條貫」者，正係指此。臺灣學者在闡揚劉勰創作理論方面，有通論全面的，如廖蔚卿的劉勰的創作論（註五〇），周弘然的文心雕龍的文術論（註五一），王更生的劉彥和文學創作之理論體系與實踐（註五二）；有分論細目的，如論神思，有黃春貴的文心雕龍之想像論（註五三），施淑女的玄學與神思（註五四），曾一慈的文心雕龍神思論（註五五）。論體性的計有鄭蕤的文心雕龍體性篇中的八體（註五六），羅聯絡的文心雕龍體性篇釋義（註五七）。論風骨的計有黃振民的劉勰風骨論發微（註五八），王更生的文心雕龍風骨論（註五九），徐復觀的中國文學中氣的商榷——文心雕龍風骨篇疏補（註六〇），論通變的計有沈謙的文心雕龍之通變論（註六一），有專門討論聲律的，如王更生的文心雕龍聲律論（註六二），論麗辭的有杜若的文心雕龍的修辭論（註六三），論練字的有徐麗霞的文心雕龍練字篇之修辭學考察（註六四），論養氣的有王金凌的論文心雕龍的氣（註六五），論總術的有李曰剛先生的文心雕龍創作論總術探微（註六六）。總計上述，共錄通論創作的三篇，分論細目的十四篇。其他屬於疏解、試釋、疏釋、題述、通釋、疏補、釋義、箋證、譯注等，純粹校釋類作品，一概省略。至於提出一個獨立的命題如「風骨問題」、「定勢問題」、「風格問題」，甚而「隱秀篇眞僞問題」、「物色篇歸屬問題」、「指瑕篇屬性問題」、「內容與形式孰重問題」，作專門性的討論，並因公開討論而引發爭議，由爭議而發表論文，互切互磋，以求攻錯的現象，在臺灣從來沒有發生過。又陳坤祥的文心雕龍指瑕之研究，是潘重規先生指導，於民國六十九年六月在文化大學獲得學位的碩士論文。劉榮傑的文心雕龍譬喻研究，係七十六年十一月由前衞出版社發行，論其性質，皆應歸屬創作論的範圍。兩文均內容平淡，缺乏創意。

在文學批評方面：劉勰文學批評置於創作論之後，是寓有深意的。所謂「崇替於時序，褒貶於才略，怊悵於知音，耿介於程器」，講的就是這一部分。但是以今本文心雕龍觀之，時序在總術篇之後，物色又置於時序篇之後，所以民國以來的學者，多疑後人傳鈔錯亂，物色應與時序對調，分別回歸創作論和文評論的原來建置，如此則序志篇所謂的「崇替、褒貶、怊悵、耿介」始條理粲然，無前後紊亂之弊。然而遍檢現存的元至正乙未（一三五五）嘉禾本文心雕龍，明弘治甲子（一五〇四）吳門本文心雕龍，不見有與今本不合的迹象，所以關於時序、物色二篇是否如某些學者所疑，恐怕還未可肯定。現在姑且拿時序、才略、知音、程器四篇而言，觀其內容，多屬文學的外延問題。如「時序」言文學與時代背景的關係，「才略」言文學與才能識略的關係，「知音」言文學與讀者鑑賞的關係，「程器」言文學與道德修養的關係。從時代背景而作家才略，而讀者鑑賞，而道德修爲，在距今一千五百年左右，劉勰就注意到了這四大要件和文學批評的關係，較之現代文學批評方法的詳備，固不可同日而語，但對中國文學批評的開創之功，是不可磨滅的。更何況這四篇體大思精，包羅萬象，臺灣研究文心雕龍的文學批評，而又有這方面論文發表的，顯得相當冷落。揀其中較爲重要的作品，如通論方面：杜松柏的劉勰的文學批評論（註六七），陳慧樺的從中西觀點看劉勰的批評論（註六八），分論各篇的計有唐亦男的劉勰論文學與時代的關係（註六九），賴明德的文心雕龍時序研究（註七〇），沈謙的程器與才略——劉勰之作家論（註七一），王讚源的文心雕龍知音篇探究（註七二），田鳳臺的劉勰知音篇之研究（註七三）。此外，沈謙在民國六十三年（一九七四）六月，由周何教授指導，獲得碩士的學位論文文心雕龍批評論發微，六十六年五月又由聯經出版公司正式排印問世。書前有周何序、王更生序，和作者自序。

四十年來，臺灣學者對文心雕龍研究的具體成果已介紹如上。此外有一種雖不屬於文心雕龍本身，但却與研究文心雕龍有密切關係的著作，那就是「導讀」類的作品。作這種普及工作的專著不多，只有王更生鍥而不捨，從事這方面的努力。民國六十五年（一九七六）四月，學粹雜誌發表了他第一個短篇如何研讀文心雕龍，六十六年三月，又由華正書局以打字排印，出版了他的文心雕龍導讀。全書除自序外，連同附錄共九十八面，約六萬言。到今年（七十七），去該書初版已相隔十載，作者又在本年三月重修增訂，並改以鉛字排印，精裝燙金的版面，仍交由華正書局發行。全書除作者原序和重修增訂板文心雕龍導讀序外，共一百七十一個版面，字數也擴增到九萬字。王氏還自以爲在新增修的本子裏，有很多看法是今日之我，突破了昨日之我，有異乎從前的新發現。他對學術研究的熱忱，和勇於自我檢討改進的精神，在這個上下交征利的社會裏，很值得我們在此一提。

四、「文心雕龍學」研究的展望

從文心雕龍的成長過程，及其具體的成就，來展望將來的發展，我們雖然處在研究高原而出現平緩的現象，但只要抱持信心，鍥而不捨，必能繼近期（一九七一至一九八〇）的輝煌成就更上層樓。今後我們的做法，最好在思想觀念、研究內容、科際整合、人才培育、組織計畫、資料搜集等六方面徹底檢討改進，則山窮水盡之時，又何嘗不是柳暗花明之日呢。以下就此六端加以說明。

甲、培養正確觀念

一部震古鑠今的名著，必爲作者思想情感之昇華，世界上也只有眞思想、眞感情寫成的作品，才能蜚聲千古。過去孔夫子閔王道之缺，傷斯文之墜，上無英明之君，下不得任用，故垂空文以見於世，當一王之法，試問當此之時，他是何等思想？西漢太史公司馬遷，遭李陵之禍，身毀不用，思賢聖發憤之所爲作，於是上始軒轅，下訖天漢，作史記一百三十篇，五十二萬多言，當此之時，試問他又是何等思想？劉勰身丁辭人愛奇，言貴浮詭的六朝，眼看去聖久遠，文體解散，而一般論文之作，如魏文典論、陳思序書、應瑒文論、陸機文賦、仲治流別、宏範翰林，又未能振葉尋根，觀瀾索源，不述先哲之誥，無益後生之慮，於是和墨論文，著文心雕龍。試問當此之時，劉勰的思想抱負又是如何？清朝紀昀等纂四庫全書總目提要，列文心雕龍入詩文評類，近代討文之士，便以爲劉勰是文學批評家，文心雕龍是文學批評的專著，其實細玩序志篇劉勰自言：

> 敷讚聖旨，莫若注經，而馬鄭諸儒，宏之已精，就有深解，未足立家。

的語意，和同篇贊語中所說的「文果載心，余心有寄」的說法，再加文心雕龍全書前二十五篇爲體，後二十四篇爲用，序志是駕馭全書的樞紐，宗經爲五十篇的重心，可說是有本有源、有體有用，有理論、有方法，整個的架構，充分說明了這是一部血淚交織，眞情實性的著作。由此觀之，如果說文心雕龍是中國文學批評的專著，劉勰是中國文學批評專家，我覺得不僅不了解劉勰和文心雕龍，更低估了劉勰和文心雕龍的身價。

我嘗說中國的先秦諸子分別從政治、法律、經濟、社會、教育、軍事各方面著書立說，馳騁當世，企圖達成他們救亡圖存的理想，而劉勰當「文章匿而采」的六朝，不作遍注羣經的工作，竟然和墨論文，闡揚詩書隱約之思，聖賢發憤之意，想從文學方面，紓解天下之困。所謂：「標心萬古之上，送懷千載之下」，劉勰應該是中國的文學思想家，文心雕龍更是中國文學思想上的專門著作。我們具備了這個思想觀念，再來研究文心雕龍時，才眞正能以心觀心，體會出劉勰爲文用心的精義。他說：「君子處世，樹德建言，豈好辯哉，不得已也。」正是他爲自己下的注脚！

乙、充實研究內容

任何學術研究，想要博得重視，充實研究內容，總是首要之務。像文心雕龍這種陶冶萬彙，組織千秋的鉅著，眞所謂「辭約而旨豐，事近而喻遠」，從縱的角度看，他對傳統文論的繼承，當代文壇的導引，後世文運的開拓，看法極持平，態度極客觀，用心極深遠；從橫的角度看，無論是作家、作品、體裁、史實、典故，凡古今有關文學理論的資料，可資取法的，均一網打盡，略無遺珠，然後再分類歸納，由點成線，由線成面，由面成體，所謂「位理定名，彰乎大衍之數」，成就了這部籠照羣言的偉業。再加劉勰本身學深養到，運用六朝通行的麗辭，表達他的文論思想，眞是汪洋恣肆，浩浩千頃波，有取之不盡，用之不竭的內涵。所以文心雕龍值得研究的層面，無論是其本文，或本文以外的意旨，都可以拿來作獨立而有系統的研究。

綜計臺灣研究「文心雕龍學」的成果，其間最通行的不外乎「作者」和「文心雕龍」本書兩大範疇，在此兩大範疇中，作者方面，又集中研究其生卒年月和成書時間兩個命題。在「文心雕龍」方面，重點大致放在文原論、文體論、文術論和文評論四個論點上，而其中又以文術論一枝獨秀。其實就「文心雕龍」本書而言，劉勰先設文體論，然後有文術論和文評論，他這種組織結構的文學心路，很值得後人去探討。更何況文原論以「宗經」居首，文體論「文」「筆」兩分，兩分之中，各篇的先後順序，如「文」類的「諧讔」置於「雜文」之後，「筆」類的「史傳」「諸子」却放在「論說」之前，此中道理頗耐尋味。至於文術論中的前五篇顯然和後面各篇性質不同，而後面各篇中的「指瑕」，其性質究竟作何歸屬？「總術」篇的內容在綜論文術，却殿於文術論之末。意義何在？文評論中的「時序」、「才略」與「程器」更是乏人問津的三篇論文。講到劉勰的文學批評，「知音」篇大多耳熟能詳，其實「時序」篇的時代與文風，「才略」篇的作家與作品，「程器」篇的器識與修爲，在文學批評上都有舉足輕重的地位，但是眞正研究而又有論著發表的，却寥若晨星。此外若劉勰常用的專門術語，樹立的經學思想，對作家的看法，以及他借用傳統樂論、書論、畫論、史論爲依據，只要展卷以觀，幾乎所在多有，這些更是我們研究文心的用力之處。因此，我們不談充實「文心雕龍學」的研究內容則已，否則，類似上述各點，都應當全力以赴。

丙、加强學科聯繫

文心雕龍是中國傳統文學理論中的聚光點。過去在中西交通未開，或既開而接觸尚不夠頻繁之際，研究文心雕龍的學者們，只把全副精神投入於校勘、板本、注釋，就已經是竭盡畢生精力，有大功於劉勰了。可是民國開元（一九一一）後，中西文化交流發生劇烈變化，治學方法亦日趨更新，就拿民國八年（一九一九）前後北京文化學社印行的黃季剛文心雕龍札記來說，較諸乾嘉諸老的考據方式，在方法上、體例上、觀點上，已有顯著的差異。十四年（一九二五）天津新懋印書館發行的范文瀾文心雕龍講疏（註七四），雖以考據校勘爲主，但他的旁徵博引，鎔故鑄新的精神，在文心雕龍的注釋上，的確開了一個新紀元。尤其從范氏注釋中，讓我們發現文心雕龍就像一座沉埋的金礦，其藏量的豐富，範圍的廣濶，質地的精醇，需要我們探討的層面非常之多。經學是中國文學之源，和文心雕龍關係之密切自不待言，其他就是子學、史學、文學，以及中文系或外文系開設的相關科目，如修辭學、文法學、語言學、中國文學史、書畫史、文藝心理學，和西方文學批評、比較文學論、藝術論、中西美學等，都應當做適度的擷取，以便相互生發。使「文心雕龍學」的研究，在多種工具學科的媒介下，更能拓展領域，爲中國文學理論走出一條鮮活的坦途。

丁、培養接棒人才

從事學術研究，就像長江大河的滾滾東流，其間不但有主流，也有旁支，不但有美麗的浪花，也有澎湃的激湍。「長江後浪催前浪，一代新人換舊人」，每位不世出的英雄豪傑，學者專家，儘管他叱咤風雲，不可一世，最後仍然會走向人生的終點，爲自己的一切畫上休止符。回首臺灣文心雕龍學壇，在成果輝煌的六十年代，若臺南成功大學的張嚴，師範大學的李曰剛先生，政治大學的張立齋，東海大學的徐復觀，都在時間之流裏先後凋謝了，至於本文中所提到的其他前輩學者，差不多也都邁入耄耋之年，就連作者本人也隨著時光的流逝，已是桑榆暮景，花甲初度了。因此，我們對於下一代的接棒人選，要作未雨綢繆之計。

臺灣受到功利主義的影響，一切均講求速成。譬如升學有速成班，吃飯有速食店，因此，在大學或研究所讀書的學生，也喜歡選修一些輕易過關，甚或不太吃力的科目，類似經典方面或比較吃力的課程，像文心雕龍這種具有深廣度的專門著作，眞正從內心發出喜悅，並鍥而不捨的學生，實在是鳳毛麟角，碩士或博士班的研究生，以文心雕龍爲專業主題，下決心去深入研究，也許百中有一。在這個金錢使人腐化，學術青黃不接的時刻，人才的斷層必須設法彌補，才能使「文心雕龍學」的研究再創高峯。

戊、成立專門組織

禮記學記云：「獨學而無友，則孤陋而寡聞。」治學要想避免孤陋之病，必須「就有道而正焉。」更何況現在是個崇尙團隊精神的時代，一盤沒有組織的散沙，便很難希望有甚麼具體成就。學術研究固然需要個人的孜孜矻矻，勤勉不懈，但如何來結合志同道合的人，爲共同的理想努力，使零散無緒的研究，作有計畫的分配，某種專業性的問題，作有計畫的指導，人才的發掘與鼓勵，作適時的培植，這一切均有賴於組織的領導，和周詳的計畫。但是臺灣對「文心雕龍學」研究垂四十年，從來沒有一個類似的組織來團結學者。年長的先進們抱着多一事不如少一事的觀念，自不願多惹是非；目前正在從事研究的，又因自顧不暇，更不想俗務纏身。所以「文心雕龍學」的研究，就在這種毫無組織的情況下，像散兵游勇似的單獨作戰了。

臺灣四十年來，無論是社會、政治、經濟、教育、學術文化，都有和過去迥然不同的變化。目前臺灣就像一座龐大的超級市場，一切都掛上商業的標籤，學術研究也十分講求現實、通俗，甚或流行。在這功利至上，現實第一的時代，最好成立一個屬於自己的組織，有了正式的組織，無論是對外的學術交流，對內的意見溝通，人才的培育，論文的發表，才有前進的橋樑，活動的空間。但當前的問題，是誰來點染這巨龍之睛，讓它放射萬道霞光，來照耀文學理論的世界，而不受任何功利主義的影響呢？

己、搜集相關資料

作品的內容，固然決定於作者主觀意識，但配合主觀意識所需要的材料也很重要，往往資料的豐歉，可以決定學術研究的成敗，資料的運用，更可以看出一個從事研究工作者的智慧與學養。所以搜集文心雕龍以及與其相關的資料，是從事研究者的當急之務。談到資料的搜集，大別分爲三種：一、是基礎資料，又叫靜態資料。靜態資料指的是文心雕龍本身，同時也包括前人的注釋、校勘、評語在內。我們利用這些資料，足以會通原典，爲研究「文心雕龍學」紮下堅實的基礎。二、是專業資料，又稱動態資料，指目前研究文心雕龍而公開發表的論文，這些論文散見於各書報雜誌。對這些與日俱增的單篇論文，由於量多事繁，可依其性質的不同分別處理。如研究作者劉勰史傳方面的論文可歸爲一類，研究文心雕龍本書的論文，可歸爲另一類。然後再由大類中分爲若干細目，從細目裏，按照論文發表的時間先後，依序製作卡片，簡述各篇論文的作者姓名、發表時間、刊物名稱、期別頁數，內容概述等，以便適應參考需要，隨時抽提備用。三、是相關資料，又名旁涉資料：指與「文心雕龍」本文相互關涉的資料而言。茲以「文心雕龍」對前代文學理論的繼承爲例，其間相關的資料，如與音樂理論相關的，有禮記的樂記、荀子的樂論、墨子的非樂、韓非子的十過、呂氏春秋的大樂、侈樂、適音、古樂、音律、音初、司馬遷史記中的樂書、劉向說苑中的琴說、桓譚新論中的琴道篇、班固白虎通德論的禮樂、阮籍的樂論、嵇康的琴賦、聲無哀樂論等。如與書法理論相關的，有蔡邕的九勢、衞夫人的筆陣圖、王羲之的書論、虞龢的論書表、王僧虔的論書等。如與繪畫理論相關的，有周禮考工記中的記畫、莊子中的論畫、曹植的畫贊序、顧愷之的魏晉勝流畫贊、孫暢之的述畫記、謝赫的古畫品錄、姚最的續畫品序等。如果再加上散見於論語、孟子、老子、禮記、淮南子，以及劉向、揚雄之作，班固、范曄之史，光是音樂、書法、繪畫方面的理論，和「文心雕龍」相關資料之多，就可以拿「汗牛充棟」來形容了。此外，和文學思想相關的、文學體裁相關的、文學創作相關的、文學批評相關的，其層面的廣濶，資料的叢雜，更不勝枚擧。假使一位研究工作者，對這些資料能切實掌握，並與文心雕龍的原典做某種程度上的結合、比照、分析和研究，信可洞燭劉勰「爲文用心」之所在，而能見其眞，能識其大。並會心有得了。

默察「文心雕龍學」未來走向，以上六點，僅僅是筆者平日講課和揣摩所得，還不能算是甚麼成熟的規畫和建議。更何況其中有些敍述僅點到爲止，不但不夠詳盡，理論上也未必十分周延，值得商榷的地方還不是沒有。不過，今後我們想要在「文心雕龍學」研究的困境裏，突破高原期的瓶頸，走出一條寬廣大道，面對着這一部「陶冶萬彙，組織千秋」的中國文學理論寶典，如何因應時代的變局，學術的發展，從傳統繼承中，再賦予新的生命。我想，這些粗略的建言，也許值得臺灣學者去省思。因爲發揚傳統文學理論的幽光，畢竟是每一位中國人的義務！每一位中國人的權利！

五　結　論

「文心雕龍學」在臺灣，經過學者們四十年漫長時光的陶煉，已將原本一片荒漠的焦土，化爲百花競豔的沃壤。我們從它以往的發展過程，和具體成就來看，不禁令人瞿然一驚；因爲時異勢變，「文心雕龍學」的研究，已隨着經濟的起飛，在科技掛帥的前提下，發出了聲嘶力竭的悲歌。這種現象，恐怕不僅存在於「文心雕龍學」，任何研究中國傳統學術者，都正面臨着共同的隱憂，而焦急萬分。

學術研究不是社會的孤兒，他同樣的需要人去關懷、去重視，以發揮學以致用的目標。但盱衡當今學術產銷市場，百無一用的，恐怕非中文系的學生莫屬。其實，中文的內涵極富，範圍極廣，潛力極大，門類又極多，無論是天文、地理、人事、日用、甚而工商科技、醫藥衞生、兵法戰術、動植礦藏、音樂美術、車馬服飾，凡西方所有者，中國無不應有盡有。我們的列祖列宗留下的文化遺產，雖然因爲時異代變，今古不同；可是身爲後代子孫的人，總不能盡捨己之田，是否也應該痛下決心，拿出「立足傳統，放眼未來」的浩氣，像兩千五百年前孔夫子刪訂六經那樣，把中國傳統文化再重頭收拾，重新改造呢？

一味地保守，固然是自貽伊戚，但盲目地崇洋媚外，又何嘗不是自甘墮落。今天的臺灣，雖然已躍居世界的經濟强權，但在學術思想方面，却是名實相副的弱小。而西方文化，更視臺灣爲殖民地的樂土了。

我總感覺臺灣整個的學術研究（不僅是「文心雕龍學」），非常缺乏自我肯定。由於受到「買辦思想」和「拜金主義」兩大特權的汚染，檢視我們學術研究的水平，固然缺乏獨立運作的精神，就是已有的成果，也像「失根的蘭花」，顯得蒼白而乾癟。

筆者立足於「文心雕龍學」研究的定點上，檢討過去，展望未來，深深地懷疑當前學術界共同面臨的困境，是因爲幾十年不變的教育制度有了毛病呢？還是中國人的智慧出了差錯？「文心雕龍學」研究的隱憂，不過是秋風送涼時，飄落的一葉而已！

【附　註】

註　一　按郭晉稀大作文心雕龍譯注十八篇印行於民國五十二年（西元一九六三）八月，民國七十一年（一九八二）三月，先生又彙集其他各篇譯注，經甘肅人民出版社發行，有文心雕龍注譯一書的出版。

註　二　張立齋的文心雕龍考異，於民國六十三年（一九七四）經臺北正中書局出版。

註三　王叔珉的文心雕龍綴補一書，係民國六十四年（一九七五），經由臺北藝文印書館精裝發行。

註四　王久烈等教授們合譯的語譯詳註文心雕龍，於民國六十五年（一九七六），經弘道文化公司出版。

註五　臺北木鐸出版社印行，由陳新雄、于大成二位編輯的文心雕龍論文集，其內容篇目請讀者參閱本文第三節文心雕龍學研究的具體成就，至於研究的內容方面，在此恕不煩贅。

註六　黃錦鋐先生編譯，由臺北學海出版社發行的文心雕龍論文集，其內容計有日本斯波六郎著的文心雕龍范注補正，楊明照的文心雕龍范注舉正，黃先生自著的空海文鏡秘府論與文心雕龍的關係等三篇。

註七　王更生著的文心雕龍范注駁正一書，係民國六十八年（一九七九）十一月經由臺北華正書局出版，內容分爲四章十二目。

註八　王更生著的文心雕龍導讀係民國六十六年（一九七七）三月，經由臺北華正書局出版。內容除自序與附錄外，共分十章。

註九　王金淩的文心雕龍文論術語析論，於民國七十年（一九八一）六月，由臺北華正書局出版。內容除自序結論外，共分五章。

註一〇　方元珍的文心雕龍與佛教關係之考辨一書，於民國七十六年（一九八七）三月，由臺北文史哲出版社發行。內容除作者序言外，連同結論共分七章廿七節。

註一一　李曰剛先生的原道篇題述、序志篇題述等大作，分別見於民國七十年（一九八一）至七十二年（一九八三）出版之中華文化復興月刊，以後作者又把它收入文心雕龍斠詮中。

註一二　李曰剛先生的頌贊篇斠詮、詔策篇斠詮等大作，分別見於民國六十五年、六十六年、六十七年（一九七

六、七七、七八）師大國文系出版的國文學報。以後作者均收入文心雕龍斠詮中。

註一三　王禮卿的詮賦篇析指時序篇通釋等文，見於民國六十六、六十七、六十九年（一九七七、七八、八〇）國立中興大學出版的興大文史學報，以後作者均收入後出的文心雕龍通解中。

註一四　廉永英寫的原道會箋、辨騷會箋等文，均刊載於臺北女師專學報。

註一五　陳拱寫的神思篇疏釋、體性篇疏釋等文，分別刊載於民國六十四、六十五、六十六（一九七五、七六、七七）出版的宇宙雜誌。

註一六　王夢鷗的從辨騷篇看辨騷篇論文的重點一文，見於民國六十五年（一九七六）五月中華文化復興月刊。

註一七　陳麇珠的文心雕龍樂府篇研究，見於民國六十四年（一九七五）一月由淡江大學出版的淡江學報。

註一八　王更生寫的文心雕龍史傳篇的考察一文，見於民國六十二年（一九七三）五月由私立德明商專出版的德明學報創刊號，以後作者將該文收入重修增訂本文心雕龍研究中。

註一九　王讚源的文心雕龍知音篇探究一文，見於民國六十四年（一九七五）十二月出版的中華文化復興月刊。

註二〇　張淑香的由辨騷篇看文心雕龍論文的重點一文，見於民國六十年（一九七一）五月出版的中華文化復興月刊。

註二一　陳端端的劉勰鍾嶸論詩歧見析論一文，見於民國六十一年（一九七二）五月私立輔仁大學中文研究所碩士論文。

註二二　馮吉權的文心雕龍與詩品之詩論比較一書，於民國七十年（一九八一）十一月，由臺北文史哲出版社印行。

註二三　方介的文心、詩品論詩標準之比較，見於民國七十二年（一九八三）一月出版的中華文化復興月刊。

註二四　舒衷正的文心雕龍與蕭選分體之比較研究一文，見於民國五十二年（一九六三）十二月政治大學出版的政大學報。

註二五　鄭蘧的試論文心雕龍與昭明文選在文學體類上的區別一文，見於民國六十一年（一九七二）六月，臺中光啓社出版的文心雕龍論文集。

註二六　齊益壽的文心雕龍與文選在選文定篇及評文標準上的比較一文，見於民國七十年（一九八一）十二月出版的古典文學。

註二七　鄭蘧的試論陸機的文賦與文心雕龍一文，見於民國六十一年（一九七二）六月由臺中光啓社出版的文心雕龍論文集。

註二八　齊益壽的劉勰的創作論與陸機文賦之比較一文，見於民國七十一年（一九八二）六月出版的中外文學。

註二九　黃錦鋐先生的空海的文鏡秘府論與文心雕龍的關係一文，見於民國六十四年（一九七五）三月，臺北驚聲文物社出版的文心雕龍論文集，以後作者又把本文收入由臺北學海出版社發行的文心雕龍論文集中，參考本「附註」的註六。

註三〇　李再添的文心雕龍之文類論，見於民國七十一年（一九八二）十月，由私立新埔工專出版的新埔工業學報。

註三一　王更生的文心雕龍研究係由臺北文史哲出版社印行。

註三二　王夢鷗的劉勰宗經六義試詮一文，見於民國五十九年（一九七〇）九月，由國立政治大學出版的中華學苑。

註三三　鄭明娳的劉勰的宗經論，見於民國六十一年（一九七二）六月，出版的中華文化復興月刊。

註三四　周弘然的文心雕龍的宗經論，見於民國六十四年（一九七五）九月出版的大陸雜誌。

註三五　徐復觀的文心雕龍的文體論，見於民國四十八年（一九五九）六月，東海大學出版的東海學報，以後作者收入由臺北學生書局印行的中國文學論集中。

註三六　周弘然的文心雕龍文體論一文，見於民國六十五年（一九七六）十二月出版的大陸雜誌。

註三七　彭慶環的文心雕龍的文體論一文，見於民國七十年（一九八一）十一月，由私立逢甲大學出版的逢甲學報。

註三八　廖蔚卿的劉勰的創作論，發表於民國四十三年（一九五四）十二月臺灣大學出版的文史哲學報，以後作者於六十七年（一九七八）四月，將此文收入由聯經出版公司印行的六朝文論研究一書中。

註三九　周弘然的文心雕龍的文術論，見於民國六十五年（一九七六）五月出版的幼獅學誌。

註四〇　黃忠愼的文心雕龍的文質並重理論，發表於民國六十八年（一九七九）三月十四、十五兩天的臺灣日報。

註四一　王更生的梁劉彥和年譜稿，見於民國六十二年（一九七三）四月由師大國文系出版的國文學報。

註四二　近六十年來文心雕龍研究概觀一文，王更生作，發表於民國六十三年（一九七四）三月，出版的中華文化復興月刊七卷三期。

註四三　張雁棠的文心雕龍之文學本原論，見於民國五十九年（一九七〇）三月，出版的中華文化復興月刊。

註四四　莊雅洲的劉勰的文原論，見於民國五十九年（一九七〇）十二月，師大出版的文風。
註四五　參見本文附註三四。
註四六　華仲麐先生的宗經徵聖與劉勰一文，見於民國六十年（一九七一）七月出版的孔孟月刊。
註四七　參閱本文附註三三。
註四八　王更生的徵聖宗經的文學論，見於民國七十年（一九八一）七月出版的孔孟月刊。
註四九　參閱本文附註三五。
註五〇　參閱本文附註三八。
註五一　參閱本文附註三九。
註五二　王更生的劉彥和文學創作之理論體系與實踐，見於民國六十八年（一九七九），由師大國文系出版的國文學報。
註五三　黃春貴的文心雕龍之想像論，見於民國六十三年（一九七四）四月出版的中華文化復興月刊。
註五四　施淑女的玄學與神思文，見於民國六十四年（一九七五）三月，由鷲聲文物出版社印行的文心雕龍研究論文集。
註五五　曾一慈的文心雕龍神思論，見於民國六十四年（一九七五）四月，由臺北商專出版的臺北商專學報。
註五六　鄭蕤的文心雕龍體性篇中的八體，見於民國六十年（一九七一）六月出版的臺中師專學報。
註五七　羅聯絡的文心雕龍體性篇釋義一文，見於民國六十九年（一九八〇）五月出版的建設。
註五八　黃振民的劉勰風骨論發微，見於民國四十九年（一九六〇）六月出版的學粹。

註五九　王更生的文心雕龍風骨論，見於民國六十年（一九七一）十一月出版的中山學術文化集刊。
註六〇　徐復觀的中國文學中氣的商榷——文心雕龍風骨篇疏補一文，見於民國五十五年（一九六六）三月由臺北學生書局出版的中國文學論文集。
註六一　沈謙的文心雕龍之通變論，見於民國六十九年（一九八〇）九月，由中興大學出版的文史學報。
註六二　王更生的文心雕龍聲律論，見於民國五十八年（一九六九）十一月出版的中山學術文化集刊
註六三　杜若的文心雕龍的修辭論，見於民國六十八年（一九七九）五至六月出版的「臺肥月刊」。
註六四　徐麗霞的文心雕龍練字篇之修辭學考察，見於民國六十六年（一九七七）八至九月出版的鵝湖月刊。
註六五　王金淩的論文心雕龍的氣，見於民國六十八年（一九七九）十一月出版的中外文學。
註六六　李曰剛先生的文心雕龍創作論總術探微，見於民國七十三年（一九八四）五月，由師大文學院出版的教學與研究。
註六七　杜松柏的劉勰的文學批評論，見於民國五十九年（一九七〇）四月中央日報第九版。
註六八　陳慧樺的從中西觀點看劉勰的批評論，見民國六十三年（一九七四）七月出版的幼獅月刊。
註六九　唐亦男的劉勰論文學與時代的關係，見於民國四十四年（一九五五）十月出版的文字月刊。
註七〇　賴明德的文心雕龍時序研究，見於民國六十一年（一九七二）師大國文系出版的國文學報。
註七一　沈謙的程器與才略——劉勰的作家論一文，見於民國六十九年（一九八〇）十二月出版的孔孟月刊。
註七二　參閱本文附註十九。
註七三　田鳳臺的劉勰知音篇之研究，見於民國六十三年（一九七四）六月出版的東方雜誌。

註七四　范文瀾文心雕龍講疏於民國十四年（一九二五）由天津新懋印書館印行，二〇年（一九三一）北京文化學社再版，二十五年（一九三六）上海開明書店印行，並改稱文心雕龍註，四十九年（一九六〇）香港商務印書館又加增訂，向海外發行。

拾肆 附 錄

一、沈著「文心雕龍批評論發微」序

文心雕龍是天下奇書，劉勰是學界奇人，有奇人而後有奇書，有奇書而後成此一段奇事。前人讚文心雕龍是文壇奇葩，藝苑秘寶，殊不知此奇人奇書奇事之所以爲奇葩、爲秘寶者，現在就讓我藉著序沈謙君文心雕龍批評論發微的機會，發此一段學術奇案之覆吧！

文心雕龍成書於南齊和帝中興元、二年（西元五〇一左右）之間，當時的學術界，顯然是受了印度佛教的影響，從兩漢的經學，過渡到魏晉的清談，再由清談而產生遊仙詩與山水文學，時至齊梁，又出現「宮體」的色情文學。作品唯美是尚，重形式而輕內容，所謂「競一韵之奇，爭一字之巧」，「止乎衽席之間，思極閨闈之內」，文章之變，亦云極矣！劉勰集往古文論之大成，上自羣經諸子，下及魏晉百家，凡有關文學理論者，雖吉光片羽，靡不畢羅，以成此一部體大慮周，籠罩羣言的著述，眞是見眞識切，可稱一奇。綜觀秦漢諸子，這些入道見志之作，以孟、荀最稱淵雅；老、莊最爲閎肆，墨子文辭質樸，韓非最具條貫，呂覽、鴻烈駁雜有餘，而醇練不足。其行文措詞，或駢或散，一任自然，故能如新硎之刄，暢言無阻。而文心雕龍以六朝通行的儷文寫成，說理則理到優華，論事則事皆鱗次，如行雲流水，如天馬行空，妙才鴻筆，天下無雙，眞是膽大藝高，此又書之一奇。書命名文心雕龍，令人擧目震驚。所謂「文心」，指作者爲文時之如何運用心思。「雕龍」謂古來文章，修飾辭藻，如雕鏤龍文。顧其名而思其義，頗與言而有文，可行久遠的目標脗合。所以自來學者都認爲它是我國古典文學批評的大宗；而事實上，劉勰是假借文學批評的外衣，闡發他一己的思想，爲學術研究開示新境界，這又是此書的一奇。據考劉勰因家貧不能維生，在二十三歲時，助上定林寺釋僧祐抄撮佛經。並先後替僧祐完成了出三藏記、法苑記、世界記、釋迦譜、弘明集等重要著述。且自造滅惑論，來反駁道教徒的詆譭佛教。同時梁書本傳說他和僧祐居處十幾年，博通經論。而文心雕龍五十篇，三萬七千餘言，僅言及「般若」一詞。我們從這裏也可以看出他那高風亮節，這更是此書最大的一奇。

孔夫子憂道不行，一車兩馬，周遊列國，老而息影洙泗之上，授徒講學。久而久之，在心身交疲的情況下，他向學生們說：

甚矣，吾衰也；久矣，吾不復夢見周公！

由孔夫子的不復夢見周公，到了後來，便有謝靈運夢見謝惠連，即成佳句；江淹的夢見張載索錦，郭璞索筆，而才思涸竭的文壇佳話。劉勰在文心雕龍序志篇裏，講到自己七歲夢見攀採天空的雲霞。三十以後又夢見手捧禮器，隨仲尼而南行。於是感夢述作，以繼承聖學自居，其遭遇可謂一奇。任何一位學者，其著書立說，既不能突破時代的局限，更須受傳統治學方法的影響。雖然說兩漢今古文經之爭甚烈，到了魏晉以後，受到淸談的影響，已經沖淡了他們僵持的濃度。可是名物訓詁的研究，却一直佔有學術思想界的重要地位。劉勰作文心雕龍，竟勇敢掙脫了馬融、鄭玄的束縛，獨從文學理論上去別闢蹊徑，你看他這種橫絕一代的膽識、魄力，當然算是一奇。歷數古今功成名就的學者名流，平步青雲的固然大有人在，而經過艱苦奮鬪，大器晚成的，也所在多有。太史公司馬遷史記自序云：

> 西伯拘羑里演周易，孔子戹陳蔡作春秋，屈原放逐著離騷，左丘失明厥有國語，孫子臏脚而論兵法，不韋遷蜀世傳呂覽，韓非囚秦說難孤憤，以及詩三百篇大抵聖賢發憤之所為作也。

這正是「文窮而後工」的先例。劉勰原本世家大族，一門顯宦，對南朝政壇有舉足輕重之勢。他幼年喪父，二十歲左右喪母，貧不能立錐。最後託命桑門，終於成就了他的一生事業，這種不平凡的際遇，也足稱一奇。名韁利鎖，不知害得多少芸芸衆生，爲它憂勞永世，不得解脫。劉勰旣與上定林寺釋僧祐居處十幾年，又幫他整理了許多佛教文獻，雖然梁書本傳上，沒說明當時他對佛教信仰到甚麼程度，可是從他作的滅惑論，對道教徒義正辭嚴的攻擊上看來，我們也不能斷然排斥他對佛教沒有堅定的理解。然而在他三十八歲，完成文心雕龍以後，竟不惜僞裝書賈，求沈約的賞識，這種干名求售的個性，眞是異乎尋常，也不能說不是一奇。

梁武帝天監二年（西元五〇三），他果然因沈約的推薦，擔任了奉朝請的職務。次年兼中軍臨川王宏記室，又遷車騎倉曹參軍。天監七年（西元五〇八）出任太末縣令，十六年（西元五一七）兼東宮通事舍人，深爲昭明太子所愛接。正是一帆風順，前途無限的時候，普通二年（西元五二一）奉勅到上定林寺續校經藏，次年校經功畢，他出人意料的燔髮自誓，請求出家，並改名慧地。一顆學術界的慧星，如日中天的達宦，從此便無聲無息地消失在金磬紅魚之中了。弄得後來研究文心雕龍的人，既不知他生於何年，也不知他卒於何載。到手的名山事業，最後又棄如敝屣，這眞是天下奇事。就因爲他書奇、人奇、事奇，所以由奇生怪，後人便覺得文心雕龍像一部有字天書，莫明其中之妙了。

文心雕龍全書的結構是嚴整有序的，按照序志篇劉勰自己的說法，我們可以將五十篇不同的內容，歸納成爲以下五類。卽：第一類緒論，第二類文學本原論，第三類文學體裁論，第四類文學創作論，第五類文學批評論。五類之中，以原道、徵聖、宗經、正緯、辨騷、五篇爲樞紐。五篇又有正有反，有破有立，而綜其大用。在乎「宗經」。我們如果拿「宗經」去解析全書的話，正像一字長蛇陣，擊首則尾應，牽一髮而全身動的。

民國以來，學者研究文心雕龍而公開發表過的論文，到現在爲止，至少在千篇左右，單行的著作，也多達數十種。在這麼多論文、著述中，加以分類比較，則研究文心雕龍批評論而又著書名世的，沈謙君的文心雕龍批評論發微，可說是前所未有。本書的布局，除開書前作者的自序外，共分五章十一節：第一章緒論，第二章批評原理，第三章批評方法，第四章批評實例，第五章結論，末附重要參考書目七十八種。全書一百五十五面，約八萬言。這比之某些數十萬言的皇皇巨著來說，雖然不夠壯觀；可是語多醇美，用切實際。尤其在目前以民族文化爲背景的批評理論，萬分缺乏的情況下，沈君此作適應運而生，足以看出他言不苟合，義不苟同的高尚情操，也可以稱得上，是繼文心雕龍又一不平凡的奇書了。

沈君治學沉潛篤實，早經蜚聲上庠，譽滿朋儕。於經、史、子、集無不鑽研，而獨對中西文學批評有會心之得。近數年迭在各報紙副刋，學術性雜誌，發表文學理論方面的專著，對時代文風的激揚，頗具影響力。根據本書序言，他是想「綜輯文心全書，條舉綱領，闡發義蘊，期使彥和之文論，重光於今日，以爲現代文學批評之明鏡。」他這種斟酌時代需要，發先賢的幽光，膽識兩皆絕倫，也可以說是學問中的奇人。

通觀全書，由彥和的生平傳略，而批評原理，批評方法與批評實例；四則之中，又以批評方法爲統攝諸章的核心。就此核心，沈君將文心雕龍的文學批評，用分析、比較、歸納的手法，條述大凡，列擧門類，令愛好文學批評的讀者，有一卷在手，萬事畢羅之快。尤其是批評方法一節，羅列了英人聖次白雷（G.E. B. Saintsbury）和李師辰多二家所謂之「文學批評」方法三十五種，並認爲凡重要者，皆爲文心雕龍所囊括。譬如歸納的批評，演繹的批評，科學的批評，判斷的批評，歷史的批評，考證的批評，比較的批評，印象的批評，修辭的批評，文體的批評等，均能鎔鑄中西學理於文心雕龍之中。這雖然不是千秋定論，要亦由此可以看出沈君變通適會的匠心，爲以後言中國文學理論者，創發以國族文化爲背景的新機運。最後沈君在結論中，復以現時代爲立足點，檢視文心雕龍全書，認爲其主要成就有七，缺失有四，所說亦多爲持平之論。

我與沈君相識不能算久，但相識之後，基於學有同癖，往還討論，時常過從，緬懷劉勰文心雕龍這部一千五百年前的奇書、奇人、奇事，我們今後不談文學批評則已，如果要談中國文學批評，則繼往開來，承先啓後的工作，還有很多都在等着我們去做。我佩服沈君高潔的情操，更佩服他鍥而不捨，爲理想奮鬪的勇氣。相信這一部與文心雕龍前後輝映的奇書，基於他多年辛苦的耕耘，一定會得到學術界重視的。

二、黃著「文心雕龍之創作論」序

創作論是文心雕龍中價值最高的一部分，過去黃季剛先生曾拿它當「文章作法」，向北大學生講授，一時之間，轟動遐邇。從此大家才知道，這部藝苑秘寶，和實際的文學創作，有這樣重大的關連性。自後，研究文心的學者，多半集中精力於此；並前後發表若干專論名世。他們有的旁徵博引，與西洋文學理論相印證，有的取精用弘，從文心雕龍本身去發揮，可說是爭光鬭采，各具特色。吾友黃君春貴，好學敏求，不慕榮利，於就讀師大國文研究所期間，深獲仲華、景伊二位夫子的獎掖，復親炙鹽城健光先生之門，並盡得其講授文心雕龍之精蘊。後由李師悉心指導，且經其本人三年的苦心經營，成文心雕龍之創作論，都十餘萬言。如果我們從文心雕龍現有的研究著述上來比較，黃氏的這本論著，雖然不是一部空前的鉅製，要亦爲系統完備的力作。

我向來認爲研究文心雕龍。最不容易有成的部分是創作論，而最容易有成的也是創作論。原因就在那些易懂易知的字裏行間，涵藏了許多「思表纖旨」，使望文生義的人，常常會忽略它那弦外之音。可是如果你一旦發其大凡，明其科條的時候，又馬上能升堂入室，看到他那「宮室之美，百官之富」。譬如劉彥和論文章構成的要素，是「萬趣會文，不離辭情」，所謂「辭情」指的就是內容和形式。文章除了內容和形式以外，可以說就一無所有了。而文心雕龍創作論二十篇，依照劉彥和的自爲法，是按照「剖情析采」去講的，但是那幾篇屬於剖情？那幾篇屬於析采？又那幾篇屬於剖情兼析采？不僅古今少有此說，卽令是有，也難成令人心折的定論。似此，我們連最起碼的「剖情析采」，已不易此疆彼界，劃分淸楚，還想再進一步的去「因情立體」，「結采爲文」，勢必如治棼絲，如理亂麻，千頭萬緒，無所措手了，這可以說是研究創作論之一難。

其次，彥和於創作論十九篇的寫作層次，據他自己說，不同於文體論。文體論固屬體大思精，但還設有「原始以表末，釋名以章義，選文以定篇，敷理以擧統」，四大條例加以控制，使全部文字，由明詩到書記，雜而不越，溢而不流。研究者得之，不啻遇灯塔於遠洋，得甘泉於荒漠，按圖索驥，知所津逮。而創作論則不然，他改採「籠圈條貫」的方式進行。籠圈者，籠罩內容與形式以圈守範圍；條貫者，條列創作的理則而貫通變化。但如何圈守文學創作的表裏，和如何條達聯辭結采的變化，彥和並沒有進一步的說明。至於「摛神性，圖風勢，苞會通，閱聲字」，也不過就此項內容粗擧大要而已，如總其綱領，尚不及全創作論篇目的二分之一，是很難從這裏抉發大義，得其環中的。所以我們不談文心雕龍創作論則已，如談創作論，首先要問的問題，便是何者爲其體？何者爲其用？只要一講到這個本末體用，我們便如登峻阪而臨歧途，四顧徬徨，莫所適從了。此可謂第二難。

文心雕龍論文，是從通變的觀點出發的。所以劉彥和折衷羣籍，出入百家，有同乎舊談者，有異乎前論者。原一魁兩京遺編序，說他「陶冶萬彙，組織千秋」，王惟儉訓故稱其「由碑、賦之巨篇，暨箴、贊之短什，網羅千秋，鑽神思於奧窔，牢籠羣彥」，劉彥和自己也毫不掩飾的說：「按轡文雅之場，環絡藻繪之府，亦幾乎備矣」，這是他學有所得的話，而紀曉嵐竟然評他「自負不淺」，當是不解彥和為人。然而「文律運周，日新其業」，劉彥和既總萃我國古代文論，成此一部歷久彌新的巨著，則六朝以後，經唐宋，歷明清，前有八家，後有七子，益以有清桐城、陽湖之說，近世文言、白話之爭，無論是批評理論，創作技巧，無一不是百花競艷，異說蠭起。而當今研究之者，如何本文心雕龍窮變通久之原則，去牢籠萬有，隱栝雅俗，冶千載於一爐，融新舊於一體，這更是戛戛尤難。

觀黃君文心雕龍之創作論，除「緒論」與「結論」外，全文共四章十六節六十四目。其第一章論文章之組織，下分謀篇、裁章、造句、用字。第二章論文章之修辭，下分比興、夸飾、用典、隱秀。第三章論文章之內質，下分思想、情感、想像、氣力。第四章論文章之外象，下分聲律、辭采、對偶、風格。而每節之下，又以兩句八字，對文成目。如謀篇一節，設有壹、聚束文理，統貫首尾。貳、意主辭副，先後有定。叁、附辭會義，務總綱領。肆、草創鴻筆，先標三準。以此類推，前後十六節六十四目，無一例外。作者從文章的組織、修辭、內質、外象四部分，去貫通情采，條分縷析，括盡創作論十九篇的精義。解決了剖情析采方面的若干困擾，足見其舉重若輕，有獨具的匠心。

又本文敍事發議，皆極有層次，大別說來，各章皆先言當目主題的界說或重要性，然後再從正反兩方面闡明主題，最後申述寫作的理則。例如第二章第一節比興，壹、獨物圓覽，比顯興隱：歷引比興篇、周禮春宮大師先鄭注、鍾嶸詩品序、皎然詩式、朱熹毛詩集傳、王應麟困學記聞、日人仁井田陽毛詩補傳、兒島獻吉郎中國文學通論，明定比興二體的涵義。貳、附意切事，取類不常：此節專言「比」在文學創作中的特色。叁、明而未融，發注後見：此節專講「興」在文學創作中的特色。肆、自漢以來，重比忘興：此節旨在申述「比興」二體此消彼長的實際情況。作者於此，可以說是化繁就簡，從體用兼備的觀念出發，把複雜的創作體系，做重點性的突破。然後再觸類旁伸，加以說明。深符彥和「會通合數」的要旨。

本文尤難能而可貴者，是作者以文心雕龍創作論爲根據，而又絲毫不受文心雕龍創作論的局限，頗能援引唐、宋以下，以迄晚近中、西各家的成說，爲其持論的依據。正像幾何上的圖形，從點的闡發，到線的系聯，把古今中外的創作理論，在文心雕龍創作論的基礎上，做了一次全面的大結合，這實在是一個開創性的手法。如第三章論文章之內質，第一節思想中，除引文心原道、神思篇文，作爲立說的基準外，另舉美國思想家兼文學家愛默生（Ral ph Walddo Emerson 1803~1882）「散文集」和論文集上的話，陶淵明的五柳先生傳、與子儼等疏，杜甫茅屋爲秋風所破歌，王通中說，眞德秀的文章正宗，方東樹的昭昧詹言，張文潛的答李推官書，管同的與某書。至於同章第二節情感中，更引奧國心理學家佛洛伊德（Slgmund Freud1956~1939）夢之解釋，日本厨川白村的苦悶之象徵，羅根澤的續詩品，與梁繩禕的文學批評家劉彥和評傳，所謂「明事引乎成辭，舉義徵乎人事」，作者既不放棄文心雕龍論文的原則，又能融滙古今學者的卓見，其多識前言往行，與毋意毋必的態度，從本文的可讀性上來說，勢必提高了它的參考價值。

文心雕龍是劉彥和精心撰述的鉅著，不僅六朝以前不曾有，就是六朝以後也未之見。民國以來，國人運用西方治學的方法，分文原論、文體論、文術論、文評論、緒論五大門類去解析研究，而世界各學術性雜誌，相繼就此等有關問題，討論發表的專文，更月積年累，使人目不暇接。然而文心體大慮周，涵蓋無窮，即令我們縱意漁獵，也不見得就能超邁它的範圍。誠如黃君結論所言：「時至今日，著述甚繁，加以西學東漸，有關文學創作理論之精湛，或可譽爲空前。然即以爲舍人之作，年歲已久，無可聽采，則徒爲有識者所嗤耳。」又說：「人類文化之發展，莫不由淺入深，由簡而繁。今日之深而繁者，異日則人將以爲淺簡。後之視今，亦猶今之視昔，惡能傲古人而貽笑來者耶？」更何況文心雕龍一書，無論是就內容理論，或行文辭藻各方面來說，確乎是「驚采絕豔，難與並能」的不朽之作呢！

近年我忙於到師大授課，北投、臺北，兩地奔勞，很少與黃君往還討論，不過讀他在中央日報副刊和大華晚報上，迭次發表的文章，得知他平時苦讀潛修，勤奮寫作，無論於學於識，較諸已往，都突飛猛進。今黃君想出其舊作，公之於世，問序於我，我因爲一方面和他有師友之誼，知之最深，樂意爲文推薦外，而另一方面，也是由於在文心雕龍創作論十九篇極端難寫的情況下，他竟能淹貫古今中外的學理，印證劉彥和一千五百年前的文學心路，這種大膽的嘗試，我當然更願意替他介紹給同道諸君。希望今後由此一研究方法的轉變，能使文心雕龍的文論境界，邁向一個理想的高峯。至於作者在行文時，對文心雕龍原文的失校，成說的誤引，以及引文時，間或不明出處，尤其以文心雕龍之創作論爲標目，而未將文心雕龍創作論十九篇前後的布局安排，照應聯絡的關係，在緒論中加以詮釋；又緒論中，列序志篇入文評論，皆屬白璧微玷。不過以黃君的謙沖治學，和既往的努力所得而言，相信這些均屬無心之過，對論文本身的價值，是毫無貶損的。

三、本書作者著述年表

民國四十年（一九五一），辛卯，二十三歲。

單篇論文：

論學校教育社會教育家庭教育的連環性見臺北女師國教季刊第五期，四十一年十一月出版。

民國四十一年（一九五二），壬辰，二十四歲。

單篇論文：

我對於民族精神教育的看法見臺北師範校友通訊，四十一年十二月出版。

民國四十二年（一九五三），癸巳，二十五歲。

單篇論文：

一、怎樣養成兒童愛國觀念上下見台北女師國教月刊第二十、二十一期。

二、怎樣使兒童獲得快樂見臺北女師國教月刊第二十二期。
三、兒童偷竊行爲的研究見臺北女師國教月刊第二十四期。
四、再論兒童偷竊行爲的研究見臺北女師國教月刊第二十五期。

民國四十三年（一九五四），甲午，二十六歲。

單篇論文：
樹林中學教務工作推行紀實見臺灣省教育輔導月刊。

民國四十四年（一九五五），乙未，二十七歲。

單篇論文：
一、完成心理建設的歷史使命見臺灣省教育輔導月刊。
二、當前國校教師的新使命見臺灣省教育輔導月刊。
三、漫談免試升學見臺北女師國教月刊

民國四十八年（一九五九），己亥，三十一歲

單篇論文：
標準字體建議初稿的商榷見師大人文學報創刊七周年紀念特刊，四十八年五月出版。

民國五十一年（一九六二），壬寅，三十四歲。

單篇論文：

一、偏旁考原見師大國文學會出版的「文風」雜誌，五十一年五月。

二、國字新詮見國語日報語文周刊六九九期，五十一年六月。

三、我如何講授中國文化基本教材見臺灣省教育會出版的臺灣教育月刊，五十一年八月。

四、從論語探究孔子的天道思想見公教智試周刊，五十一年十二月。

民國五十二年（一九六三），癸卯，三十五歲。

單篇論文：

洛神賦與七步詩（曹子建兩首代表作的考異）見公教智試周刊，五十二年第三、四期連載。

民國五十五年（一九六六），丙午，三十八歲。

專門著作：

晏子春秋研究　全書共二〇〇頁此書為作者的碩士論文，經高師仲華指導，民國六十五年（一九七六）二月，始由臺北文史哲出版社，正式鑄版問世。

民國五十六年（一九六七）丁未，三十九歲。

單篇論文：

一、舊詩作法新談見德明商專出版的「德明青年」，五十六年五、六月。

二、跋李公煥箋注陶淵明集見德明商專出版的「德明青年」，五十六年三月。

民國五十七年（一九六八），戊申，四十歲。

專門著作：

中國文化概論由作者出資發行，經海天印刷廠承印，五十七年八月出版。

民國五十八年（一九六九），己酉，四十一歲。

單篇論文：

詩品總論見師範大學國文系「詩學集刊」第一期，五十八年六月出版

文心雕龍聲律論見中山學術文化集刊第四集，五十八年十一月出版。

民國五十九年（一九七〇），庚戌，四十二歲。

單篇論文：

海嶠振鐸二十春見私立東海中學出版的「今日東海」創刊號，五十九年一月。

民國六十年（一九七一），辛亥，四十三歲。

單篇論文：

一、劉鶚與鐵雲藏龜見德明商專出版的「德明青年」，六十年三月。

二、文心雕龍風骨論見中山學術文化集刊第八集，六十年十一月。

三、賈誼學述三編見祝瑞安　林景伊先生六秩誕辰論文集第一二二七頁至一三五四頁，六十年十二月出版。

民國六十一年（一九七二），壬子，四十四歲。

專門著作：

籀廎學記（一名孫詒讓先生之生平及其學術）　全書共八〇九頁此為作者的博士論文，經高師仲華和林師景伊指導。民國六十一年八月，由文史哲出版

社發行。

單篇論文：

孫詒讓先生著述經眼錄見師範大學國文學報創刊號，六十一年六月出版。

民國六十二年（一九七三），癸丑，四十五歲。

單篇論文：

一、劉彥和先生年譜稿

二、文心雕龍中的子學見教育部辦的教育與文化四〇七期，六十二年九月出版。

三、國文系學生必讀書籍舉要，見「書評書目」第七期六十二年九月出版。

民國六十三年（一九七四），甲寅，四十六歲。

單篇論文：

一、近六十年來文心雕龍研究概觀見中華文化復興月刊七卷三期，六十三年三月出版。

二、陳那三支因明論的分析與研究見師範大學國文學報第三期，六十三年六月出版。

三、使高山低頭，叫大海讓路——九大建設對學術界的啓示見中央月刊六卷十二期，六十三年十月出版。

四、文心雕龍見中央圖書館刊七卷一期二期，六十三年三月和九月出版。

五、文心雕龍研究之回顧與前瞻見中華文化復興月刊第七卷六、七兩期，六十三年六月七月兩次刊出。

民國六十四年（一九七五），乙卯，四十七歲。

單篇論文：

一、六十年來文心雕龍之研究見程發軔先生主編，正中書局發行的「六十年之國學㈤」四五三頁至五一〇頁，六十四年五月出版。

二、試探文心雕龍在中國文學史上的地位見師範大學出版的「師大學報」第二十期，六十四年六月。

三、哲人其萎，我心傷悲見程旨雲師逝世周年哀思錄，六十四年七月出版。

四、文心雕龍中的經學思想見「暢流」半月刊第五十一卷、七、九兩期，六十四年五月六月兩次刊出。

民國六十五年（一九七六），丙辰，四十八歲。

專門著作：

文心雕龍研究全書共四三八頁，由文史哲出版社發行，六十五年三月出版。

單篇論文：

一、心理建設與國家現代化見中央月刊八卷三期，六十五年一月出版。

二、學兼中印，出入儒釋見書評書目第三十四期，六十五年二月出版。

三、文評中的子書，子書中的文評見書評書目第三十三期，六十五年一月出版。

四、孫詒讓與契文舉例見國語日報書和人第二八三期，六十五年三月出版。

五、文心雕龍成書年代及其相關問題見中華文化復興月刊九卷四期，六十五年四月出版。

六、如何研讀文心雕龍見學粹第十八卷一、二期，六十五年四月出版。

七、正大光明氣象見中央月刊八卷八期，六十五年六月出版。

八、師大夜讀鴻憶錄見師範大學夜間部校慶特刊，六十五年六月出版。

九、邁向全面勝利的頂峯見中央月刊八卷十期，六十五年九月出版。

一〇、孝爲修己立國之本見中央月刊九卷一期，六十五年十一月出版。

一一、加強疏通人事管道見青年戰士報，六十五年十一月十九日版。

一二、籌設中原文獻館緣起見中原文獻八卷十二期，六十五年十二月出版。

一三、生活行爲合理化見中華文化復興月刊九卷十二期，六十五年十二月出版。

一三、當代文心雕龍著作述評見師範大學中國學術年刊第一期，六十五年十二月出版。

民國六十六年（一九七七），丁巳，四十九歲。

專門著作：

文心雕龍導讀全書共九九頁，由臺北華正書局發行，六十六年三月出版。

單篇論文：

一、一年之計在於春見中央月刊九卷三期，六十六年一月出版。

二、青年守則的永恒價值見中央月刊九卷五期，六十六年三月出版。

三、試論文心雕龍在國文教學上的適應性見幼獅月刊四十八卷六期，六十六年六月出版。

四、沈著文心雕龍批評論發微序見中華文化復興月刊十卷六期，六十六年六月出版。

五、文心雕龍述詩經考見師範大學國文學報第六期，六十六年六月出版。

六、陸賈及其學術思想之探究見師範大學師大學報第二十二期，六十六年六月出版。

七、從地方文獻看「汝南遺事」的價值見中國地方文獻學會年刊創刊號，六十六年十二月出版。

民國六十七年（一九七八），戊午，五十歲。

專門著作：

一、孝園尊者戴傳賢傳——先烈先賢傳記叢刊之一全書共一九四頁，近代中國出版社印行，六十七年十二月出版。

二、陸賈——中國歷代思想家之一全書共四二頁，臺灣商務印書館印行，六十七年六月出版。

三、賈誼——中國歷代思想家之一全書共三九頁，臺灣商務印書館印行、六十七年六月出版。

單篇論文：

一、陸賈其人其事見中央日報文史周刊，六十七年五月九日出版。

二、日藏明刊本王惟儉文心雕龍訓故之價值見幼獅月刊四十七卷三期，六十年三月出版。

三、賈誼春秋左氏承傳考見孔孟學報第三十期，六十七年四月出版。

四、賈誼著述存佚考見師範大學中國學術年刊第二期，六十七年六月出版。

五、魏晉六朝文論佚書鉤沈之一見學粹二十卷三期，六十七年六月出版。

六、摯虞的著述及其在文論上的成就見出版與研究第三十期，六十七年九月出版。

七、重訂賈誼年表——附賈誼後嗣考見師範大學國文學報第七期，六十七年六月出版。

八、文心雕龍述書經考見孔孟學報第四十期，六十七年九月出版。

九、讀王編「中國歷代思想家」見中央日報副刊，六十七年十一月二十八、二十九日出版。

民國六十八年（一九七九），己未，五十一歲。

專門著作：

一、重修增訂文心雕龍研究全書共四七〇頁，由文史哲出版印行，六十八年五月出版。

二、文心雕龍范注駁正全書共一〇四頁，由臺北華正書局印行，六十八年十一月出版。

單篇論文：

一、魏晉六朝文論佚書鉤沈之二見幼獅學誌第十五卷三期，六十八年六月出版。

二、從論語看孔子的交友論見孔孟月刊第十八卷一期，六十八年九月出版。

三、文心雕龍導讀」，見康橋出版社印行，由周何、田博元主編的「國學導讀叢編」自七四三頁起，到七六四頁止。六十八年四月出版。

四、文心雕龍的完整性見民衆日報學術周刊，六十八年十二月十八日出版。

民國六十九年（一九八〇），庚申，五十二歲。

專門著作：

文心雕龍研究論文選粹全書六八四頁，選輯三十八篇論文，三十五位作者，四個不同的地區，由育民出版社印行，六十九年九月一日出版。

單篇論文：

一、花蓮縣國風國中國文教學參觀剪影見師範大學中等教育第三十一卷一期，六十九年二月出版。

二、編製國文科單元教學活動設計準備事項與注意要點見師範大學中等教育第三十一卷一期，六十九年二月出版。
三、文心雕龍述論語考見孔孟學報第三十九期，六十九年四月出版。
四、文心雕龍范注駁議見中華文化復興月刊第十三卷五期，六十九年五月出版。
五、國文科課外閱讀之研究見師範大學教學與研究第二期，六十九年六月出版。
六、知本明法論作文見師範大學校友月刊第一九三期，六十九年九月出版。
七、文心雕龍述孟子考見孔孟學報第四十期，六十九年九月出版。

民國七十年（一九八一），辛酉，五十三歲。

專門著作：

一、我們的國名全書共九十六頁
二、我們的國旗全書共七十六頁
三、我們的國歌全書共九十八頁
四、我們的國徽與國花全書共七十八頁

以上四書列為「大衆文庫」，由國立編譯館主編，中央文物供應社發行，七十年三月出版，盒裝。

編纂著作：

一、歷史中華文化百科全書中的第二編第一章，由第一頁起，到三七四頁止。
二、氏族中華文化百科全書中的第二編第二章，由三九三頁起至六三五頁止。

三、工技（中華文化百科全書中的第四編第三章，由第一頁起，到三五〇頁止）

四、文學（中華文化百科全書中的第五編第三章，由第一頁起，到四一〇頁止。）

中華文化百科全書編輯部，民國六十八年二月成立，由高師仲華擔任總編輯，負責指導，到今年七月結束，共用二年六個月時間，我負責編纂的上列四個部分，也全部殺青竣事，直到民國七十八年，才由臺北黎明文化事業股份有限公司出版問世。

單篇論文：

一、經典是中國文學的本源（見孔孟月刊第十九卷六期，七〇年二月出版。）

二、經典的內涵及其文學成分（見孔孟月刊第十九卷七期，七〇年三月出版。）

三、經典在中國文學發展中的韌性（見孔孟月刊第十九卷九期，七〇年五月出版。）

四、徵聖宗經的文學論（見孔孟月刊第十九卷十期，七〇年六月出版。）

五、經典對中國文學思想的影響（見孔孟月刊第十九卷十二期，七〇年八月出版。）

六、經典對中國文學體裁的影響（見孔孟月刊第二十卷一期，七〇年九月出版。）

七、經典對中國文學創作的影響（見孔孟月刊第二十卷二期，七〇年十月出版。）

八、經典對中國文學批評的影響（見孔孟月刊第二十卷三期，七〇年十一月出版。）

九、中國文學如何向經典認同之一（見孔孟月刊第二十卷四期，七〇年十二月出版。）

民國七十一年（一九八二），壬戌，五十四歲。

專門著作：

國文教學新論（全書共三六四頁，由臺北明文書局有限公司印行，七十一年四月出版。）

單篇論文：

一、中國文學如何向經典認同之二見孔孟月刊第二十卷五期，七十一年一月出版。

二、中國文學如何向經典認同之三見孔孟月刊第二十卷六期，七十一年二月出版。

三、中國文學前途的展望見孔孟月刊第二十卷七期，七十一年三月出版。

四、中國文學探源見幼獅學誌第十七卷一期，七十一年五月出版。

五、歷代左傳學見師範大學中國學術年刊第四期，七十一年六月出版。

六、中國文學批評概觀見巨流圖書公司印行，由國家文藝基金會主編的「中國文學講話，概說之部㈠」，第三七一至三八八頁，七十一年十二月出版。

民國七十二年（一九八三），癸亥，五十五歲。

專門著作：

三民主義文藝的創作原理全書共五十八頁，由國立編譯館主編，中央文物供應社印行，為三民主義文藝理論論叢之一，七十二年七月出版。

有聲著作：

一、中國歷代詩詞曲文美讀一套二捲，錄有朗誦的作品八十首，為師範大學員工進修班國文輔助教材，由師範大學視聽教育館監製，不對外發行，七十二年四月錄製。

二、中國歷代詩詞曲文美讀一套四捲，錄有朗誦的作品六十四首，由華陽文教出版公司發行，七十二年六月出版。

單篇論文：

一、二招眞僞及其寫作特色見巨流圖書公司印行，國家文藝基金會主編的「中國文學講話。周代文學㈡」，四九三頁至五一八頁，七十二年十月出版。

二、從儒家思想討論到中西文化交流見青年戰士報七十二年三月二十九日出版。

三、國旗的製作及其畫法 見青年戰士報七十二年八月出版。

四、三民主義文藝創作原理初探 見幼獅學誌第十七卷四期七十二年十月出版。

五、美讀與國文教學 見師範大學中等教育第三十四卷五、六期，七十二年十二月出版。

民國七十三年（一九八四），甲子，五十六歲。

專門著作：

中國國民黨與中華文化 全書共三九八頁，由中央文物供應社印行列為慶祝 國父建黨革命九十週年紀念專輯，七十三年十一月出版。

編譯著作：

白話資治通鑑周紀五卷，秦紀三卷，由第一册的第一頁，到第一九〇頁 見臺北文化圖書公司印行，黃錦鋐先生主編，七十三年三月一日出版。

廣播文稿：

中國文學探源 自七十三年九月的第一個星期天起，到七十四年十月最後的一個星期天止，以「中國文學探源」為內容，在軍中廣播電臺文藝橋節目播出，由梅少文小姐主持，每週播出一次，共播出一年零一個月。

單篇論文：

一、國文教學與科學關係之研究 見幼獅文化圖書公司出版的「學術講演專集」第五集，七十六年六月出版。

二、晏子春秋及其散文特色 見巨流圖書公司印行，國家文藝基金會主編的「中國文學講話。周代文學(三)」，三六五頁起，到四〇〇頁止，七十三年十一月出版。

民國七十四年（一九八五），乙丑，五十七歲。

專門著作：

文心雕龍讀本（上下篇）印行、書分上下篇，共九三二頁，於今年四月全部出齊。

民國七十五年（一九八六），丙寅，五十八歲。

單篇論文：

一、歐陽修的散文見巨流圖書公司印行，國家文藝基金會主編的「中國文學講話。兩宋文學」，由五十一頁起，到六十八頁止，七十五年六月出版。

二、曾鞏的散文見巨流圖書公司印行，國家文藝基金會主編的「中國文學講話。遼金元文學」，由一二七頁起，到一四〇頁止。七十五年十一月出版。

三、遼金元的散文見巨流圖書公司印行，國家文藝基金會主編的「中國文學講話。遼金元文學」，由四九一頁起，到五一〇頁止。七十五年十一月出版。

四、詩詞吟唱面面觀

民國七十六年（一九八七），丁卯，五十九歲。

專門著作：

晏子春秋今註今譯全書共四三二頁，由臺北臺灣商務印書館印行，七十六年八月出版。

編纂著作：

中國文學概論全書共九八五首，係國立空中大學用書，其中第二章辭賦（由八一頁起，到一八二頁止），第五章詞曲（由第一頁起，到一二二頁止），為本人編纂，七十六年十一月出版。

單篇論文：

一、淺論劉勰文學批評的理論與實際見中華文化復興月刊第二十卷五期，七十六年五月出版。

二、論中國散文之藝術特徵見師範大學教學與研究第九期，七十六年六月出版。

三、簡論我國散文的立體命名與定義見孔孟月刊第二十五卷十一期，七十六年七月出版。

四、復興中華文化的暗礁見中華文化復興月刊第二十卷七期，七十六年七月出版。

五、論我國古今散文體類分合之價值原則及方法見孔孟學報第五十四期，七十六年九月二十八日出版。

民國七十七年（一九八八），戊辰，六十歲。

專門著作：

一、中國文學的本源（一名文源闡微）全書共一二七頁，由臺灣學生書局印行，七十七年十一月出版。

二、重修增訂文心雕龍導讀全書共一七八頁，由臺北華正書發行，七十七年三月出版。

有聲著作：

最新增訂版中國詩詞曲文錄音帶一套四捲八十首，附高國中國文詩詞曲文教材，由華陽文教出版社發行，七十七年一月出版。

單篇論文：

一、王應麟和辛處信「文心雕龍注」關係之研究先發表於中國古典文學研究會舉辦的「以文心雕龍為中心的中國文學批評研討會」，以後編輯而成「文心雕龍綜論」一書，文見該書的一七三頁，到一九六頁。臺灣學生書局印行，七十七年五月出版。

二、最近（一九七四——一九七八）國內外文心雕龍研究概況見師範大學國文學報第十七期，七十七年六月出版。

三、論劉勰文體分類學的基據見國立編譯館館刊第十七卷一期，七十七年六月出版。

民國七十八年（一九八九），己巳，六十一歲。

單篇論文：

一、唐宋八大家及其散文藝術見師範大學中國學術年刊第十期，七十八年二月出版。

二、臺灣「文心雕龍」學的研究與展望本文先在「國際文心雕龍研討會」中發表，後由孔孟學報第五十七期刊出，七十八年三月二十八日出版。

三、唐宋八大家的散文見國語日報書和人第六一五期和六一六期兩次登載，七十八年三月十一日和三月二十五日出版。

四、中國文學的音樂性見孔孟月刊第二十七卷十二期，七十八年八月二十八日出版。

五、唐宋散文作家與古文運動見中華文化復興月刊第二十二卷三期，七十八年三月出版。

六、從媒體使用看孔子的教學藝術本文先在臺南師範學院語文系舉辦的全國性「語文教學研討會」中發表，後由師範大學「學術講演專集」第五集刊登，由四十八頁起，到六十二頁止。七十八年六月出版。

民國七十九年（一九九〇），庚午，六十二歲。

專門著作：

中國文學講話全書共三二三頁，本書初稿曾以「中國文學探源」的名義，在臺北軍中廣播電臺文藝橋播出，後又移國語日報少年版分期刊登，今由臺北三民書局股份有限公司發行，七十九年七月出版。

單篇論文：

一、李曰剛先生及其文心雕龍斠詮見師範大學「文風」雜誌第五十期，七十九年六月五日出版。

二、漫談詩文吟誦的藝術見空大學訊第六十五期，七十九年八月一日出版。

本書寫作重要參考書目

本參考書目著錄的作品，分爲專門著作和單篇論文兩部分，其中文心雕龍的作品在前，他類居後。前後的排列，大致以出版先後爲序。凡清代以前的作者，由於代久人遠，姓名之上，特加朝代名稱，民國以來的作者，因爲時屬當代，習文心者大多耳熟能詳，故祇錄其姓名。其他瑣細，望文可知，於此不贅。

文心雕龍訓故　明王惟儉撰　現藏日本京都大學漢文部
文心雕龍輯注　清黃叔琳注 紀昀評　臺灣中華書局印行
文心雕龍注　范文瀾注　臺灣開明書店印行
文心雕龍札記　黃侃著　香港新亞書院中國文學系出版
文心雕龍校釋　劉永濟著　華正書局發行
文心雕龍校注拾遺　楊明照　上海中華書局印行
文心雕龍通識　張嚴撰　臺灣商務印書館印行
文心雕龍文術論詮　張嚴撰　臺灣商務印書館印行

文心雕龍新書　王利器校箋　香港龍門書店印行
文心雕龍新解　李景濚著　臺南翰林出版社發行
唐寫文心雕龍殘本合校　潘師重規著　香港新亞研究所出版
文心雕龍註訂　張立齋編著　正中書局印行
文心雕龍研究論文集　黃師錦鋐等著　淡江文理學院中文研究室印行
文心雕龍考異　張立齋著　正中書局印行
文心雕龍之創作論　黃春貴著　文史哲出版社印行
文心雕龍批評論發微　沈　謙著　聯經出版事業公司印行
文心雕龍文論術語析論　王金凌著　華正書局發行
文心雕龍斠詮（上下）　李曰剛著　國立編譯館中華叢書編審會印
劉勰論創作　陸侃如，牟世金合著　安徽人民出版社出版
文心雕龍注譯　郭晉稀　甘肅人民出版社出版
文心雕龍創作論　王元化著　上海古籍出版社出版
雕龍集　牟世金著　中國社會科學出版社出版
文心雕龍論叢　蔣祖怡著　上海古籍出版社出版
文心雕龍今譯　周振甫著　中華書局出版

文心雕龍術語探析　陳兆秀　文史哲出版社印行
文心雕龍通解（上下册）　王禮卿著　黎明文化事業股份有限公司出版
文心雕龍的風格學　詹　鍈著　人民文學出版社印行
文心雕龍論文集　日本興膳宏著 彭恩華編譯　齊魯書社發行
日本研究文心雕龍論文集　王元化編述　齊魯書社發行
文心雕龍探索　王運熙著　上海古籍出版社出版
文心雕龍釋義　馮春田著　山東教育出版社出版
文心雕龍與佛教關係之考辨　方元珍著　文史哲出版社印行
文心雕龍美學　繆俊杰著　文化藝術出版社出版
文心雕龍美學思想論稿　趙盛德著　漓江出版社印行
文心雕龍講義　程兆熊著　香港鵝湖出版社印行
文心雕龍研究　易蘇民編　昌言出版社印行
文心雕龍與佛儒二教義理論集　石　壘著　香港雲在書屋發行
文心雕龍與佛教駁論　周榮華　自印本
文心雕龍研究專號　饒宗頤等著　明倫出版社印行
文心雕龍研究（重修增訂本）　王更生著　文史哲出版社印行

文心雕龍范注駁正　王更生著　華正書局發行

文心雕龍綴補　王叔岷著　臺灣藝文印書館印行

語譯詳注文心雕龍　王久烈等合譯　學海書局印行

文心雕龍導讀（重修增訂本）　王更生著　華正書局印行

書文心雕龍後　清劉毓崧著　見通誼堂文集

從養氣說到風骨　楊增華著　見香港津文出版社印行的中國文學批論文集一一七頁

文心雕龍版本敍錄　詹　鍈著　見上海古籍出版社出版的中華文史論叢一九八〇年第三輯

文心雕龍練字篇之修辭學考察　徐麗霞著　見育民出版社印行的文心雕龍研究論文選粹

中國文學發達史　劉大杰著　臺灣中華書局印行

中國文學批評史　郭紹虞著　明倫出版社印行

中國文學批評史　羅根澤著　學海書局發行

中國文學批評史　劉大杰著　文滙堂印行

中國文學理論史　蔡鍾翔等合著　北京出版社出版

古代文論萃編　譚令仰編　書目文獻出版社出版

中國古代文論類編　賈文昭等合編　海峽文藝出版社出版

魏晉南北朝文論選析　杜保憲編著　山東教育出版社出版

文鏡秘府論　日僧遍照金剛撰　蘭臺書局印行
論文偶記　清劉大櫆著　廣文書局印行
涵芬樓文談　吳增祺著　臺灣商務印書館印行
中國古代文學創作論　張少康著　北京大學出版社出版
文賦集釋　張少康集釋　上海古籍出版社印行
魏晉南北朝文論佚書鉤沈　劉渼著　自印本
史記　漢司馬遷著　洪氏出版社印行
漢書　漢班固著　洪氏出版社印行
通志　宋鄭樵撰　臺灣商務印書館國學叢書本
文獻通考　元馬端臨撰　臺灣商務印書館國學叢書本
宋史藝文志　元脫脫纂　洪氏出版社二十五史本
高僧傳　梁沙門慧皎撰　臺灣印經處印行
續高僧傳　唐釋道宣撰　臺灣印經處印行
晏子春秋集釋　周晏嬰著 吳則虞集釋　鼎文書局印行
法言　漢揚雄著　臺灣商務印書館四部叢刊初編縮本
顏氏家訓集釋　北齊顏之推撰 王利器集釋　明文書局印行

原抄本日知錄　明顧炎武撰　明倫出版社印行
文史通義　清劉知幾撰　國史研究室彙印本
詩品箋　梁鍾嶸著　梅縣古直箋　廣文書局印行
楚辭注六種　漢王逸章句　宋洪興祖補注　世界書局中國學術名著本
昭明文選譯注　梁蕭統編選　趙福海等譯注　吉林文史出版社出版
分門集註杜工部詩　唐杜甫撰　臺灣商務印書館四部叢刊初編縮本
樂府通論　王易著　廣文書局印行
屈賦通箋附箋屈餘義　劉永濟著　臺灣學生書局印行
文學分類的基本知識　吳調公著　長江文藝出版社發行
文心　夏丏尊著　開明書店印行
國文學　姚仲實撰　廣文書局印行
文學研究法　姚仲實著　廣文書局印行
文章學纂要　蔣祖怡著　正中書局印行
修辭學　黃慶萱著　三民書局印行
上樞密韓太尉書　宋蘇轍作　見欒城集第二十二卷
四六叢話後序　清阮元作

復魯絜非書　清姚　鼐作　見惜抱軒詩文集卷六
聖哲畫像記　清曾國藩作　見曾文正公文集卷二
進學解　唐　韓愈作　見朱文公校昌黎先生集卷十二
答韋中立論師道書　唐柳宗元作　見註釋音辯唐柳先生集卷三十四
論我國古今散文體類分合之價値原則及方法　王更生作　見孔孟學報第五十四期
簡論我國散文的立體命名與定義　王更生作　見孔孟月刊二十五卷十一期
中國教育史　王鳳喈　正中書局印行
國文教學　朱自清、葉聖陶合著　開明書店印行
中學國文教學法　章師微穎著　蘭臺書局印行
國文教學新論　王更生著　明文書局印行
四庫全書總目提要　臺灣商務印書館印行
中國目錄學史　姚名達著　臺灣商務印書館印行
類書簡說　劉協秋著　上海古籍出版社發行